供应链战略与运营设计

金玉然　著

中国财富出版社

图书在版编目（CIP）数据

供应链战略与运营设计／金玉然著．—北京：中国财富出版社，2013.12

ISBN 978－7－5047－4978－9

Ⅰ.①供…　Ⅱ.①金…　Ⅲ.①供应链管理　Ⅳ.①F252

中国版本图书馆 CIP 数据核字（2013）第265055号

策划编辑　郑欣怡　　**责任印制**　何崇杭

责任编辑　戴海林　苏　娜　　**责任校对**　梁　凡

出版发行　中国财富出版社（原中国物资出版社）

社　　址　北京市丰台区南四环西路188号5区20楼　　**邮政编码**　100070

电　　话　010－52227568（发行部）　010－52227588转307（总编室）

010－68589540（读者服务部）　010－52227588转305（质检部）

网　　址　http：//www.cfpress.com.cn

经　　销　新华书店

印　　刷　北京京都六环印刷厂

书　　号　ISBN 978－7－5047－4978－9/F·2054

开　　本　710mm×1000mm　1/16　　**版　　次**　2013年12月第1版

印　　张　18.75　　**印　　次**　2013年12月第1次印刷

字　　数　327千字　　**定　　价**　39.80元

序

本书作者从事供应链与物流管理领域的教学和研究多年，主持和参与了多项供应链与物流类课题，发表了大量的科研论文，积累了较多的本领域科研成果和教学经验，科研与教学的互动很好地促进了科技成果的产出。《供应链战略与运营设计》专著就是其成果的一个综合性体现。

本着“问题从实际中来，方案到实际中去”的原则，本书作者敏锐地发掘了大量行业或产业供应链战略问题，巧妙地借助竞争理论、选址理论、绩效理论等各种理论与优化方法，有效设计了这些问题的解决方案。本书涵盖了供应链基本战略、供应链网络布局、供应链合作伙伴选择、绿色供应链绩效评估等多个层面知识，聚焦了诸多近些年对我国国民经济发展具有重要影响的供应链热点问题、难点问题和前沿问题，比如以金融危机为代表的经济低迷期的供应链战略问题、“家电下乡”中的供应链与物流优化设计问题、电子产品逆向物流模式问题、钢铁企业绿色激励问题以及企业环境经营与绿色供应链问题等。该书内容涉及面宽、问题针对性强，彰显了前沿务实的著作风格，体现了很好的理论与实践价值。

本书的另一鲜明特点是全面采用“案例实景设计”的方式展开研究和论述。除了第九篇的供应链战略展望外，其他各部分内容都密切结合了钢铁、服装、电子等多个行业的经典案例，这极大地拓宽了研究视野，激发了学生的学习兴趣，非常有利于读者对新知识的消化和吸收，既体现了理论的高度，又踏实地解决了实际问题，具有极强的实用性和可读性。

本书运用了大量的定性和定量分析，开展了多项创新性研究，比如供应商管理库存整合模式设计、服装业绿色供应链绩效评价体系设计、钢铁行业绿色供应链激励模型设计等，这对推动供应链战略与运营设计领域的研究具有很好的学术价值。

西凤茹　教授

辽宁科技大学工商管理学院院长

辽宁科技大学 MBA 教育中心主任

2013 年 11 月 13 日

前　言

21 世纪，企业与企业之间的竞争，本质上就是供应链与供应链之间的竞争。供应链竞争的制高点就是战略之争。由于当今企业经营环境的激变，竞争对手的善变，企业自身的供应链战略也必然随之应变。为此，合理规划和设计供应链战略对现代企业的成功运营就显得至关重要。

多年来的供应链与物流管理领域的教学与科研经历使我发现，在供应链与物流管理领域，以往的著作多是偏重于某一科研理论问题或者仅针对某一热点领域而撰写，很少发现有针对我国国情的、能够系统化、结合多个行业领域的供应链战略设计类专著。为此，心中顿然产生了将自己近几年具有实践背景的本领域科研成果进行提炼、融合、创新并发表，以期与供应链物流领域的专家学者和企事业界人事共同交流。

本书以金融危机时期为例开展了经济低迷期的供应链战略设计，以辽宁省“家电下乡”为例开展了供应链物流的循环体系设计和企业动态联盟设计，以区域性供应链生产企业为例开展了供应商管理库存整合模式设计，以辽宁省钢铁物流业为例开展了供应链物流网络多方联动模式设计，以电子产品为例开展了供应链的逆向物流模式设计，以钢铁企业为例开展了绿色供应链的激励模型设计，以服装行业为例开展了绿色供应链绩效评价体系设计，最后从环境经营、绿色物流和绿色供应链三大方面对供应链战略发展做出了展望。

本书的撰写和出版得到了诸多亲人、同事和朋友的支持。首先要感谢我尊敬的父母们、尤其是岳父岳母对女儿宣宣降生 3 年来的辛劳照顾使我有时间专心治学，还要感谢亲爱的妻子王南对我工作的理解和支持。此外，还要衷心感谢我的本硕博导师戢守峰教授和硕士生导师徐剑教授、辽宁科技大学西凤茹教授等各位领导和同事、个别科研成果的合作者聂雪岭和李林林等老师、2011 级硕士研究生许可和武莹等的大力支持。中国财富出版社对本专著的出版给予了全力支持，在此深表谢意。

本专著得到了辽宁科技大学学术专著出版基金资助，得到了本人所主持的辽宁省社科基金项目（L12CJY039）、中国物流学会项目（2009CSLKT033）、辽宁省教育厅人文社科项目（2009B103）、辽宁省社科联项目（2011lslktglx-18）、鞍山市社科联重点项目（as20122016）、辽宁科技大学青年科研基金项目（2012QN12）等多个项目的资助，是上述诸多科研成果的提炼和结晶，在此一并表示感谢。

本书内容深入浅出，可以使读者较好地理解和掌握相关知识。它既适合大专院校学术研究生、MBA 以及本科生教学和科研使用，也可以成为企事业管理人员开展供应链与物流管理战略规划和设计的要参。

金玉然

2013 年 11 月 1 日于鞍山

作者简介

金玉然，男，辽宁大连人，辽宁科技大学工商管理学院副教授，注册物流师，中国物流协会特约研究员，东北大学管理科学与工程专业博士生，第五届辽宁科技大学“十大杰出青年”。主要研究方向为供应链物流优化设计、碳排放与能源规划、创新创业管理。

近年来，主持和参与供应链物流类课题多项。其中，国家自然科学基金项目1项、教育部人文社会科学研究一般项目1项、辽宁省社科基金2项、辽宁省教育厅课题4项、中国物流协会课题2项、辽宁省社科联课题3项、鞍山市社科联项目2项、辽宁科技大学课题5项。以第一作者身份发表物流类中外论文20余篇，其中EI检索7篇。获得各类国家级奖励5项，省部级奖励4项，鞍山市1项、其他6项；系《物流经济学》（第二届“物华图书奖”二等奖）主编、《环境经营学同步精讲》主编、《现代企业管理》副主编。其负责制作的“供应链管理——启发互动式多媒体课件”获得全国多媒体课件大赛二等奖。主讲的“供应链的ECR与QR战略”微课获得首届全国高校微课教学比赛辽宁赛区文史类二等奖。

金玉然老师是多项国家和省市级大学生创业大赛的首席指导教师。先后指导学生获得“挑战杯”创业大赛国家银奖1项、铜奖2项；辽宁省特等奖2项、一等奖1项、二等奖2项、三等奖5项；“昆山杯”全国大学生优秀创业团队大赛全国50强1项、辽宁省二等奖1项；辽宁科技大学创业大赛特等奖1项、二等奖1项、三等奖2项。获得了第八届“挑战杯”辽宁省大学生创业计划大赛优秀指导教师、“金蝶杯”首届优秀创业团队大赛最佳指导教师和辽宁科技大学首届创业计划大赛优秀指导教师等荣誉称号。

目　　录

第一篇　经济低迷期的供应链战略设计
——以金融危机时期为例

第二篇 供应链物流循环体系设计
——以辽宁省“家电下乡”为例

第三篇　供应链物流企业动态联盟设计
——以“家电下乡”为例

第四篇 供应商管理库存（VMI）整合模式设计

——以区域性供应链生产企业为例

第五篇　供应链物流网络多方联动网络平台设计
——以辽宁省钢铁物流业为例

第六篇 供应链逆向物流模式设计
——以电子产品为例

第七篇 绿色供应链激励模型设计
——以钢铁企业为例

第八篇　绿色供应链绩效评价体系设计
——以服装行业为例

第九篇　供应链战略展望

第一篇

经济低迷期的供应链战略设计

——以金融危机时期为例

1　引言

1.1　研究背景

自2007年以来，美国“次贷危机”所引发的金融危机正在对全球的实体经济产生诸多的不良影响，越来越多的企业已经意识到，作为全球供应链的一个节点，他们很难在这次金融危机下独善其身。在此情况下，企业如果没有正确的供应链战略做指导，那么他们将面临严峻的市场挑战，比如库存积压、商品滞销、资金短缺等一系列问题，甚至有可能走向破产倒闭。

在此背景下，这些企业有必要对之前的企业供应链战略进行系统的分析，找出问题与不足，进而开展供应链重构战略、供应链合作伙伴战略、供应链采购战略等一系列的供应链战略调整，从而适应新形势下的企业竞争环境，谋求在危机中的生存与发展。

1.2　国内外相关研究评述

在我国，有部分学者研究了与本篇相关的内容。石霜、诸葛楠和郭磊简单分析了金融危机对我国实体经济和供应链的影响，并提出了金融危机对供应链管理的启示，但是他们并没有提出相应的供应链战略；李齐分析了金融危机下我国供应链融资的未来走向，他认为我国的供应链融资方式将由间接融资向直接融资转变，并且将向组合方案发展和完善；王国文认为，在金融危机与高油价背景下，金融危机的爆发和地缘政治的动荡让管理供应链变得越来越困难，风险性很强，企业应该把供应链缩短，把他们的布局移到离消费地近的地方，并且要进行信息化改造，明确企业间的绩效考核指标；林亚生专门针对三钢集团分析了金融危机对其供应链管理的影响，并提出了对策；搭景炎等人针对服装类产业，分析了金融危机下“东元村”服装辅料购销两旺的原因，他们认为牵手大企业打通上游原料供应链、提高风险抵御能力、

“抱团信用担保”打造融资平台是该村企业得到快速发展的重要原因；此外，沈文和黄锴也分别针对石化企业和汽车企业在金融危机下的供应链战略进行了分析。从上述阐述中，我们可以看到，目前鲜见我国学者关于金融危机下企业供应链战略转变的研究，仅有的这些研究也不是从全球视野开展分析的，其视角基本都是专门针对我国企业的供应链，而且只是研究了一些金融危机下的供应链管理措施，而不是全面的供应链战略，此外，这些研究往往只是针对个别领域，普适性有待提高。

在国外，一些学者分析了金融危机对企业供应链的影响。Bob Ferrari 认为，金融危机下，库存将使企业的财务状况面临严峻的挑战，同时，企业间的合作伙伴关系在金融危机下是至关重要的。Ernst & Young 认为，金融危机下供应商的风险正在不断增加，客户不仅要求他们具有健康的金融状况，还需要他们具有很好的信誉保证；Hugo Haarman、Erwin den Exter 和 Jasper van der Schaar 等人提出，金融危机主宰着供应链的发展进程，34%管理者都认为供应链的稳定性是他们十分重视的，此外库存的优化和控制技术以及更新物流业务伙伴也是他们关注的重点；KPMG 就金融危机对汽车产业供应链的影响进行了分析，并提出了一些建议。综上所述，尽管国外的个别学者或机构对金融危机给供应链造成的影响进行了分析，也有的学者专门对一些产业的供应链受金融危机的影响进行了分析，但是，他们关于金融危机下企业供应链战略转变的系统研究很少，也没有提出相应的供应链战略，缺乏全面性和系统性。

1.3 研究内容和研究意义

1.3.1 研究内容

本篇研究首先分析了企业在此次金融危机中开展供应链战略转变的动因，指出了供应链稳定性减弱、供应链国际贸易壁垒加剧、供应链金融风险加大和供应链体系不健全等一系列问题，分析了金融危机下企业进行供应链战略转变的重要意义，强调在新形势下企业进行供应链战略转变的必要性和紧迫性；其次，为了全面的分析金融危机下的企业供应链战略，分别针对金融危机下的采购战略、生产战略、供应链合作伙伴战略、库存战略、配送战略和采购战略分析了这些战略在新形势下面临的问题，提出了相应的战略措施；最后，专门针对金融危机下我国企业的供应链战略进行了分析，提出了我国企业在金融危机下进行供应链战略转变的建议，指明了转变重点，比如加强大陆、台湾、香港和澳门组成的“大中华经济圈”的供应链合作等，进而强化这些企业的供应链稳定性，减低企业成本，提高企业的竞争力。

1.3.2　研究意义

1. 具有较高的研究价值和实用价值

本研究成果将为受到类似金融危机影响的经济低迷期的众多供应链企业调整供应链战略、为政府推动物流与供应链产业的发展提供借鉴和参考，具有较高的研究价值和实用价值。

2. 促使企业意识到进行供应链战略转变的必要性和紧迫性

金融危机已经使市场环境发生了非常大的变化，可是在这种情况下，并不是所有的企业都对自身所在供应链的战略引起了足够的重视，尤其是一些中小企业，他们在金融危机下显得更为脆弱，如果不能及时调整他们的供应链战略，企业的发展将面临重大的阻碍。为此，本研究通过金融危机对供应链战略影响的分析，将使更多的企业深刻意识到在金融危机下开展供应链战略调整的必要性和紧迫性。

3. 使企业了解进行供应链战略调整的途径和措施

企业仅仅意识到在金融危机下需要进行供应链战略转变的重要性和紧迫性还不够，他们需要了解到可行的转变途径与措施。本部分研究分别针对采购、生产、合作伙伴关系、库存、配送等多方面、系统化地提出了金融危机下企业供应链战略转变的途径和措施，这将有效地指导企业高效地开展供应链战略调整与转变，促进企业自身及其供应链的稳定与发展。

4. 有利于我国企业在金融危机下的生存和发展

本研究从全球视野对金融危机下的供应链战略进行了分析和研究之后，专门针对我国企业供应链的特点，分析了影响我国企业供应链战略的因素，提出了适应我国国情的供应链战略转变重点，这将使我国企业在这次危机中游刃有余地改善与强化企业的供应链，提高企业的竞争力。

5. 为政府推动物流与供应链产业的发展提供建议

在金融危机下爆发之际，为了促进我国国民经济的长远发展，国家已经把物流产业提升为了我国十大振兴产业之一。本篇研究成果，将为国家推动物流与供应链产业的发展提供有效参考和借鉴。

1.4 研究方法

本研究采用文献研究法，对以往学者关于供应链战略的研究进行了归类汇总；采用定性分析法，对金融危机下的企业供应链战略，包括生产战略、采购战略、合作伙伴战略等进行了分析论证，使企业了解金融危机下供应链战略转变的必要性与转变举措。同时，论述了金融危机下供应链企业所面临的生存和发展挑战，阐述了供应链战略的转变趋势；通过理论分析和实证分析相结合的方法，以我国企业的供应链为例，论述了金融危机下的企业供应链战略。

1.5 主要创新点

1. 研究内容创新

以往关于经济低迷期的供应链战略研究甚少，本研究恰恰专门针对金融危机这样一个经济低迷期的大背景，提出了企业的供应链转变战略。很显然，金融危机下的供应链战略将与常规经济环境下的供应链战略有很大的区别。

2. 将金融危机下的供应链 ECR 战略、QR 战略和库存战略进行了创新性分析

本篇研究内容创新性的以金融危机为背景，将供应链 ECR 战略、QR 战略和库存战略采用定性与定量相结合的方式开展了一系列分析，指出了金融危机下企业应该如何选择或者协调供应链 ECR 战略、QR 战略和库存战略，进而平衡好金融危机下企业的经营效率与成本的关系。

3. 对金融危机下供应链战略论述较全面

尽管近年来个别学者也分析了金融危机下企业的供应链战略，但是他们的分析基本停留于基本层面，而且基本集中于个别领域，并不具有全面性，对金融危机下的大多数企业而言，很难找到适合他们的供应链战略。而本部分研究恰恰是先从全球视角对金融危机下的企业供应链战略进行了分析，然后又以我国企业的供应链为实例展开了论证分析；此外，本书对金融危机下的供应链战略的研究更是涵盖了采购、生产、库存、配送等多个领域，因此，本部分研究具有较强的全面性和系统性。

4. 提出了金融危机下加强我国“大中华经济圈”供应链建设的创新举措

结合金融危机的影响和我国企业供应链的特点，本研究提出了金融危机下加强我国大陆与港澳台“大中华经济圈”供应链建设的创新举措，如此一来，既可以促进我国企业在金融危机下供应链的稳定性，又可以繁荣我国经济。

2 金融危机下企业进行供应链战略转变的动因

2.1 供应链的稳定性面临挑战

国际性金融危机导致了很多企业破产倒闭，这些企业有林林总总的中小型企业，但也不乏国际性大企业。可想而知，这些供应链节点企业的生存者波动必将影响着企业所在整个供应链的稳定性。DLA 律所合伙人 Satpal Gobindpuri 这样说道："金融危机带来了一个前所未有的局面。如果一家中国企业无法把东西卖给一个香港公司，那么香港公司也就无法把东西卖给，比如一家外国商店，三方的生意都受影响"。以耐克为例，2009 年 2 月 17 日，全球排名第一的运动品牌耐克宣布，其在亚洲最大的物流中心在我国江苏省太仓经济开发区破土动工，然而在短短 1 个月之后，耐克中国透露，耐克计划将在江苏省太仓市、由丰泰集团管理的鞋类生产业务转移至丰泰位于亚洲其他地区的工厂，并关闭公司唯一拥有的鞋类生产设施——太仓工厂。为了精简供应链，耐克在中国的三家制鞋厂及越南一家工厂不久也计划停产。可想而知，伴随着耐克的此次停产，其相关的全球供应链企业必然面临痛苦的供应链供销波动。所有这些都无不体现了国际性的金融危机已经对全球企业供应链的稳定性产生了巨大的不利影响。

2.2 供应链战略与竞争战略匹配不畅

企业近些年来所采用的供应链战略主要是供应链快速反应（Quick Response，QR）战略和有效客户反映（Efficient Consumer Response，ECR）战略。供应链有效客户反映战略主要体现供应链的物理功能，即以最低的成本将原材料转化成零部件、半成品、产品，以及在供应链中的运输等；供应链快速反应战略主要体现供应链的市场中介的功能，即把产品分配到满足用户需求的市场，对未预知的需求做出快速反应等。由于金融危机的爆发已经导致了全球实体经济的发展减速甚至衰退，也就是说市场经营环境发生了很大的变化。因此，此时企业的供应链战略明显已经无法适应新形势下的市场竞争战略，企业供应链战略与竞争战略出现了匹配不畅的问题。

2.3　国际性贸易壁垒加剧

在金融危机爆发前期，国际贸易环境相对稳定。以我国为例，虽然近年来不断遭遇各国反倾销政策和贸易壁垒压力，但整体来看还是享有了相对的贸易自由和公平。然而金融危机的爆发打破了这一状态，它导致国际间贸易壁垒日益加剧。除了印度的玩具禁令，还有美国、欧洲、南美等世界各地的各种贸易壁垒政策。世贸组织2009年1月26日汇总的一份工作文件显示，自2008年秋季以来，由于金融危机使世界经济低迷，共计22个国家及地区采取了提高关税、支持国内产业发展政策等对贸易产生影响的措施。而此轮贸易保护中，首当其冲的就是抵制“中国制造”。美国经济刺激计划中的“购买美国货”条款更是将此轮贸易保护主义提到了新的高度，这些贸易壁垒保护主义正在导致世界经济面临更加严峻的衰退威胁。

2.4　供应链运营成本提高

在金融危机期间，企业不得不采取一系列措施来降低相关运营风险，但是这同时也增加了企业的运营成本。比如，2009年曾经一度面临破产的世界第二大汽车厂商美国通用汽车，由于担心它的一级零部件供应商的生存能力，当年3月在它的供应商付款程序上做出了前所未有的改变，通用将绕过一级零部件供应商，直接向部分二级供应商支付货款。在这个过程中，很显然通用为了降低供应链风险将不得不增加运营成本。

2.5　供应链供需失去平衡

供应链根据其容量与用户需求的关系可以划分为平衡的供应链和倾斜的供应链。一个供应链具有一定的、相对稳定的设备容量和生产能力（所有节点企业能力的综合，包括供应商、制造商、运输商、分销商、零售商等），但用户需求处于不断变化的过程中，当供应链的容量能满足用户需求时，供应链处于平衡状态，平衡的供应链可以实现各主要职能之间的均衡；而当市场变化加剧，造成供应链成本增加、库存增加、浪费增加等现象时，企业不是在最优状态下运作，供应链则处于倾斜状态。很显然，全球性金融危机已经使企业的经营环境产生了很大的变化，企业供应链正处于需求缩减、产能过剩的倾斜状态，这必将对企业产生一系列不良的影响。

2.6 供应链金融风险加大

2008 年爆发的世界性金融危机源自于美国的次贷危机，而次贷危机爆发的一个重要因素就是美国金融监管的不足，而这种监管的不足也间接影响到了实体经济中供应链企业的金融风险。这些供应链企业本身就可能存在金融风险，另外更可能受到供应链诸多合作企业金融风险的影响，总之，供应链中的任何一个企业如果出现金融风险，这个风险就会很快被放大并传递到整个供应链，使供应链企业的整体金融风险加大。这种风险的一种表现就是供应链某个企业在金融危机下因资金链条断裂（如资金难以回笼，贷款难以获得或者偿还等）导致无法正常生产，进而影响到该企业所在整个供应链的正常运营。

2.7 供应链模式需要改进

日系整车厂与供应商的紧密配套关系一直是世界范围内许多企业学习的范本。它们通过对传统的竞价采购和建立合作伙伴关系这两种模式的结合有针对性地对供应商进行区别管理，避免了传统模式和合作模式的不足。但随着金融危机的爆发，日系企业供应链模式的神话显然被打破了。当时，世界第一大汽车厂商丰田汽车公司在召开的供应商会议上向与会的零部件及原料厂商代表传达了如下预期：预计 2009 财年汽车产量将减至 620 万辆（不含集团旗下企业），较 2008 财年减少 12%，比 2007 财年 868 万辆的丰田最高生产纪录少了近 30%，2008 财年业绩预期下调为亏损 3500 亿日元（约合 262 亿元人民币），集团旗下的电装、爱信精机等也随之相继预计将出现亏损。丰田缩小生产规模势必给零部件厂商等相关行业造成严重打击，小供应商更易因此陷入经营危机。很显然，金融危机的爆发已经为供应链模式的革新敞开了大门。

2.8　供应链体系不健全

国际性金融危机的爆发暴露了很多国际性企业供应链体系不健全的弊病。以索尼为例，数据显示该公司2008财年净亏损9890亿日元（约合10亿美元），为14年来首次出现净亏损。自此之后，近年来亏损连连。2009财年净亏损4.41亿美元，2010财年遭遇16年来最大亏损32亿美元，2011财年更是出现57亿美元的创年度亏损纪录。其实，索尼的亏损与国际金融危机的严重影响有着密切关系，其中，索尼供应链体系不健全更是关键因素。我们知道，在CRT（显像管）电视时代，索尼是当之无愧的NO.1，其遍布全球、相对完善的供应链管理体系大大降低了管理费用。但在液晶电视时代，索尼并没有在供应链上进行整合，比如液晶面板仍然在日本生产等，甚至电视整机生产也都是自己做。索尼在全球相对不完善的供应链体系是致使管理费用高昂的主要原因之一。

3 金融危机下的企业供应链战略

3.1 金融危机下的供应链采购战略

3.1.1 金融危机下供应链采购战略的主要变化

在金融危机环境下，企业的供应链采购出现了一系列新的变化，主要有以下几点：

1. “订单式采购”增多

金融危机下，很多企业放弃了规模化采购所换来的采购折扣。因为，规模化采购所带来的后期存货风险可能要比这种采购折扣所获得的利益大得多。为此，企业开始更加爱注重订单式采购 PTO（Purchasing to Order），以便于更加贴近实际需求，降低原材料的库存与维护成本。

2. “成本”控制在采购过程中更加重要

采购成本在许多行业的成本中都占据相当大的比重。在许多制造行业中，采购成本甚至占到销售额的 50% 以上。所以，采购成本的控制对企业的生存和发展是至关重要的。金融危机之下，这一点更为突出。为了在需求减少的大环境下获得市场占有率，很多企业展开了恶性竞争，价格战就是最明显的表现。谁能取得同类产品的价格优势，就意味着这类企业生存或者获胜的几率要大一些。为此，企业必须大力控制成本，而采购成本在企业成本的比例直接就决定了它必然是企业控制的重点。

3. “JIT 采购”的重要性更加凸显

即时制（Just in Time，JIT）采购，也称为 JIT 采购。它的基本思想是：把合适的数量、合适质量的物品、在合适的时间供应到合适的地点，最好地满足用户需要。JIT 采购和 JIT 生产一样，它不但能够最好地满足用户需要，而且可以极大的消除库存、最大限度的消除浪费，从而极大的降低企业的采购成本和经营成本。由于 JIT 采购的这些特点能够符合金融危机下企业的生存发展需求，所以 JIT 采购的重要性在金融危机下更加凸显出来。

4. 采购伙伴关系面临挑战

金融危机下，供应链企业之间的采购伙伴关系面临着严峻的挑战。这种挑战来自两方面的原因。一方面是受到金融危机的影响，一些企业被迫倒闭了或者正面临倒闭，如此一来将使供应链企业的采购关系必然的受到冲击；另一方面是一些企业虽然受到金融危机的影响，但是他们的境况比较好，这些企业此时容易做出的举动就是对他们的供应商进行优胜劣汰的重新筛选，如此一来也将使供应链企业之间的采购伙伴关系面临冲击和挑战。

5. 供应商之间的竞争加剧

受到金融危机的影响，采购商进行每一次采购时都会研究和比较更多的供应商，因此供应商必须加倍努力，提供更具吸引力的价格，更优的质量，并降低对最小订单量的要求。如此一来必然导致供应商之间的竞争加剧。

3.1.2　金融危机下优化供应链采购的主要举措

1. 进一步强调采购在企业战略与组织中的定位

采购是一个极具战略性、需要多部门协同努力的综合职能，它不仅对企业成本进行把关，更与企业长期发展和竞争力提升有不可分割的关系。但时至今日，在很多企业里，采购功能依然是供应部全部负责，其目的只是作为生产部的一个后勤部门。可想而知，这种企业对采购的定位，绝非是一个具有战略意义的部门。金融危机之下，成本控制对供应链企业尤为重要，为此，企业必须进一步重视采购这一环节，从战略层次规划，采取果断行动，实施高效的采购管理。

2. 确立金融危机下对供应商的考核要求

金融危机的爆发导致供应商发生了一些很大的变化，为此，供应链企业有必要强化在新形势下对供应商的要求。

（1）对供应商质量体系的要求

质量体系可以从产品质量合格率、样品鉴定情况、质量保证体系三个方面进行评价。产品质量合格率和样品鉴定情况是对现有产品的质量审核；质量保证体系是从体系上来保证产品质量符合要求，它是衡量供应商质量能力的一个关键性指标，在选择供应商时不仅要求现有的产品在适宜的质量控制环境下被制造出来，而且要从事后检验转向预防性控制，从而保证产品质量的一贯性、稳定性，满足质量发展的要求。金融危机下，很多上游供应商企业为了压缩成本进而造成了产品质量的下降，这些劣质产品途径供应链被传递到下游供应链企业，最终造成流入市场的产成品出现质量问题。这一问题的出现尽管从短期可能有利于企业的发展和生存，但是从长远来看，它严重损坏了整个供应链体系的企业声誉，降低了供应链的竞争力和产品的市场竞争力。为此，金融危机下，供应链企业对其供应商在质量体系方面必须有严格的选拔和审核标准，以防造成严重的不良后果。

（2）对供应商生产能力的要求

在金融危机爆发之前，世界经济正处于高速发展的时期，企业对其供应商的要求在生产方面是比较高的，往往要求其供应商具有与市场发展趋势相一致的生产能力。然而，金融危机的突然爆发对全球的实体经济在短期内就产生了诸多的不良影响，其中之一就是需求的明显缩减，而这又进一步造成了供应商生产能力的过剩。为此，金融危机下，企业对其供应商的生产能力要求程度并不需要太高。

（3）对供应商研发与创新能力的要求

供应商的产品开发和技术能力不仅决定它们的市场竞争地位，也影响到采购企业与它们的合作价值，这一点在金融危机之下被凸显的淋漓尽致。金融危机的爆发对一些企业而言是一次千载难逢的发展机会，因为他们借助自身雄厚的科研创新技术能力，在很多企业面临需求疲软而束手无策时，这些企业却利用技术研发攻城略地，取得了市场的快速发展。以华为公司为例，在金融危机的大环境下，华为坚持以不少于销售收入 10% 的费用和 43% 的员工投入研究开发，2008 年全球销售额达到 233 亿美元，同比增长 46%；2009 年上半年，华为更是交出了一份超过 2008 年全年的答卷，华为以 17% 的市场份额排名世界第三，而华为的市场份额比 2008 年同期翻了近乎一倍，比 1 季度也高了 2 个百分点，为业界最高增长。作为华为的供应商，如果没有强大的研发和创新能力，迟早要被华为淘汰掉。此外，环球资源的调查显示，在金融危机期间，买家更努力的寻找物有所值和具创新性的新产品，藉以吸引消费者再次消费。那么，创新性的新产品来自哪里？当然是科技创新和研发。我们清楚，供应商所提供产品的技术含量和新产品的开发速度最终会反映到下游市场采购企业这里。为此，金融危机下，下游采购企业如果要快速推出创新性的新产品，就必然要对其上游供应商的科技创新和研发能力提出更高的要求。

（4）对供应商服务能力的要求

衡量供应商服务能力的指标通常包括准时交货率、订货提前期、订货批量、订货满足率。其对采购商而言，无论何时他都希望他的供应商具有最高的准时交货率和订货满足率、最短的订货提前期和最低的订货批量，这一点金融危机下也不例外。因为准时交货率越高，制造企业需要保留的安全库存就越低；订货提前期越短，供应商对顾客需求的响应能力越强，制造企业需要持有的存货也越少；订货满足率指标越强，制造企业的缺货成本就越低；订货批量指标越小，越有可能降低供应链的库存成本。然而，受到金融危机需求疲软等因素的影响，采购商对其供应商的服务能力可以适当降低，进而降低供应商的成本，最终降低采购商和整个供应链的成本。

3. 供应商的数量选择

常规条件下，企业的供应商数量一般维持在 2 ~ 3 家，也有的企业在个别采购项目上采用单一供应商。但是，在金融危机之下，为了避免个别供应商的生产波动，甚至停产倒闭，企业应该扩大供应商的选择范围，并对供应商进行备案管理，为供应链重构做好准备，以便确保其能稳定、高效供货，防止供应链的断裂给企业造成不可挽回的影响。

4. 采购双方要多参与国际采购展会

环球资源的调查显示，金融危机下，国际买家越来越喜欢在专门题材的展区和专业的买家供应商见面会。由于买家们对供应商的稳定性存有顾虑，及需要应付不断变化的产品要求，这促使他们与供应商之间进行更为频繁的沟通。通过参与专业化的国际采购展会，采购企业与供应商将会共同受益。

5. 合理开展战略采购与操作性采购，优化采购流程

金融危机下，企业要合理开展战略采购和操作采购，将战略采购和操作采购合理分开，建立产品的差异化采购模式及相应流程方案。如此一来可以更有效地配置管理资源，降低采购成本，提高采购质量，最终使两项功能都能得以高效地发挥。同时，采购流程应该根据不同的产品类型实现差异化策略，一并开始实施标准合同管理。

6. 供应商必须强化推广力度

金融危机下，出于谨慎的考虑，采购商将使用更加广泛的渠道来寻找供应商，供应商的竞争已经进入了白热化。因此，为了获得采购商的关注，供应商必须通过更多的渠道来进行推广，进而获得更多的市场通路。

3.2 金融危机下的供应链生产战略

3.2.1 金融危机对供应链生产战略的主要影响

生产战略是指在企业经营战略的总体框架下，决定如何通过生产运作活动来达到企业的整体经营目标，并根据对企业各种资源和内外部环境的分析，确定生产运作活动以及生产运作系统的总体指导思想和决策原则。受到金融危机的影响，供应链中各企业的生产战略主要发生了如下变化：

1. 订单式生产增加

订单式生产（Make to Order，MTO）的最大特点就是根据实际订单来决策生产需求，如此一来，可以大大降低产品和原材料的库存，有助增强企业资金的流动性，有助于降低企业的经营风险。金融危机所导致的需求减少、企业流动资金的短缺和企业经营风险的增加迫使很多企业意识到，订单式生产更有助于他们渡过此次金融危机难关。

2. 基于成本的生产战略面临挑战

基于成本的生产战略是指通过发挥生产系统的规模经济优势，以及实行设计和生产的标准化，使得产品的成本大大低于竞争对手的同类产品，获取价格竞争优势，并造成一种市场进入壁垒。该战略通常采用的生产方式是备货型生产（Make to Stock，MTS），备货型生产的最大特点就是通过市场预测来开展规模化生产，进而降低单位生产成本，同时备货型生产伴随着较多的产品库存。在金融危机下，由于市场需求大为减少，企业规模经济的发展势必受阻，进而将会导致一些企业丧失了传统规模经济的成本优势。该战略的备货型生产模式所产生的大量产品库存也将降低企业资金的流动性，增加了企业产品积压的风险。

3. 核心竞争力的重要性更加凸显

没有核心竞争力的企业在此轮金融危机中只能随波逐流，任由市场的无情打击和竞争对手的疯狂宰割。我们可以看到，很多具有核心竞争力的企业在此次金融危机中具有很强的抵御能力，他们甚至在危急中取得了更大的发展；而那些没有核心竞争力的企业则步步退让，有的甚至破产倒闭。以我国的服装生产企业为例，在全球性的金融危机过程，我国纺织服装业普遍遭受重创，其主要原因之一就是很多企业都是贴牌生产，自己没有品牌，没有培育自己的核心竞争力。但是我国也有一些服装企业转向国内市场，开发自主品牌，通过构建核心竞争力取得了较好的发展。比如，金融危机以来，厦门一些品牌服装逆市发展。一直主打中式服装的圣达威的订单就大增，该企业表示，这是立足国内、连续多年开发自主品牌的缘故。

4. 财务状况制约了很多生产企业的发展

金融危机对很多生产企业的一个重要打击就是资金链条的断裂。这种资金断裂的原因主要来自以下几个方面：一是企业自身在金融危机下很难获得从事生产的银行贷款，从而造成了资金的断裂；二是企业可能在金融危机下不仅很难得到银行的贷款，反而成为了银行催债的宠儿，从而造成企业资金的断裂；三是受到金融危机的影响，企业的产品销售不畅，从而造成企业大量的流动资金被固定资产所占用，从而造成了企业资金的断裂。总之，无论是什么原因造成企业资金的断裂，其后果都是严重地影响了企业的财务状况，制约了企业的发展，更可怕的是，它也可能直接造成企业生产的停滞，甚至破产。

3.2.2　金融危机下供应链生产战略的改善举措

1. 多渠道强化企业核心竞争力

企业的核心竞争力可以体现在多个领域，可能是研发领域，也可能是生产领域。为此，企业要针对不同领域采用不同的渠道强化核心竞争力。此外，企业还可以通过外包将非核心业务转移给其他企业，进而增强自身的核心竞争力。

2. 加强对产品竞争力的保障

传统方法仅以成本和效率为中心，强调生产系统的高产出和规模经济。然而，在金融危机之下，企业需要通过目标优先级的决策对不同产品实施不同的生产战略，最终进一步提升产品竞争优势。

3. 深化系统各要素间在生产类型结构框架下的协调性

传统方法由于过分强调高效率与最现代化技术的应用，往往使系统内部的要素组合失调，不能最佳地发挥出结构的潜力。金融危机下，企业除了要练好外功，也要修炼内功。金融危机使企业在外部面临不利的市场环境，但是为了有效抵御金融危机的不良影响，企业还要在内部协调好比如人力资源、技术保障、物流、财务等组合要素，从实现内外兼修的良性发展。

4. 利用供应链金融解决生产融资问题

供应链金融是一种将产业上下游的相关企业作为一个整体来提供融资的服务。这样一来，供应链上相关的中小企业得到融资支持，快速成长，从而解决供应链上资金分配不平衡的问题，提升整个供应链甚至整个产业的竞争力。金融危机下，针对供应链生产企业而言，可以借助银行的这一金融发展趋势，依靠强大的供应链体系来获得银行的金融支持，从而解决企业资金需求的问题。

5. 有效开展 JIT 生产方式

JIT 生产方式是日本丰田公司的副总裁大野耐一综合了单件生产和批量生产的特点和优点而创造的一种在多品种、小批量混合生产条件下高质量、低消耗的生产方式。JIT 生产方式的基本思想是“只在需要的时候，按需要的量，生产所需的产品”。实质上，JIT 生产方式也就是追求一种无库存，或库存达到最小的生产系统。在金融危机下，由于需求低迷，企业为了有效降低库存，JIT 生产方式显然是一种比较合适的选择。但是，JIT 生产方式对整个供应链体系的协调性要求比较高，并不是适合所有的供应链企业。

6. 建立高效的 MES 系统

制造执行管理系统（MES）是企业 CIMS 信息集成的纽带，是实施企业敏捷制造战略和实现车间生产敏捷化的基本技术手段，它是位于上层的 ERP 系统与底层的生产过程控制系统之间的面向车间层的管理信息系统。MES 可以实现销、供、产、物流四大系统的信息的共享，以发挥生产指挥中心作用。金融危机下，生产企业可以通过高效的制造执行管理系统提高企业的生产管理和协调能力，有效降低生产成本，大大提高企业的竞争力。

3.3 金融危机下的供应链合作伙伴管理战略

金融危机使全球需求大量萎缩，在这种背景下，如何加强供应链关系管理，包括与合作伙伴之间及客户之间关系管理更显得尤为重要。

3.3.1 金融危机下供应链合作伙伴关系面临的主要问题

一是原有合作伙伴倒闭，供应链断裂，企业需要重新寻找其他合作伙伴。

受金融危机影响，企业原有的一些合作伙伴可能由于规模不大、技术水平不高，或经营管理不善、融资等问题而倒闭，从而导致供应链断裂，企业因此需要重新寻找新的合作伙伴。

二是契约人不充分履行合作契约，导致产生道德风险。供应链合作伙伴之间关系主要靠签订合作契约维系。在金融危机下，很多企业举步维艰，供应商难免以牺牲产品质量和降低服务为代价以维持预期的获利水平，甚至不履行合作契约，这种供应链合作伙伴遵守合作契约的不确定性及机会主义所造成的道德风险，会对其上、下游企业利益产生极为严重的损害。

三是利益分配问题导致严重后果。在金融危机形势下，拥有优势的成员企业为了本方的利益可能会出现置其他成员企业的利益于不顾的做法，这种做法可能会给某些企业以致命的打击，从而导致供应链成员企业消极合作甚至拒绝合作，使供应链不能快速地响应需求，甚至造成供应链崩溃。

四是合作伙伴同时参与多条供应链给其他供应链企业带来了大量的风险。在金融危机形势下，由于不同的供应链联盟对同一企业提供的产品或服务可能有不同的要求，不同的供应链对于企业的重要程度也有一定差异，因此合作伙伴企业在很大程度上面临着多目标决策问题。面对金融危机，企业必须考虑优先满足哪条供应链的要求，如此一来，这必将给其他的供应链带来大量的风险。

3.3.2　金融危机下供应链合作伙伴关系问题的防范对策

为了使供应链企业合作更有效，合作伙伴关系更为牢固，对于供应链战略合作伙伴关系可能面临的上述问题，有必要采取一定的措施加以解决。

一是要科学选择供应链合作伙伴。为增强金融危机下供应链抗风险能力，根据各个企业资源、能力的不同，企业在考虑合作伙伴时应建立有效的合作伙伴评估机制，采用科学的定性和定量的方法，对合作伙伴进行选择。

二是建立合作伙伴诚信合作关系，规避道德风险。一方面供应链企业伙伴间应建立通畅的沟通渠道，保持经常性的交流，从而促进供应链合作伙伴关系的提升；另一方面要及时进行信息披露，通过对每一个成员企业的交易行为予以记录跟踪，并及时披露信息，有不良信用记录或投机行为的成员将会被其他同类竞争企业所替代，从而能有效地规避组织成员交易过程中的道德风险。

三是确立共赢思想。供应链合作伙伴关系应确保每个参与者都有利可图，企业应当在树立共赢思想的基础上，明确自己的战略目标。当合作一方遇到困难时，作为合作伙伴的另一方能够从长期利益着眼，给予支持，共同前进，避免多头服务给不同供应链企业带来利益上的损害。

四是建立有效的供应链合作伙伴激励机制。有效的激励机制可以调动成员企业的积极性，兼顾共同利益，消除金融危机下各种不确定因素带来的风险，使供应链运作更加顺畅，激励机制是供应链合作伙伴关系得以持续的保证。在供应链环境下，可以通过价格激励、订单激励和共同愿景激励手段和方法确保供应链合作伙伴得以持续、稳定发展，实现共赢的目标。

3.3.3 金融危机下供应链客户关系管理面临的主要问题

一是对客户关系管理认识的误区。尽管由于金融危机的影响，企业已经意识到了客户关系管理的重要性，但对于如何加强客户关系管理，一些企业仍然存在着误区。有些人认为开发、安装了客户关系管理系统软件，就实现了对客户的关系化管理，这显然是片面的。

二是业务流程再造问题。许多企业为了推行客户关系管理，专门成立了客户服务部门，建立了客户经理制度，一方面造成了其他各部门对客户关系管理漠不关心的现象，另一方面由于组织机构及业务流程没有做相应调整，各职能部门分立，使得服务接触界面不完善，整个服务质量反而失控。

三是供应链客户关系管理中的客户价值辨别问题。在金融危机爆发前，很多企业不估算客户的价值，在提供服务方面不对客户价值加以区分，造成服务支出与回报不对等。还有一些企业由于害怕对高价值客户采取“等级化”、“差别化”的策略会引起在人数上占优势的低价值客户的不满，而尽可能将最惠服务普遍化，极大动摇了企业利润基础。

3.3.4 金融危机下供应链客户关系问题的解决措施

一是加强客户关系管理基础工作建设。建立完善的数据仓库。数据仓库是客户关系管理的核心，要注意收集与客户关系管理流程的所有相关数据，从而使市场分析人员通过对数据分析细划出目标市场、决定促销活动；销售人员可以及时了解客户的详细信息。

二是要正确理解客户关系管理的真正内涵。企业必须认识到，客户关系管理软件系统并不代表着客户关系管理的全部，它只是一个必不可少的管理工具。要让全体员工认识到真正的客户关系管理必须通过为客户持续提供有价值的产品/服务，提高客户满意度，保持客户与企业之间的良好关系。

三是进行组织结构及内部业务流程重组。企业在设计 CRM 系统架构时，应当进行企业组织结构和业务流程重组。供应链要求企业组织结构必须以供应链的客户为中心，但企业的组织结构对这些客户信息缺乏有效的管理，无法对供应链进行有效的管理与分析，企业间也没有实施对客户资源的共享，从而导致对客户的需求无法充分的满足，无法提高客户满意度，造成客户的流失。

四是实施不同的客户管理策略。面对金融危机下利润空间缩小、订单减少等问题，企业要想获得最大程度的收益，就必须对自己拥有的客户进行有效的差异分析，并根据这种差异来区分不同价值的客户，改变原来一味满足所有客户所有需求的做法，把客户按照客户价值分类，找到最有价值的关键客户，以便更合理地配置有限的市场资源，实现客户资源价值和企业投入回报的同步最大化。

总而言之，在金融危机下，如何加强供应链关系管理，建立牢固的合作伙伴关系，完善客户关系管理，使供应链企业达到“多赢”更成为很多企业面临的一个关键而现实的问题，只有真正做到合作伙伴间相互信任，建立有效的激励机制，树立共赢的思想，在客户管理中能全面了解不同客户的特点和需求，针对不同客户的价值合理配置企业自身资源，为其提供最有价值的产品和服务，企业才有可能在供应链间竞争中获得优势。

3.4　金融危机下的供应链库存战略

供应链库存战略是指在由供应商、制造商、批发商和零售商组成的供应链网络上，他们之间充分交换库存信息，相互协调，共同管理库存，实现整体库存水平的下降，甚至有可能实现零库存。供应链管理下的库存控制，应在动态中达到最优化的目标，即在满足客户服务要求的前提下，力求尽可能的降低库存，提高供应链的整体效益。

3.4.1 常规条件下的供应链库存战略

供应链的库存战略与供应链的功能性、潜在需求不确定性密切相关。在供应链功能性与潜在需求不确定性得到了匹配之后，企业可以根据自身的供应链特点来选择相应匹配的供应链库存战略。

1. 供应链的功能性

通常而言，供应链从功能性角度可以分为有效性供应链（Efficient Consumer Response，ECR）和反应性供应链（Quick Response，QR）。有效性供应链的目的是为消费者提供最低成本的产品和最好的服务，即强调“高效运营”；反应性供应链的目的是为消费者提供以快捷优先兼顾低成本的产品和最好的服务，即强调“高速运营”。有效性供应链和反应性供应链的联系如图 1－3－1 所示，很显然，二者是一个相互关联、互相转化的过程。一般意义上讲，供应链就是在这两个功能间进行权衡，即反应能力与赢利水平之间进行权衡，以期取得总效益的提高。

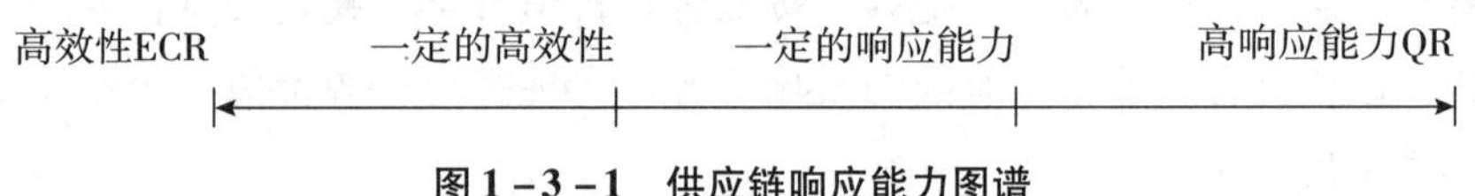

图 1－3－1　供应链响应能力图谱

2. 供应链的潜在需求不确定性

这里需要首先明确需求不确定性和潜在需求不确定性的区别。需求不确定性指的是顾客对某种产品的需求是不确定的；潜在/隐性需求不确定性指的是供应链实际满足的需求部分与客户的需求存在不确定，是供应链不确定性的直接后果。影响供应链潜在需求不确定性的因素包括两大方面。一方面是顾客的需要，当需求量增长、供货期缩短、要求的产品品种增多、获取产品的渠道增加、创新速度加快、需求的服务水平的提高时，潜在需求不确定性将增强；另一方面是产品的特点，如图 1－3－2 所示，从纯粹功能性产品过渡到创新性产品，潜在需求不确定性呈现了由低到高的趋势。

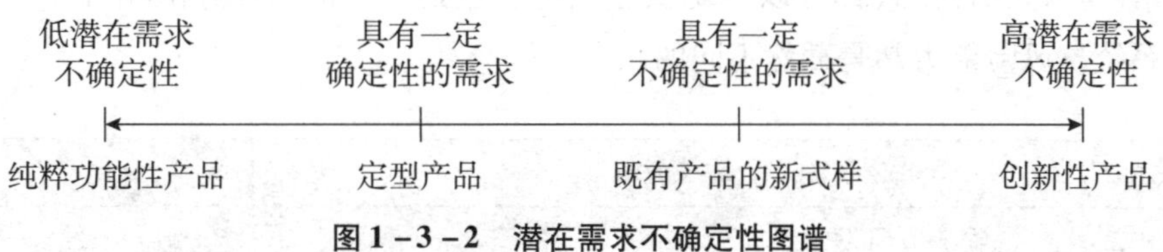

图 1－3－2　潜在需求不确定性图谱

3.4.2　常规条件下供应链库存战略的确定

1. 供应链战略匹配及其成本分布

在明确了供应链的特性和潜在需求特性之后，企业就可以根据自身产品的供应链潜在需求不确定性特点以及供应链追求的反应能力在下图 1－3－3 所示的战略匹配带中找到自身的合理位置。潜在需求趋向确定性的产品，由于潜在需求波动较小，应该匹配 ECR 高效性供应链；潜在需求趋向不确定性的产品，由于潜在需求波动较大，应该匹配 QR 响应性供应链。供应链企业在明确了自身的供应链特性，即确定了 QR 战略和 ECR 战略之后，就可以有针对性地确定企业的供应链库存战略。

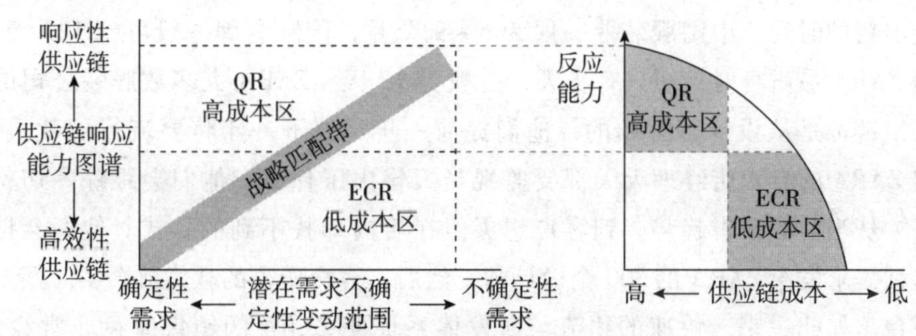

图 1－3－3　供应链战略匹配及其成本反应能力图谱

2. QR 响应性供应链对应的库存战略

选择了 QR 响应性供应链，意味着企业的商品通常是创新性产品，如手机、电脑、时装等，为了达到快速反应，供应链企业显然需要比 ECR 高效性供应链花费更高的成本（如图 1－3－3 所示，处于高成本区）。但是，高成本并不代表高库存，QR 响应性供应链企业又可以分为如图 1－3－4 所示的三种类型：第一种是低库存储备与高速物流与研发搭配；第二种是相对较高的库存储备和较快捷的物流与研发搭配；第三种是高库存储备与迟缓的物流与研发搭配。这三种模式都可以实现快速反应。但是，它们的库存战略和供应链的系统抗风险能力却是截然不同的。

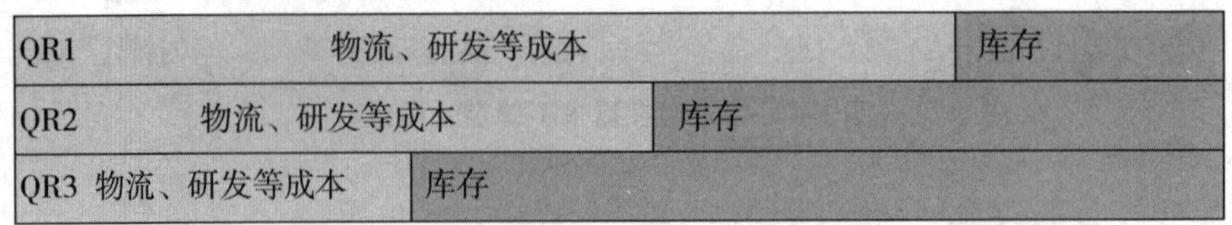

图 1-3-4 响应性 QR 供应链的类型

第一种 QR 模式（QR1）的供应链核心企业库存很低，甚至向零库存迈进，它依靠的是供应链的高速物流渠道和快速的研发能力等来实现供应链的快速反应。这其中又包括快销供应链（或者称为敏捷供应链，灵敏供应链）和订单式生产供应链两种。

快销供应链，例如著名的国际时装品牌 ZARA 就是采取这一模式。金融危机让消费者紧缩起了钱包，但 ZARA 连锁店却凭借代价公道而又时尚的服饰在全球火热开张。这其中至关重要的环节是 ZARA 的快速反应供应链系统大大缩短了 ZARA 的前导时间。前导时间是从设计到把成衣摆在柜台上出售的时间。中国服装业一般为 6～9 个月，国际名牌一般可到 120 天，而 ZARA 最厉害时最短只有 7 天，一般为 12 天。ZARA 大多数服装公司的供给链都是从设计师开始的，他们提前一年定好下一年将要流行的款式。但 ZARA 的专卖店经理天天都要监视当天售出了什么，他们会跟踪一切状况，从当前的销售趋势，到客户想买但在店内却找不到的款式。他们会把这种需求发给 ZARA 的 300 个设计师，然后，客户所需的款式就会实时摆上柜台。如此一来，快速的物流与研发体系促使 ZARA 的销售库存非常少，ZARA 一年中大约推出 12000 种时装，而每一款时装的量一般不大。即使是畅销款式，ZARA 也只供应有限的数量，常常在一家专卖店中一个款式只有两件，卖完了也不补货。就如邮票的限量发行提升了集邮品的价值，ZARA 通过这种“制造短缺”的方式，培养了一大批忠实的追随者。“多款式、小批量”，ZARA 实现了经济规模的突破，同时库存风险得到了大大的降低。

订单式生产供应链，例如戴尔电脑的直销模式，它通过订单生产和物流实现快速反应，库存很低甚至为零就可以实现目标。但是有一点是我们必须注意的，那就是尽管作为供应链核心企业的戴尔在库存方面得到了最大化的降低，然而为了保证为戴尔的 MTO 订单即时生产，戴尔的供应商们仍然维持了较高的安全库存。综合而言，我们可以看到，就整个供应链而言，总的库存并不是最低的，当然这与 QR 反应性供应链战略的初衷是一致的，毕竟这一战略是以快速反应为优先、兼顾低成本的一个供应链战略。

第二种 QR 模式（QR2）实质上是通过库存、研发和物流的一个均衡化来保障供应链的快速反应。其本质上是供应链企业的库存有所放大。

第三种 QR 模式（QR3）是通过企业的高库存储备来保证市场的需求变化，与之相适应的生产方式是备货型生产。很显然，这种模式使企业的库存成本大大提高，也占用了企业的大量资金，增加了企业的经营风险。

3. ECR 高效性供应链对应的库存战略

选择了 ECR 高效性供应链，意味着企业的商品通常是功能性产品，如日常食品、日常用品等，但是这并不是绝对的。成功的范例有雀巢与家乐福的 ECR 供应链战略、宝洁（中国）公司的 ECR 供应链战略等，企业的目标是通过系统化的调控，降低整个供应链的系统成本（如图 1－3－3 所示，处于低成本区），通常采用 MTS 的生产方式来调节供应链每个节点的库存，实现供应链的高效运营，使整个供应链的总成本达到最低。

3.4.3　金融危机对供应链库存战略决策的影响

1. 供应链潜在需求不确定性呈现减弱趋势

金融危机对顾客的需要产生了一系列影响。其中首要的因素就是需求量减少，以国际著名运动服装品牌阿迪达斯为例，阿迪达斯日前公布的 2009 年一季报指出，阿迪达斯在北美的销量同比下降 17%，欧洲销量下降 5%，原被寄予厚望的亚洲市场，也由于中国和日本市场需求不振，销量减少了 6%。报告指出，其净利润暴跌 97%，至 500 万欧元，远低于一年前的 1.7 亿欧元；销售额同比减少 6%，至 25.7 亿欧元。此外，金融危机还导致需求供货期延长、要求的产品品种增速减缓、获取产品的渠道增速减缓、创新速度减缓、需求的服务水平增速减缓等一系列变化，这些变化直接导致了供应链潜在需求不确定性减弱。另外，供应链合作伙伴减产或者停产的波动在一定程度上也造成了供应链稳定性减弱，进而形成供应链潜在需求不确定性增强。供应链潜在需求不确定性减弱还是增强是一个博弈的结果，但是，就当年整体情况而言，供应链潜在需求不确定性呈现减弱趋势。

2. QR 反应性供应链企业面临库存增大的风险

金融危机下，第 1 类 QR 反应性供应链企业，尽管核心企业（如戴尔电脑）库存不会受到大的影响，但是其零配件供应商的库存显然面临过剩的危机，因此有可能造成供应链的不稳定性增强，甚至断裂；第 2 类 QR 反应性供应链企业（如华硕电脑）和第 3 类 QR 反应性供应链企业由于存有较高的缓冲库存，因此，在金融危机需求低迷的情况下，其库存面临更大的风险。此处需要说明的是，从 2007 年开始，一年之内，戴尔全球零售店由 0 家增加到了 1.3 万家，中国市场更是从 0 家暴增至 2500 家；在中小企业市场，其解决方案中心从 0 个扩张到 500 个；戴尔商用合作伙伴从 0 个猛增到 600 个；发货覆盖区域由此前的 90 多个城市瞬间扩大到 1200 个城市。戴尔的这一变化预示着它在开展订单直销模式的同时，也开始推行终端销售渠道这一模式。毋庸置疑，戴尔的这一举措在金融危机影响下必然面临供应链成品库存增加的风险。

3. ECR 高效性供应链抵抗金融危机能力比较强

在金融危机的影响下，ECR 高效性供应链由于具有供应链系统的高效性，低成本性，因此开展此模式的供应链企业表现出了较强的抗风险能力。以苏宁和海尔的 ECR 合作为例，2007 年，苏宁和海尔签署 ECR 协议。苏宁有大量来自消费者的数据，通过这些数据，海尔可以实时了解市场的需求，开发适销的产品，从而改变以往厂家自行评估生产，商家被动销售的局面。与此同时，信息交换速度加快后，双方的交易时间将缩短，不但节约交易成本，还大大地降低了苏宁的商品库存，减少了库存成本，如此一来，两个企业获得了更强的竞争优势，增强了抵御金融危机冲击的能力。

4. 企业的库存消化速度减慢，"牛鞭效应" 凸显

由于此次国际性金融危机爆发之前，国际经济正处于繁荣期，因此，就供应链的订单需求而言是不断增加的，如图 1 - 3 - 5 和图 1 - 3 - 6 所示，流经零售商、中间商、生厂商直至供应链上游企业的这些订单被不断的放大，最终导致供应链各节点企业的库存也不断放大，并且最终维持在一个经济繁荣期下高水平的库存状态。显然，这种高库存状态，在金融危机重压之下，将使企业面临高成本和高风险等一系列问题。

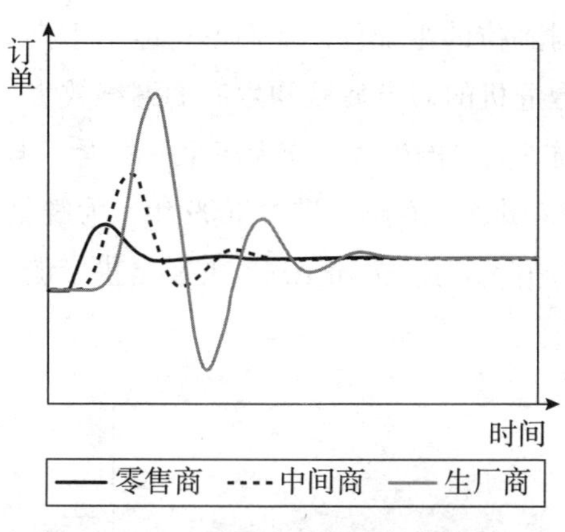

图1－3－5　金融危机爆发之前供应链订单牛鞭效应

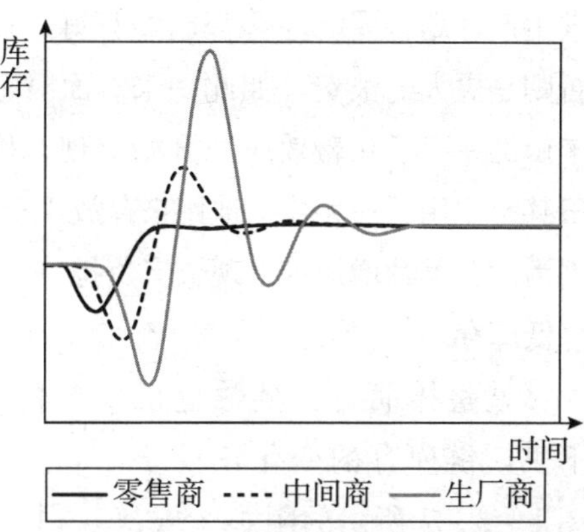

图1－3－6　金融危机爆发之前供应链库存牛鞭效应

在我国，据统计数据显示，2008年三季报中，两市78%的上市公司库存超过去年同期，其中，341家公司存货较年初增加50%，133家公司存货翻了一番，23个行业中只有家电业库存下降11.5%，其余各行业库存均有所上升。这些库存占据了部分行业大量的流动资金。数据还显示，截至2008年9月30日，两市房地产行业现金余额为622.3亿元，较年初738.9亿元减少15.8%。而仅宝钢股份一家，现金流较去年同期就减少130.5亿元，存货资金占用增加额较去年同期上升约74.2亿元。

国际企业同样面临此次金融危机所带来的高库存问题。据台湾《工商时报》报道，由于PC市场受到金融危机影响，截至2009年2月，华硕的库存约达450亿元新台币。另外，数据显示高库存给阿迪达斯也造成了更大的压力，2009年第一季度，阿迪达斯的库存产品高达20.16亿欧元，与去年同期的15.78亿欧元相比，同比大幅增长28%。身处金融危机的汽车工业巨头们也都宣布销量下滑，丰田汽车、现代、大众、宝马等销量均告跌落，库存陡增。以“零库存和订单式生产的精益理念”称霸车坛的丰田汽车为例，丰田去年年底公布的2008年11月日本国内销量约为10.8万辆，同比大减27.6%，单月销量跌至1976年10月以来的最低点。在中国，从2006年6月上市到2008年引入的两款车达到21万辆的产销目标，广州丰田创下了前所未有的速度极限。随之而来的是，丰田的零库存订单生产在中国也发生了变化，一位一汽丰田高层解释道：“订单式销售是在新车热销、产能不足情况下的做法。现在我们早就不搞订单式销售了，消费者基本上都可以当天提车。”于是，由于脱离了订单生产，丰田年初做的高需求生产计划，零配件等都已经订好，面对到位的零配件，他们不可能不生产，否则是更大的浪费。如此一来，面对金融危机的需求疲软和生产的继续放大，丰田的库存“牛鞭效应”开始显现，积攒了大量的库存，在天津工厂附近，丰田甚至租用了一大片空地用来存放生产出来的库存车辆。进入2009年，为避免因为库存继续增加带来现金流负担，丰田调低目标，关闭工厂，并整合供应链，降低库存。

就整体而言，金融危机下供应链库存的变化正处于图1－3－7所示的阴影区域，即处于库存的缓慢消化期，但是相对而言，供应链下游企业的库存消化速度显然要比上游供应链企业的消化速度要快。随着经济的复苏，他们也开始了新一轮的库存积累。然而，此时的库存最终状态如图1－3－7中虚线所示，将维持在一个较以往经济繁荣期更低的合理库存区间。

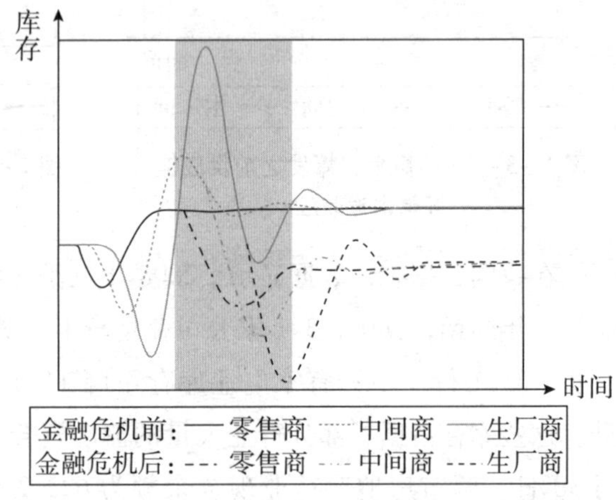

图1－3－7　金融危机下的供应链库存变化曲线

3.4.4　金融危机下供应链库存的匹配战略

1. 响应性供应链的库存匹配战略

金融危机下，宏观环境的最大变化就是供应链潜在不确定性需求减弱，这就意味着，合理的供应链战略需要向确定性供应链潜在需求转变。针对QR响应性供应链而言，如图1－3－8所示，其供应链的基本战略需要从以往的A点向新形势下的B点转变，当然其转变的力度多大决定于供应链企业的实际状况，B点甚至可能位于战略匹配带中左下角，即实施ECR高效性供应链战略，总之，无论B点在战略匹配带的哪个区域，QR响应性供应链的合理转变趋势是确定的。此外，我们可以看到，QR响应性供应链战略只要向ECR响应性供应链战略转变L量，其供应链成本（针对QR2和QR3而言，也就可以体现为其库存成本）将取得H量的大幅度下降，这显然是一个金融危机下降低供应链库存成本的可喜变化。

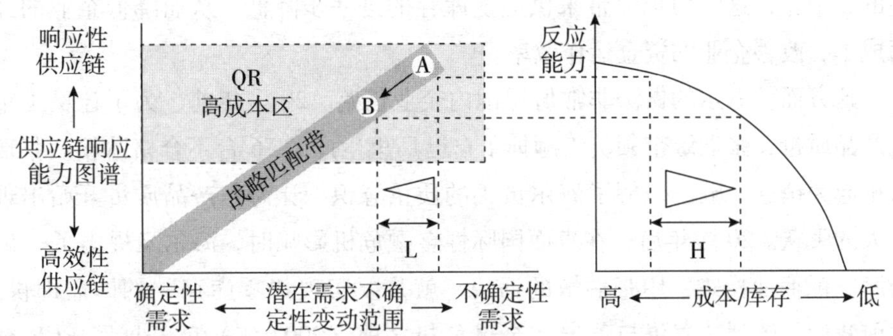

图 1－3－8　不确定性—反应能力—成本关联曲线图

2. ECR 高效性供应链的库存匹配战略

金融危机下，以前一直采用 ECR 高效性供应链战略的企业同样要面对供应链潜在不确定性需求减弱的变化，这就意味着，合理的供应链战略应该向确定性供应链潜在需求转变。针对 ECR 高效性供应链而言，如图 1－3－9 所示，其供应链的基本战略需要从以往的 C 点向新形势下的 D 点转变，当然其转变的力度多大也决定于供应链企业的实际状况，总之，无论 D 点在战略匹配带的哪个区域，ECR 高效性供应链的合理转变趋势是确定的。此外，我们可以看到，ECR 高效性供应链战略转变 L 量，其供应链成本（也体现为库存）将取得 H 量的小幅度下降，这是由于 ECR 高效性供应链战略的本身宗旨就是长期控制好供应链的各个环节库存，达到供应链总成本的最低，因此，在金融危机之下即使企业花费大的力度进一步减少库存，但是其获得的库存降低幅度是不会有 QR 响应性供应链所表现得那么明显。然而，即使是这样，ECR 高效性供应链企业在金融危机之下也是有必要进行供应链基本战略的调

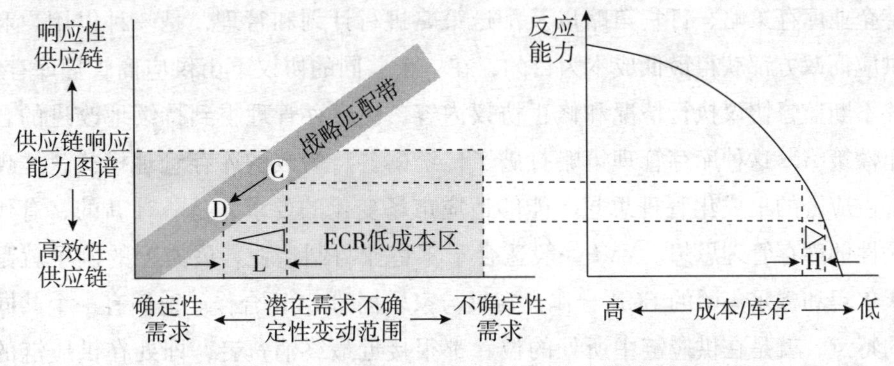

图 1－3－9　不确定性—反应能力—成本关联曲线图

整的，毕竟，这将为企业带来供应链库存的进一步降低，从而降低企业的经营成本，改善企业的资金运作效率。

这方面，海尔的做法非常值得国内企业借鉴。20 多年前，为了让员工重视产品质量，张瑞敏带领员工砸掉了自己厂里生产的 76 台不合格冰箱。张瑞敏抡起大锤这一砸，砸醒了海尔员工的质量意识，让海尔产品质量开始出现了大的飞跃。20 多年后，在直面国际性金融危机影响时，海尔又提出了“砸仓库”的商业模式，用张瑞敏的话说，就是要实现“零库存”的即需即供。此前我们了解到，海尔与苏宁在金融危机之前（2007 年）就开展了 ECR 合作，应该说，这一做法已经为海尔和苏宁双方良好地控制了供应链的库存成本。然而，在这次国际性金融危机中，海尔人进一步发现，有仓库和没仓库“差大了”。有仓库的，仓库里存了很多货，国际金融危机影响之下，降价，赔大了。海尔的这种“砸仓库”的做法，也就是开展“现款现货”的订单式生产，实质上就是金融危机下对 ECR 供应链战略进一步转变的直接结果，最终这种转变助推海尔集团 2008 年的利润同比增长 20.6%，利润增幅超过收入增幅的两倍。

3.4.5 金融危机下供应链库存战略的运行模式

金融危机下的企业可以根据自身的实际情况选取合理的供应链库存运行模式，由于各个模式的适用条件、实施难度等均存在不同，所以企业的供应链库存模式不可盲目转型，也不可墨守成规。

1. VMI 模式

供应商管理库存（Vendor Managed Inventory，VMI），它要求供应商对下游企业库存策略、订货策略以及配送策略进行计划和管理，是一种以用户和供应商双方都获得最低成本为目的，在一个共同的协议下由供应商管理库存，并不断监督协议执行情况和修正协议内容，使库存管理得到持续地改进的合作性策略。这种库存管理策略打破了传统的各自为政的库存管理模式，体现了供应链的集成化管理思想，能够适应市场变化的要求，是一种新的、有代表性的库存管理思想。VMI 一般适合于零售业与制造业，最典型的例子就是沃尔玛和戴尔集团的 ECR 合作、雀巢与家乐福的 ECR 合作。他们有一个共同的特点，就是在供应链中所处的位置都很接近最终消费者，即处在供应链的末端。其中有一个主要原因就是，VMI 可以消除“牛鞭效应”的影响。VMI

的运作模式主要有三种情况：供应商/制造商（核心企业）、供应商/零售商（核心企业）、核心企业（一般为制造商）/分销商（或零售商）。

2. JMI 模式

联合库存管理（Jointly Managed Inventory，JMI）是一种在 VMI 的基础上发展起来的上游企业和下游企业权利责任平衡和风险共担的库存管理模式。联合库存管理强调供应链中各个节点同时参与，共同制订库存计划，使供应链过程中的每个库存管理者都从相互之间的协调性考虑，保持供应链各个节点之间的库存管理者对需求的预期保持一致，从而消除了需求变异放大现象。

3. 多级库存控制

基于协调中心的联合库存管理是一种联邦式供应链库存管理策略，是对供应链的局部优化控制，而要进行供应链的全局性优化与控制，则必须采用多级库存优化与控制方法。因此，多级库存优化与控制是供应链资源的全局性优化。

最早开始多级库存研究的学者是 Clark 和 Scarf（1960），他们提出了"级库存"的概念：供应链的库存 = 某一库存节点现有的库存 + 转移到或正在转移给后续节点的库存。多级库存的优化与控制是在单级库存控制的基础上形成的。多级库存系统根据不同的配置方式，有串行系统、并行系统、纯组装系统、树形系统、无回路系统和一般系统。多级库存控制指的是供应链中各个级别企业所有库存控制点的控制参数同时决定，考虑各个库存点的相互关系，通过协调获得供应链全局性优化与控制。多级库存控制的方法有两种：一种是非中心化（分布式）策略，另一种是中心化（集中式）策略。

4. CPFR

联合规划、预测与补给（Collaborative Planning Forecasting and Replenishment，CPFR）的形成始于沃尔玛所推动的联合预测与补给（Collaborative Forecast and Replenishment，CFAR）。CFAR 是利用 Internet 通过零售企业与生产企业的合作，共同做出商品预测，并在此基础上实行连续补货的系统。后来，在沃尔玛的不断推动之下，基于信息共享的 CFAR 系统又在向 CPFR 发展。CPFR 是在 CFAR 共同预测和补货的基础上，进一步推动共同计划的制订，即不仅合作企业实行共同预测和补货，同时将原来属于各企业内部事务的计划工作（如生产计划、库存计划、配送计划、销售规划等）也由供应链各企业共同参与。

CPFR既是一种理念，又是一系列活动和过程。CPFR通过一系列合作伙伴认同的业务流程，制订共同的销售和运作计划，并通过电子化的交流与沟通合作修改销售计划和补给计划，从而提高计划的前瞻性和准确性，有效地减少事后性带来的高成本。它帮助合作伙伴建立准确预测和高效的补给计划，使其在高水平的服务上扩大销售并降低库存。

CPFR与其他供应链库存管理模式的对比如表1-3-1所示：

表1-3-1　　供应链库存管理模式的比较

库存策略	特　点	不　足
AFR	贸易伙伴交互作用中应用最广泛的方法，采用制造商推动供应链的方法	缺乏集成，高库存低满足率
VMI	局部优化的供应链模型，应该与其他库存策略相结合，推动主体是生产企业或其客户	缺乏集成，使用者增加，但有待改善
JMI	零售商与供应商指派专业小组协调补货和供应链的其他合作，强调双方同时参与、共同制订库存计划，解决需求放大现象，集中型的库存控制系统	建立和维护成本较高
多级库存控制	所有库存控制点的控制参数同时决定，考虑各个库存点的相互关系，通过协调获得供应链全局性优化与控制	供应链的层次多时，在管理上协调的难度大
CPFR	最新供应链管理技术，供应链中的各方利用各自优势紧密合作以取得最佳整体供应链管理效果的方式	需要整个行业的合作，开展难度很大

3.4.6　金融危机下供应链库存战略的实施技术与方法

1. 金融危机下供应链库存战略的实施技术

金融危机下的供应链库存战略实施技术主要有商品条形码技术（ID），无线射频技术（RFID）、电子订货系统（EOS）、销售时点系统（POS）、电子数据交换系统（EDI）、预先发货清单技术（ASN）、电子支付系统（EFT）、供应商管理库存（VMI）、连续补充库存计划（CRP）等，这些技术与以往的技术并无多大变化，关键是企业需要合理的采用这些技术解决降低库存的问题。

2. 金融危机下供应链库存战略的控制方法

金融危机下的供应链库存战略控制方法与以往的方法也并无多大变化，这些方法主要有 ABC 重点库存控制法、经济订货批量（EOQ）法等，关键是企业需要合理的采用这些方法解决降低库存的问题。

3.4.7 金融危机下的供应链库存战略举措

1. 慎用多品牌策略

多品牌战略实际上存在两种形式，一种形式是企业为了扩展企业品牌、规避单一品牌风险等原因，从实质上增加新产品品牌系列；另一种形式是企业为了消化库存而开展的换汤不换药式的品牌扩展。金融危机之下，针对第一类企业而言，其多品牌战略必将带来库存成本快速增加，因此其应该慎用多品牌战略；第二类企业尽管其利用多品牌战略可以在一定程度上消化库存，但是其新品牌战略也将花费大量的营销与管理费用，最终这种以消化库存而诞生的品牌将很难长久维持。为此，深处金融危机，企业应该慎用多品牌战略。

2. 加快库存消化速度

金融危机的来袭导致企业必须对以前的高成本库存加速消化。很多企业的原材料基本都是提前采购，原材料价格走势反映到终端产品都会有一段周期，因此，这些上游厂商的库存产品几乎都是高成本时期生产的产品，如果这些库存不能迅速被市场消化以获取回笼资金，厂商将无法享受到金融危机影响下现有原材料降价带来的成本优势。因此，对厂家来说，要及时跟进市场，开展包括降低零售价格等措施加快库存消化速度。这一点在家电行业已经得到印证，2008 年 11 月，五星全国范围内的 170 多家卖场同时发起了规模空前的降价削减库存大行动。五星电器采销中心视听部经理石磊介绍，本次行动是除了黄金周外参与商品最多的一次全国互动促销行动，如彩电，国产 32 英寸液晶跌破 2999 元，52 英寸液晶跌破 1 万元。洗衣机价格下调力度也达到历史之最，平均降幅达到 20% ~30%，在南京地区 1700 元不到就可以买到一台名牌滚筒洗衣机。

3. 强化供应链本土化运作

金融危机下，供应链本土化运作将可以能够使企业借助 VMI、JIT 等措施快速地满足其客户的需要，如此一来，企业将可以大大地减少缓冲库存，降低库存成本，为客户提供优质快捷的服务，而且实质上也可以减少相关的物流费用。在此方面，鸿海集团是一个很好的案例。金融危机之际，全球最大电子专业制造厂商鸿海集团不断在全球布局，除了在中国内地完成生产据点布局，更在越南、印度、墨西哥、巴西、芬兰、匈牙利、捷克、俄罗斯以及土耳其等地均有生产厂，鸿海集团董事长郭台铭认为，现在许多国际企业寻找合作伙伴都要求必须有多个生产或发货点，除了在关税方面的考虑外，还可以有助于分散风险，并且可以就近供货和服务。

4. 形成供应链合作伙伴关系

良好的供应链合作伙伴关系是有效降低库存的重要举措，通过良好的供应链合作伙伴关系，企业可以与供应商或者客户形成稳定的信任机制，可以与他们保持信息的高效、准确畅通，这将大大减少“牛鞭效应”带来的供应链库存放大的不良后果，这一点在金融危机下显然尤为重要。

5. 开展激励措施

这里的激励措施指的是，为了有效协调、降低供应链库存，企业可以利用一定的调节手段，使其供应商或者客户得到一些补偿，从而促使企业的供应商或者客户愿意参与到协调供应链库存的控制当中。在实践中，可以作为实现供应链库存协调的调节手段很多，如特许权费、数量折扣、批量折扣、批次折扣、价格折扣、共同补给期等，这些手段可以结合起来综合实施，最终使供应链合作伙伴能够协调库存控制，达到降低供应链库存的目标。

6. 开展业务外包或出售，强化核心竞争力

金融危机下，通过对企业非核心业务进行外包或出售，企业可以更关注自身的核心业务，这种做法实质上将使得企业的库存得到了大幅度的缩减和优化，剔除掉了非核心业务不良库存资产的影响，降低企业运营成本，从而帮助企业渡过此次金融危机难关，促进企业的长期良好发展。

3.5 金融危机下的供应链配送战略

3.5.1 金融危机对供应链运输与配送策略的影响

1. 运输与配送成本控制的重要性凸显

受到金融危机的影响，企业在供应链运输与配送环节的成本控制正得到越来越多企业的重视。原因比较简单，那就是物流成本已经成为许多企业成本控制的一个重点，而运输与配送成本又占据着物流成本的绝大部分。以我国为例，2008 年当年前三季度，我国运输费用占社会物流总费用的比重为 51.2%。因此，为了在金融危机下能够很好的控制企业物流成本，企业必须高度重视运输与配送成本。

2. 运输与配送需求降低

金融危机对全球的实体经济产生了不良的影响。首先，金融危机导致了产品消费需求的疲软，紧接着，这种需求疲软被传递到了企业所在的整个供应链，进而造成全球实体经济的发展减缓，甚至衰退。同时，伴随着这一结果，全球的物流运输与配送需求无论在消费领域还是生产领域也随之开始大幅降低。

3. 企业对运输与配送的质量要求并未降低

尽管金融危机对供应链运输与配送业务造成了不利的影响，但是客户对供应链运输与配送质量的要求并未降低，甚至有所提高。这是因为，为了在金融危机中赢得消费者的认可，在危机中获得生存和发展，很多企业对它的运输和配送业务质量要求不仅没有降低，甚至有所提高。一份来自“环球资源电子产品及零件采购交易会”的调研表明，买家衡量供应商的标准之一就是可以快速付运产品。

3.5.2　金融危机下的供应链运输与配送策略

1. 优化配送中心选址

受到金融危机的影响，企业的经营业务可能面临新的战略转移。为此，企业有必要重新优化配送中心的选址。在配送中心的优化选址过程中，企业需要结合金融危机下政治、经济、环境、人才等各方面因素的变化，来进行全球配送中心的合理布局。

2. 合理选择运输方式

物流五种运输方式的不同决定了物流成本和效率各有不同。在金融危机下，为了有效降低物流成本，企业有必要对以往的运输方式进行调整或者重新组合，进而对物流成本和效率进行很好的平衡。

3. 充分利用运输技术降低成本

金融危机下，充分利用运输方面的先进技术仍然是降低物流成本、提高企业运营效率的有效途径。分销需求计划（Distribution Requirement Planning，DRP）、分销资源计划（Distribution Resource Planning，DRP Ⅱ）、物流资源计划（Logistics Resource Planning，LRP）和 GPS 等技术都将有助于提高企业的运输效率，并降低运输成本。

4. 构建高效的配送模式

配送模式基本包括自营配送模式、第三方物流配送模式和共同配送模式三种，此外还包括“门到门”宅配模式、JIT 配送模式、加工配送模式和 VMI 配送模式。自营配送模式是指企业创建完全为本企业生产经营提供配送服务的组织模式。选择自营配送模式的企业自身物流必须具有一定的规模，否则企业自己建立配送中心势必造成资源的浪费。自营配送的物流成本是比较高的，而且对生产型企业而言这项业务又不是核心业务，为此，在金融危机下企业应该进一步减少自营业务的比率；第三方物流模式是指货主企业不经营自己的物流业务，而是通过物流渠道中的专业化物流中间人，双方通过签订合同的方式，在一定期间内，货主企业将自己的全部或一部分非核心物流业务外包给专业的第三方物流服务公司。在这种模式下，对第三方物流企业的运输管理、运作经验和管理水平有着很高的要求。第三方物流是未来物流发展的重要趋势，金融危机下，生产型企业通过物流业务外包可以更加专注于自身的核心业务，这有助于它们集中精力度过金融危机的不利影响；共同配送模式是指两个或两个以上的有配送业务的企业相互合作，对多个用户共同开展配送业务的一种物流模式。一般是由生产、批发或零售、连锁企业共建一家配送中心来承担他们的配送业务，以获取物流集约化规模效益，从而解决配送效率低下问题。共同配送可以对物流企业的功能、设施设备和信息网络等资源进行整合，实现物流资源的优化配置。金融危机下，共同配送有助于供应链企业的物流合作，然而这种模式也增加了企业对其合作伙伴的依赖性，加大了企业的经营风险。采用该模式的企业应该事先考虑到这一点；“门到门”宅配模式是一种包裹寄送服务方式，要求在指定时间内将货物精确送达目的地，这种模式的特点是大大的方便了消费者，然而其配送成本也是比较高的；JIT 配送模式是定时配送的一种，它强调在客户规定的时间，将合适的产品，按准确的数量，送到客户指定的地点。JIT 配送多采用小批量、多频次的送货方式，该模式可以降低企业产品及原材料的库存，减少浪费，满足客户多样化、个性化需求，但是，该模式对企业的协调性要求非常高；加工配送模式是指对即将进行配送的货物进行部分增值性加工后，再进行配送。这种模式集流通加工和配送于一体，增加企业的利润空间；VMI 配送模式实质上源自于供应商管理库存策略，该模式中配送业务的实施主体可以是第三方物流企业，也可以是供需双方，但最终的目的都是合理降低库存，为此该模式还是受企业普遍欢迎的。综上所述，在金融危机下，企业要结合自身的状况以及其所在的供应链体系的状况合理构建物流配送模式。

5. 加强物流企业动态联盟的构建

受金融危机影响，物流需求量大为减少。很多物流企业的订单不足，由于无法实现规模效益，物流成本正逐步提高，企业的利润也越来越低。以我国为例，受金融危机的影响，2008 年前三季度，全国社会物流总额为 68.1 万亿元，同比增长 26.7%，但物流企业经营成本同比增 36%，增幅高出业务收入 3 个百分点，同期利润率下降近 1 个百分点。在此情况下，物流企业应该有效借助同行业物流企业的资源，构建战略联盟，通过信息共享和业务分配，达到降低物流成本、提高物流效益的目标。

3.6　金融危机下的供应链重构战略

国际性的金融危机对各国实体经济产生了明显的不良影响，越来越多的企业已经意识到，作为全球供应链的一个节点，它们很难在这次金融危机下独善其身。为此，这些企业有必要对供应链战略做出重构调整，进而适应新形势下的企业竞争环境，谋求在危机中的生存与发展。

3.6.1　企业供应链重构战略的含义

企业供应链重构指的是为了适应企业的发展，企业对自身所在的供应链进行必要的重新筛选与组合。它表现为对供应链外部企业的剔除与选优，和对企业内部的供应链功能、行为与组织机构的重新定位。企业供应链重构战略指的是针对企业供应链重构开展一系列的战略调整，使企业适应经营环境的变化，它包含企业发展战略重构、企业经营战略重构和企业管理战略重构。

3.6.2 金融危机下企业供应链重构的必要性

本次国际性金融危机已经导致了企业供应链面临一系列新问题，为了适应新的经营环境，企业必然要对供应链体系进行必要的调整和转变，开展企业的供应链重构。

供应链的本身就是一种“竞争与合作共生”的运营机制，经过这次金融危机优胜劣汰的筛选，供应链优势企业可以通过“重新界定企业边界”对供应链进行重构，淘汰掉那些供应链中的弱势企业，让优势企业融入到新的供应链体系，成为强大的新的供应链合作伙伴，这将有力地强化金融危机下供应链的稳定性，增强企业的生存能力，有效抵御供应链企业的波动风险，并且可以有效促进供应链的供需平衡。

另外，金融危机中企业的两大供应链战略——ECR 战略和 QR 战略无法适应产品竞争战略的问题，通过供应链重构可以得到很好的解决。通过供应链重构，企业可以对供应链的节点企业进行重新布控，拓展新的供应链渠道，合理选址，有效控制库存，进而实现金融危机下合理的 ECR 战略和 QR 战略。很显然，在很好的解决了供应链战略与产品竞争战略匹配问题的同时，这也将大大减少相关的不合理费用，进而有效地降低供应链的运营成本，进而增加企业价值。

再者，供应链重构也将促进金融危机下企业供应链模式和供应链体系的改善。通过供应链重构，企业可以对供应链合作伙伴进行重新评估，有针对性的开展合作伙伴关系管理，同时减少竞价采购的供应链模式，因为这种供应链模式将导致的稳定性较差。另外，在金融危机下，企业可以通过供应链重构在全球对自身的供应链体系进行重新布局。比如建立本土化的供应链体系等。以日本索尼为例，日系的配套形式主要是本民族体系内的“一品一点式”采购模式，而非全球性的。这主要是因为日本民族的排外性较强，所谓的全球化只是销售的全球化，而非研发、采购等内部的全球化。这种供应链模式在这次金融危机中充分地暴露出了其本土化不够充分的缺点。索尼在意识到了这个问题后，通过供应链重构，正开始把更大份额的电视生产通过 OEM（贴牌生产）方式外包出去。

3.6.3 金融危机下企业供应链重构战略的内容

1. 供应链发展战略重构

（1）结合约束理论，利用供应链来增加企业价值

约束理论告诉我们，决定一个通路强弱的往往不是它的最强环节，而是最弱环节。为了实现利用供应链来增加企业价值的战略目标，金融危机下的企业必须找到所在供应链的薄弱“瓶颈”企业，并对其进行优化（这其中可能包括深度配合或者将其淘汰），最终保证供应链企业在把自身高利润产品传递到需要的大客户时，企业能实现超额利润。

（2）重新界定企业边界，明确供应链未来战略

重新界定企业边界战略管理的真正目的是确定企业目标，发展和保护那些能够带来和维持企业竞争优势，而且兼顾客户利益的企业特色，明确供应链未来的发展战略。它的本质是：企业应集中所有的战略能力与其擅长的业务，对其他业务应采取放松管制、分立、剥离、外购等方式。金融危机对企业而言，正可谓是“危”与“机”的并存，虽然他们确实生存于水深火热的危难之中，但同时这也是他们进行企业战略调整的大好机遇。企业通过重新界定企业边界，在衡量了自身的当前战略能力之后，可以对企业的供应链战略进行果断的调整，确立企业的未来战略。图 1－3－10 分析了企业在不同边界下的战略调整举措。

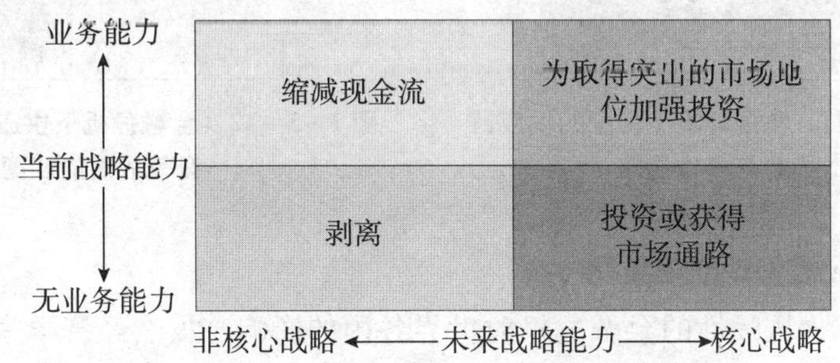

图 1－3－10　不同边界下的供应链发展战略重构

（3）调整企业的关联能力

金融危机下，企业需要根据自身情况开展业务的外购或剥离、并购与自制的选择，调整企业的关联能力。这其中包括组建战略联盟、合资、合伙等获得或增加企业供应链关联能力，实现关联性价值。具体而言，在横向方面，

金融危机对迫切希望进行供应链重构的优质企业而言是绝佳的好机会，这些企业可以大举地开展供应链横向一体化，兼并和重组供应链横向企业，重塑或强化本企业在供应链的核心或者强势地位；在纵向方面，适当拓展供应商和客户合作伙伴的范围，或者适当进行纵向一体化，对供应链上下游企业进行并购和重组，减少自身业务的剥离，增强自制能力，弱化在金融危机下因为过度地依赖个别合作伙伴而导致经营风险的加剧。

2. 供应链经营战略重构

金融危机下企业经营战略重构的重点是调整快速反应 QR 供应链战略和有效客户反映 ECR 供应链战略，图 1－3－11 描述了常规环境下匹配的供应链战略与竞争战略，即实用性产品强调 ECR 战略，创新性产品强调 QR 战略。但是，在金融危机下，企业以往采用的 QR 战略由于市场的萎缩可能需要为了控制企业成本而转向强化 ECR 战略，如图 1－3－12 所示；同时，企业以往采用的 ECR 战略在此时更应该得到进一步的深化，对供应链进行进一步的瘦身。

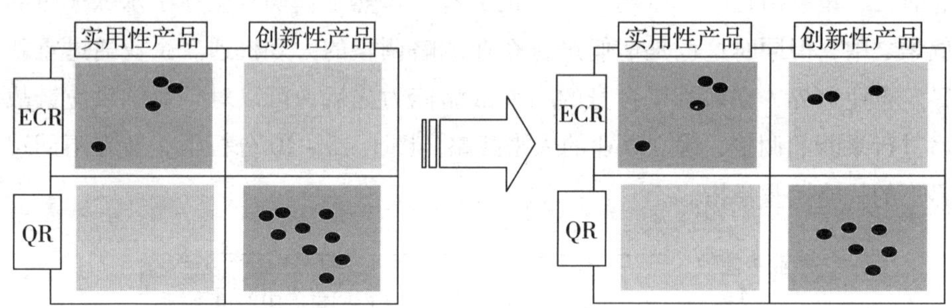

图 1－3－11　常规环境下匹配的供应链战略与竞争战略　　**图 1－3－12　金融危机下供应链战略与竞争战略的匹配变化**

3. 供应链管理战略重构

针对本次国际性的金融危机对世界各国的影响，虽然经济学家的观点各不相同，但是比较一致的预期是不会短期内全面恢复，因此，企业除了要对发展和经营战略进行重构外，还有必要对企业长期的管理战略进行调整。

（1）供应链管理战略重构进程

供应链管理战略重构是一个循序渐进的过程，不同阶段，企业要开展不同的管理战略变革，各阶段的内容如图 1－3－13 所示：

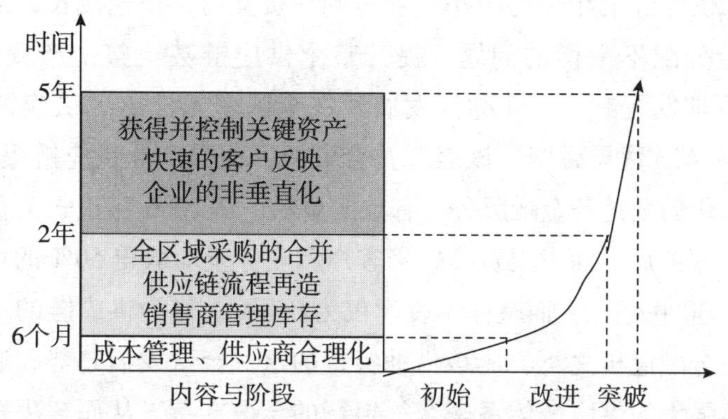

图 1 –3 –13　供应链管理战略重构内容与阶段

（2）供应链管理战略重构的评估标准

供应链管理战略重构的评估在重构中起着枢纽作用，它能约束和激励企业各部门，从而产生前进的动力。供应链评估的标准可以分为横向和纵向两方面。横向标准是指一个企业的绩效与其他企业相比较，这有助于企业认识自身的优势和劣势，并评价其供应链能力的相对水平。纵向是对当前的状况与要达到的目标之间的差距的评价。这两种方法结合在一起是最有效的。金融危机下的供应链企业此时必须有效开展供应链战略评估，找到自身供应链的横向与纵向不足，尽早解决问题，

3.6.4　金融危机下供应链重构的措施与建议

1. 实施电子化供应链改造

电子化供应链是供应链管理领域的新概念，也称为 e 化供应链，它是供应链管理和电子商务相结合的产物。电子化供应链可以使企业和它的合作伙伴之间 B2B 模式得到进一步的延伸，通过采用因特网这个全球通用的网络标准，实现相关各方信息系统的准确对接，从而通过频繁的信息交流使供应链内的合作伙伴能够像一个整体一样无缝工作。在国际性金融危机期间，电子化供应链将有利于对市场变化做出反应，有利于企业满足客户的需求，有利于企业有效降低供应链信息成本。为此，电子化供应链将是企业供应链重构的一个重点举措。

2. 借助供应链金融完善供应链体系

供应链金融是将产业上下游的相关企业作为一个整体来提供融资服务。

这样一来，供应链上相关的中小企业得到融资支持，快速成长，从而解决供应链上资金分配不平衡的问题，提升整个供应链甚至整个产业的竞争力。2006年，深圳发展银行（简称深发展）在全国率先推出“供应链金融”服务——“1+N”贸易融资。该服务整合资源，面向产业供应链提供本外币、离在岸一体化的全链条金融服务。有数据显示，从2006年正式整合推出“供应链金融”服务后，深发展贸易融资客户和业务量均取得50%的增长，全年累计融资近3000亿元，而整体不良率仅为0.4%。作为供应链的一个节点企业而言，在金融危机之下，应该借助银行的这一金融发展趋势，通过供应链重构，依靠强大的供应链体系来获得银行的金融支持，从而解决企业资金需求的问题。

3. 供应商储备与援助

供应链就犹如一条珍珠项链，无论项链的链条从哪两个珍珠之间断开，其他的珍珠都将散落，失去整体性。金融危机之下，这一点更是尤为突出。为此，企业有必要向他们的主要供应商、甚至中间商施以援手，进而维持供应链的稳定，比如丰田正在探讨向资金周转困难的供应商提供资金援助；同时企业也应该开始对供应商、中间商等进行比以往更多的储备，为供应链重构做好准备，防止供应链的断裂给企业造成不可挽回的影响。

4　金融危机下我国企业供应链战略转变的重点

4.1　我国企业的供应链主要特点

4.1.1　对供应链的重视程度正逐步提高

UPS在上海发布的2009年《UPS亚洲商业监察》（Asia Business Monitor，ABM）调研报告指出，93%的中国大陆中小企业将供应链效率视作其商业成功的必要条件。其中，25%的受访企业认为供应链可以帮助降低成本，23%的受访企业认为供应链可以帮助保证质量，18%的受访企业则认为供应链可帮助预测需求。从该报告中，我们可以感受到我国企业对供应链的重视正不断提高，这将有助于增强企业的竞争力。

4.1.2　缺乏供应链合作理念

当今的经济社会，企业与企业之间的竞争，实质上就是供应链与供应链的竞争，这一点已经得到了业界的普遍认可。那么，供应链与供应链的竞争又是什么最重要呢？答案就是供应链的企业合作。缺乏了供应链伙伴的合作，企业的发展将倍加艰辛，纵使你的技术再先进，你的团队再精明，你的设备再精良，只要你的供应链相关企业不愿意合作，那么你就无法获得准确的相关信息，无法做出正确的决策。我国的企业有相当一部分还没有认识到这一点，他们合作双方经常是竞争大于合作，把供应链上下环节之间的关系视为交易伙伴而不是合作伙伴，双方频繁的讨价还价，拖欠货款，延迟配送，忽视了他们从局部获得的利益将来会导致供应链的其他环节遭到更大损失。

4.1.3　供应链信息化程度有所改善，但仍需提高

条码技术在我国企业的应用已经相当普遍，POS商店在我国也相当普及。

但条码技术和 POS 扫描大多被用于提高零售企业的结算速度上，在提高整个物流运作效率上的作用并没有充分发挥。企业已经开始运用计算机系统进行生产规划和库存管理，但由于数据采集问题并没有解决，从而影响到库存管理的自动化。网络技术在企业的应用已相当普遍，但这种应用相当肤浅，多数企业仅限于用 E－mail 发送电子邮件的形式传送业务相关信息，并没有实现真正意义的 EDI 电子数据交换。此外，先进的无线射频技术（RFID）在我国也未得到广泛的使用，电子支付在我国企业也还没有成为企业首选支付手段。这些都导致了供应链信息传递扭曲，长鞭效应严重。总体上，我国企业的供应链信息化程度有所改善，但仍需提高。

4.1.4 供应链快速反应能力不强

决定供应链快速反应能力的因素比较多，比如物流设备的先进性、物流设施布局的合理性、库存的高低等。针对我国企业而言，这其中很重要的一个因素就是供应链的信息化程度。信息的准确性和快捷性将直接体现到供应链的快速反应能力。在我们国家，由于企业以往对信息化的重视程度不够，加之一些中小企业对信息化需要的高额费用有所顾虑，这势必导致我国企业在信息化方面存在滞后现象，最终间接影响到 VMI、JIT、CPFR 等一些先进技术、管理方法和管理模式的应用，降低了供应链的快速反应。

4.1.5 缺少全球性供应链的核心企业

近些年，我国经济取得了快速的发展，但是在全球性供应链中，像英特尔、西门子、诺基亚、三星、丰田等这些全球性行业核心企业还是太少，这一点我们从世界 500 强企业名录中就能感受得到，2009 年《财富》世界 500 强排行中国 43 家企业入选，其中前 10 名仅有中国石化一家，前 50 名只有 2 个，而且入选的这些企业多以金融类、能源类和公用事业类为主，缺少生产行业核心企业，这就意味着我国企业在全球供应链中往往缺乏话语权，在国际竞争中处于被动地位。

4.1.6 “纵向一体化”明显，正逐步重视“横向一体化”

我国企业比较重视“纵向一体化”，也就是对自己所在供应链的上下游企业进行扩展性控制，典型的就是我国企业“大而全”、“小而全”的经营方式，企业将涉及到的所有采购、生产、销售、物流等业务都由自己来做，可谓“肥水不流外人田”。这种经营方式对某些垄断性行业的强势企业而言是具有一定优越性的，比如钢铁生产企业控股铁矿石生产企业，这种纵向一体化将使企业在供应链中获得更大的发言权、定价权和控制权。但是，对于其他大多说企业而言其弊端也是显而易见的，它增加了企业投资负担，迫使企业从事不擅长的业务活动，并使企业的每个业务领域都直接面临众多的竞争对手，而且增大了企业的经营风险。

4.1.7　中小企业供应链融资能力低

我国约有99%的企业是中小企业，中小企业对GDP的贡献超过60%，对税收的贡献超过50%，提供了80%以上的城镇就业岗位。然而，中国社科院2008年发布的一组数据显示，中小企业在金融风暴冲击下40%已经倒闭，另外，还有40%正在生死边缘挣扎，只有20%的企业没有受到此次金融危机的影响。全国工商联主席黄孟复最近亦表示，尽管有国家政策的扶持，仍有30%的中小企业处于亏损或者严重亏损状态。对这些生死一线的中小企业而言，困扰他们的重要问题之一就是融资难问题。没有资金，他们的研发、生产等都将受到重大影响。然而，我国的中小企业很难从银行获得充裕的贷款。以2009年上半年投放的超过5万亿元的信贷来看，只有20%左右流向了中小企业，在金融机构的授信额度中，中小企业得到的授信额度还不到国有大中型企业的零头。在引人注目的“十大产业”振兴规划中，基本就是扶持大企业继续做大，兼并重组和进行产业升级的一个计划；而之后中央投入的200亿元技改项目，绝大多数仍然流向了大企业。如此一来所导致的这些中小企业资金链条的断裂最终将扩展到整个供应链，引发企业自身及其供应链的金融风险。

4.2　金融危机下影响我国企业供应链战略的因素

4.2.1　金融危机下影响我国企业供应链战略的不利因素

金融危机下，我国企业基本上也面临着上述共性问题，即供应链的稳定性减弱、供应链战略与竞争战略匹配不畅、国际性贸易壁垒加剧、供应链运营成本提高、供应链供需失去平衡、供应链金融风险加大、供应链模式需要改进和供应链体系不健全等一系列问题，这些问题将对我国企业的供应链发展产生一系列的不利影响。

4.2.2 金融危机下影响我国企业供应链战略的有利因素

1. 金融体系稳固，护驾我国企业良性发展

面对此次国际性金融市场的动荡，我国银行业、证券业和保险业三大金融体系积极采取措施，进行了有效应对，整体状况是比较稳固的，将有利地护驾我国企业的良性发展。在银行业方面，由于国内银行所持有的与次贷相关的金融产品规模不大，因此始于发达国家的金融危机对我国银行业的影响有限，我国银行业实力有所增强。根据 2009 年 2 月德国《法兰克福汇报》的报道，如图 1－4－1 所示，2008 年 9 月 30 日中国工商银行、中国建设银行、中国银行的总资产市值已经荣登世界银行前三甲，中国交通银行也名列第十位。在银行业监管方面，我国一直坚持银行系统与资本市场分离，这有效防止了风险在货币市场和资本市场之间的蔓延，使得这场美国金融危机对我国银行业的冲击有限。此外，我国具备雄厚的外汇储备，截至 2009 年 3 月已经高达 19537.41 亿美元，从某种程度上说，这些外汇储备对于增强我们国家宏观调控能力具有重要意义。

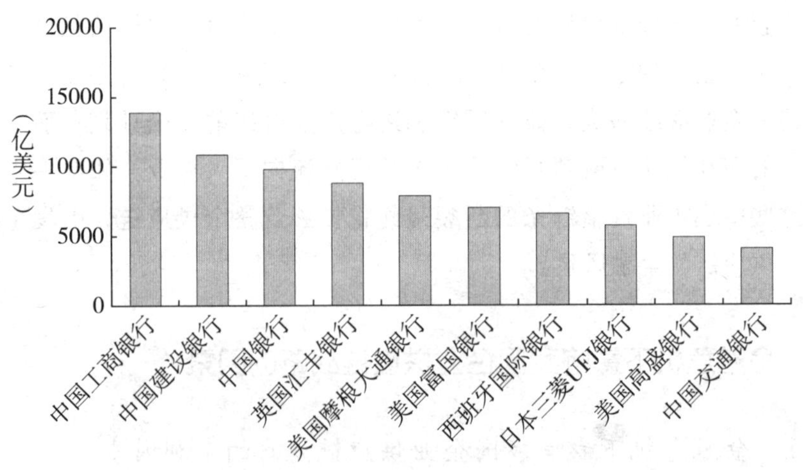

图 1－4－1 世界银行总资产市值排名

在证券业方面，面对当今国际金融市场动荡加剧的严峻挑战和全流通环境下我国资本市场改革发展的新情况、新问题，中国证监会已经出台了一系列近期有利于提振市场信心、远期有利于夯实市场制度基础的改革措施，比如当时实施的国有股转持等，这些措施全力维护了资本市场的稳定运行。在保险业方面，保监会政策研究室主任周道许也曾表示，保险业基本保持了健康稳定运行。总之，我国稳固的金融体系将降低我国企业在供应链金融领域的经营风险，提高了他们的生存能力和企业竞争力。

2. 国内市场消费潜力巨大

尼尔森公司的调查数据表明，虽然经济的增速有所放缓，但是2009年5月我国的零售额高达10028.4亿元，仍比去年同期上升了15个百分点。同时，我国居民现有20多万亿元的储蓄，这部分潜力的发掘对消费的刺激将是巨大的。另外，我国与日俱增的经济规模也增强了消费的容量和潜力，2007年我国超越德国成为全球第三大经济体，同年9月超过日本成为美国国债最大外国投资者。2009年6月，英国诺丁汉大学当代中国研究院院长姚树洁在英国《每日电讯报》撰文认为中国将在2009年年底之前成为仅次于美国的世界第二大经济体。相信，国内市场的这些巨大消费潜力必将有利于我国企业有效降低金融危机所产生供应链断裂的风险，拓展更多的市场空间。

3. 国家扩大内需举措有利于企业发展

为抵御国际经济环境对我国的不利影响，从2008年11月开始，我国推出了总投资约4万亿元的扩大内需、促进经济增长十项措施，这十项举措为国内企业的发展提供巨大的市场空间；在此基础之上，为了刺激经济的稳定增长，2009年国家又陆续出台了关系国计民生的十大产业振兴规划。此外，国家还大力开展家电下乡与以旧换新、汽车购置税与燃油税改革、汽车下乡与以旧换新等举措。中国物流与采购联合会2009年9月1日公布的数据显示，2009年8月中国制造业采购经理指数（PMI）为54%，比上月上升0.7个百分点，创下自2008年5月以来的新高，该指数连续6个月处于50%以上，这表明我国一系列扩大内需、促进国民经济平稳较快增长的政策已经使经济总体呈现稳步回升态势，它将提高我国企业在金融危机下的生存能力，增强我国相关产业的供应链竞争力。

4. 消费意愿有所降低，但是比较乐观

从国家统计局公布的2009年7月的消费者信心指数中，如表1－4－1所示，我们可以看到2008年6月我国消费者信心指数为94.1，代表消费者对当时经济状况满意程度的满意指数为90.6，反映消费者对未来经济前景看法的预期指数为96.5，上述三个指数至今基本处于连续下降趋势，这折射出了消费者消费意愿走低的心态。可喜的是，其他多项数据表明我国的消费意愿仍然比较乐观。尼尔森公司最新发布的2009上半年全球消费者信心指数调查报告显示：全球消费者信心指数已从2008年9月的84点下跌到77点，降至低谷。中国消费者的信心虽然从96降到了89，但降幅明显较小，总体来看中国消费者的信心近年来还是较为稳定的，在全球依然排名第十，位居“金砖四国”之首。

表1－4－1　　2009年4月的消费者信心指数

日期	消费者预期指数	消费者满意指数	消费者信心指数
2008.06	96.5	90.6	94.1
2008.07	96.9	90.8	94.5
2008.08	96.0	90.2	93.7
2008.09	95.6	90.0	93.4
2008.10	94.2	89.8	92.4
2008.11	90.8	89.2	90.2
2008.12	87.6	86.8	87.3
2009.01	86.9	86.6	86.8
2009.02	86.7	86.3	86.5
2009.03	85.9	86.1	86.0
2009.04	86.5	85.6	86.1
2009.05	87.1	86.1	86.7
2009.06	86.9	86.0	86.5
2009.07	87.8	87.1	87.5

数据来源：国家统计局。

5. 积极的财政政策和适度宽松的货币政策有利于企业发展

金融危机爆发前，为了防止经济过度快速发展及全面性通货膨胀，我国实行了稳健的财政政策与从紧的货币政策。金融危机之后，我国的财政政策从“稳健”转为“积极”，意味着我国将再度加大财政支出，扩大投资规模，其政策力度大、效果直接，能有效刺激经济；货币政策从“从紧”转为“适度宽松”，意在增加货币供给，就是要在继续稳定价格总水平的同时，促进经济平稳较快发展方面发挥更加积极的作用。积极的财政政策与适度宽松的货币政策将有效拉动内需，弥补外需不足，防止经济增速大幅下滑。我国的企业可以从积极地财政政策中获得新的商机，拓展发展空间；可以从适度宽松的货币政策中获得更多的供应链金融支持，增强企业的供应链生存能力和竞争力。

4.3　金融危机下我国企业进行供应链战略转变的举措

4.3.1　加强供应链合作伙伴关系管理

通过良好的供应链合作伙伴关系，企业可以与供应商或者客户形成稳定的信任机制，可以与他们保持信息的高效、准确畅通，这将大大减少“牛鞭效应”带来的供应链库存放大的不良后果，这一点在金融危机下显然尤为重要。金融危机下，选择合作伙伴必须充分考虑五点：合作伙伴必须拥有较好的核心竞争力、合作伙伴之间必须拥有相同的企业价值观及战略思想、扩大供应链伙伴的选择范围、强化供应商储备与援助、开展合作伙伴激励措施。

4.3.2　借助供应链金融拓展企业的融资渠道

供应链金融是将产业上下游的相关企业作为一个整体来提供融资服务。这样一来，供应链上相关的中小企业得到融资支持，快速成长，从而解决供应链上资金分配不平衡的问题，提升整个供应链甚至整个产业的竞争力。要发挥好供应链金融的作用，我们需要从三大方面采取措施。第一，政府要鼓励银行业开展供应链金融业务，进一步加大对中小企业的金融支持；第二，我国的银行企业应当抓住金融危机下发展供应链金融机遇，不断拓展相关业务，取得更好的企业效益。实际上，深圳发展银行（简称深发展）已经在国内实施了该业务，并取得了很好的效果。有数据显示，从2006年中正式整合推出“供应链金融”服务后，深发展贸易融资客户和业务量均取得50%的增长，全年累计融资近3000亿元，而整体不良率仅为0.4%；第三，我们的待融资企业要充分了解和认识供应链金融这一新兴金融业务。在金融危机之下，作为供应链节点企业的他们应该借助银行的这一金融发展趋势，依靠企业所在的强大供应链体系，或者通过供应链重构形成更为强大的供应链，来获得银行的金融支持，从而解决企业资金需求的问题。

4.3.3 进行供应链重构，形成强势供应链

在此次金融危机中，由于我国企业普遍受此次金融危机影响较小，因此，一些实力日趋强大的企业完全可以利用自身的优势低成本的对供应链上下游企业通过兼并、收购等举措进行供应链重构，获得供应链的控制权。借助这个千载难逢的机遇开展局部的纵向一体化，增强供应链的控制权。2009年，中石油收购新加坡石油公司45.51%股份、苏宁认购日本电器连锁企业LAOX公司27.36%股权并成为其最大股东、中国五矿集团公司13.86亿美元收购澳大利亚第二大锌矿公司OZ Minerals部分资产、中国华菱入股澳大利亚FMG、中石化集团（Sinopec Group）以82.7亿加元（71.9亿美元）收购瑞士的Addax石油勘探公司等都说明我国企业在此次金融危机中已经迈出了进行供应链重构的步伐，这对他们增强企业在供应链中的话语权是十分有益的。

4.3.4 深入开展信息化建设，实施电子化供应链改造

电子化供应链是未来供应链发展的重要方向，我国企业需要深入开展信息化建设，早日实现供应链的电子化运作，进而降低企业的运营成本，提高企业的运营效率，增强企业及其供应链的市场竞争力。

4.3.5 合理开展物流配送与选址

金融危机下，通过SWOT分析，我们可以看到我国企业的物流配送与选址的优劣势如表1-4-2所示。

表 1-4-2　金融危机下我国企业供应链配送与选址 SWOT 分析

O 机会： ①从行业发展趋势来看，现在正值中国物流配送行业大变革、大发展的时代。 ②许多跨国公司正准备将我国变成其制造基地，但他们又不可能同时带来全套物流系统，这一趋势无疑会增加我国物流市场新的需求。 ③我国政府大力支持我国物流产业的发展。 ④现代电子商务的发展对物流的需求日趋旺盛。 ⑤全球金融危机，使国际上一流的物流服务公司受到很大冲击，而我国则不是很严重，为我国配送行业的发展提供了契机	T 威胁： ①受金融危机的影响，需求减弱，订单减少。 ②越来越多的国外现代化物流企业的进入我国物流市场，配送物流行业面临巨激烈的竞争与挑战。 ③网络中心建设成本和土地成本较高。 ④运输成本普遍较高，高于存储费用。 ⑤市场要求物流配送企业有较大的仓储能力、非常高的配送处理效率和配送能力，即高效和便利。 ⑥仓库等一些设施成本大且投资回收期较长
S 优势： ①由于是本土化企业，所以对供应商、市场和消费者更为了解，容易抢占市场。 ②传统上具有较多的配送网点，再投资成本较低	W 劣势： ①目前网络选址中存在重复建设和建成后的扩展空间较小等问题。 ②物流配送行业企业规模有限，资金短缺。 ③配送的自动化和集约化程度低。配送用户较少且分散，物资配送量与消耗总量的比率较低，规模效益较难形成。 ④物流技术和设备比较落后。计算机应用程度较低，许多作业处在半人工化状态，信息技术开发程度低。 ⑤流通加工能力弱，合理配置资源和满足用户多样化的足球能力较弱。资源、设备及人员闲置状况严重

通过上述分析，针对每一种竞争状态，我们的企业可以分别实施以下的策略：

SO 战略：

（1）充分利用劳动力成本低的优势，发展人工作业。

（2）在国家政策、舆论导向的合力推动下，充分利用社会资源，借势造势，提高市场知名度。

（3）在国际物流公司调整期间，加快发展配送的步伐、尽可能的扩大配送网络覆盖范围和学习国外先进技术。

ST 战略：

(1) 减少人员和设备等资源闲置状况，提高对配送网络的网点设施的利用率。

(2) 努力降低固定成本费用。

(3) 通过服务上的创新，以进一步激发市场消费需求并力促经营的高效率，以保持一定的市场占有率。

WO 战略：

(1) 充分利用国家对物流行业发展的优惠政策。

(2) 利用权威专家顾问的支持来提高企业决策的科学性和利用技术的能力。

(3) 慎重处理网络设施的选址问题，以避免战略目光短浅和重复建设。

(4) 可以采用租仓库等，以增加资金的流动速率。

WT 战略：

(1) 注重选址的处理，建设高效的信息反馈系统。

(2) 提高企业的集约化程度和加工能力。

(3) 通过高质量的服务，树立企业形象。

4.3.6 加强大陆与港澳台组成的“大中华经济圈”的供应链合作

金融危机使我国企业的供应链稳定性受到了巨大影响。在此情况下，身为“世界工厂”的中国大陆、身为“全球三大国际金融中心之一”的中国香港、以“亚洲四小龙”著称的中国台湾和亚太地区极具经济活力的中国澳门的两岸三地之间完全可以结合各自优势打造稳定的“大中华经济圈”，构建或改善企业的供应链体系，促进两岸三地的企业有效抵御金融危机的影响，实现平稳发展。

4.3.7 合理进行供应链库存决策，有效降低库存

金融危机下，面对着需求的疲软，企业最担心的就是库存的积压，解决这些问题的有效途径就是提高供应链企业的信息透明度和准确度，开展先进的供应链库存管理模式，比如 VMI、JMI 和 CPFR 等。

4.3.8　开展 KPI 管理，提高供应链运营效率

关键绩效指标（Key Performance Indicators，KPI）可以为企业的经营管理者通过具体数据评估已经过去的一段时间内工作完成的情况。在企业供应链的管理当中，通常包括采购及供应商管理 KPI 指标、仓库及库存管理 KPI 指标、运输管理 KPI 指标、客户管理 KPI 指标和供应链总体 KPI 指标体系。在金融危机下，我国企业应该通过供应链 KPI 指标及时分析供应链存在的不足，尽早发现问题并加以解决，进而提高供应链的运营效率。

4.3.9　深入实施业务外包，强化核心竞争力

金融危机之下，为了强化企业的核心竞争力，企业应该进一步剥离不具有核心竞争力的业务，消除“大而全”、“小而全”的经营理念，如此一来，企业可以有效降低投资负担，大大地降低运营成本，提高资金利用效率。

4.3.10　供应链战略要与竞争战略匹配

金融危机下，我国企业必须根据竞争态势及时调整供应链战略。不同的企业类型要根据自身的特点，包括产品特点、需求特点等，有效平衡好费用成本与反应速度的关系，进而在 ECR 供应链战略与 QR 供应链战略间做出正确的决策。

4.3.11　深化供应链人才的职业教育

我国供应链人才的缺乏使我们认识到必须加强供应链人才的职业教育。由于供应链管理是一项实务性很强的领域，为此，在教育机制上，除了在大学设立供应链相关专业培养较高层次的综合性管理人才之外，还需要有效开展职业教育，培养更多的基层实用型人才。需要注意的是，无论在哪个教育层次，教育机构都必须结合实验教学、实践教学等模式培养学生的实践操作能力，这样才能真正培养出符合社会实际需求的供应链人才。

5 小结

通过对金融危机下企业供应链战略的研究，我们可以得出以下结论：

（1）由美国“次贷危机”所引发的金融危机已经对全球的实体经济产生了不良影响，尤为突出的是，很多企业已经或者正在面临破产倒闭，这种现象的后果又进一步导致了这些企业所在的供应链也产生了巨大的波动，甚至发生断裂。

（2）企业必须认识到在国际性金融危机中对供应链战略进行调整的必要性和紧迫性。如果企业不能在金融危机中及时的调整自身的供应链战略，那么企业将处于十分被动的状态，完全有可能被他所在的供应链所淘汰，他自身为此将受到严重的打击。

（3）成本控制成为了金融危机下企业经营管理的重点。为此，企业在金融危机中往往更加注重采用高效性供应链（ECR），因为 ECR 战略的基础就是以成本控制为重点，而不是像反应性供应链（QR）战略那样强调快捷性。

（4）在金融危机中，中小企业自身更加难以获得来自银行等方面的资金支持。为此，他们可以借助供应链金融这一新兴业务，依靠企业所在的供应链体系来获得融资服务。

（5）受金融危机的影响，企业为了避免原材料和产成品库存的积压，订单式生产（MTO）和订单式采购（PTO）的比例在不断增多，如此一来，企业的规模生产与规模采购的优势有所降低，进而导致了企业的生产成本有所提高；但是在企业看来，在金融危机下，似乎增加上述这些成本的代价要比承担因需求疲软所带来的库存积压的代价要小的多。

（6）金融危机下，因为业务量减少等因素的影响，物流企业的运营成本有所提高，利润空间逐渐缩小。在此状况下，物流企业开展动态联盟是十分有必要的，如此一来物流企业可以互相分享信息，共享资源，最终达到降低运营成本、提高经济效益的目的。

（7）为了促进本国企业在金融危机中保持供应链的稳定，政府必须有所作为。

（8）我国必须加强供应链管理人才的培养，以解决我国企业供应链管理人才短缺的现状。

本篇针对金融危机下的供应链配送战略和生产战略的研究还不够深入，有待进一步强化和完善。在以后的研究中，将在系统性的研究基础之上，结合更多的企业实例，增强研究的实用性，以期指导和帮助企业在金融危机中有效开展供应链战略的调整。

第二篇

供应链物流循环体系设计

——以辽宁省“家电下乡”为例

1　引言

1.1　研究背景

为了应对全球金融危机对我国实体经济产生的不良影响，我国提出了以“保增长、扩内需、调结构”为主要内容的政策措施。在这其中，一项重要的举措就是在全国推广“家电下乡”，对农民购买家电实行财政补贴，进而扩大我国内需，尤其是挖掘农村消费市场潜力、缓解家电行业困境、确保经济平稳较快发展。

在辽宁省，从辽宁省开展“家电下乡”工程以来，辽宁地区的农民可以选购指定的国内 85 家生产企业彩电、冰箱（含冰柜）、手机和洗衣机 1133 个型号的四大类家电商品，并将享受所购商品售价 13% 的国家财政补贴，截至 2009 年 2 月，辽宁省“家电下乡”的销售网点已达 1127 家，截至 2009 年 9 月 2 日，辽宁省累计销售家电下乡产品 50.1 万台（部），销售额已经高达 9 亿元，这对拉动辽宁省经济发展和促进农民生活质量的提高起到了极大的推动作用。但同时，据辽宁省商业厅的资料显示，截至 2007 年年末，辽宁省农村居民家电商品拥有率还比较低，农民冰箱和洗衣机拥有量仅相当于城市 20 年前的水平，彩电普及率相当于城市 10 年前的水平。因此，未来将有超过半数的农民家庭对家用电器有更新换代的潜在需求。然而，辽宁省每百户农民中有 7.05 户农民购买了“家电下乡”产品，也就是说，辽宁省只有 7% 的农民家庭对家电进行了更新换代，距离 50% 还有非常大的差距，这也充分印证了辽宁省农村的家电消费潜力实施是十分巨大的。但是，这个庞大的农村“家电下乡”市场一直面临着一个重要的问题，那就是如何高效地搞活商品流通。一方面，虽然辽宁省“家电下乡”的销售网点多了，但是这并不代表物流配送畅通，更不代表物流成本一定降低了。实质上，辽宁省“家电下乡”市场已经暴露出了物流配送的“最后一公里”问题，无论是家电生产企业自营物流还是第三方物流企业都对“家电下乡”高昂的物流成本产生顾虑。商品流通不畅，必将提高相关企业的物流成本，比如运输成本、时间成本等，最终这些成本往往又被转嫁给了农民消费者，导致“家电下乡”的商品销售价格提高、配送时间延长、售后服务不及时等问题的出现，进而影响到了农民消费者的满意度，阻碍了农村“家电下乡”市场的长期发展。另一方面，在“家电下乡”中，农民消费者购买家电之后淘汰下来的废旧家电，如果不能及时得以回收处理，很多质量存在问题的家电流入二手市场，给消费者带来了巨大的安全隐患；而那些无法再利用的电子垃圾，也给环境带来了巨大的环境污染。

在这种情况下，有必要针对辽宁省的农村消费特点（比如消费能力等）、物流特点（比如交通条件、运输能力、地区布局等）和人口分布特性（比如人口密度等），制定专门适应辽宁省“家电下乡”的物流运作体系，该运作体系一方面合理高效地将家电产品配送给农民消费者，一方面将农民消费者淘汰的废旧家电进行逆向物流回收，这样既可以指导在辽宁省开展“家电下乡”的家电生产企业和物流企业降低物流成本，促进商品下乡销售，又可以明确政府的职能，为政府提供推进辽宁省“家电下乡”的建议和举措，实现辽宁省发展“绿色物流”和“循环经济”的目的，最终有效拉动辽宁省内需，促进辽宁省经济又好又快的大发展。

1.2 相关研究评述

李小栟分析了我国家电产业链的现状及面临的问题，提出了将回收处理再利用的过程纳入到整个家电产业循环经济系统，探讨了如何发展有中国特色的家电产业循环经济的思路。该研究分析了常规的家电物流配送和回收的研究，与本篇提出的“家电下乡”中的物流配送和回收体系不同；周命禧和谭红斌提出了面向供应链的家电企业物流整合模式，实行采购物流、生产物流和销售物流的供应链一体化服务，开展了售后服务的回收。但是这些研究只是对原有领域进行了拓展和延伸，并不是真正意义上的循环物流体系研究，也没有针对废旧家用电器，而且不是开展“家电下乡”为前提，与本篇研究背景不同；隋秀勇分析了我国一些大型家电企业的物流流通模式在农村市场存在的问题，但是只研究了家电市场的物流配送体系，没有研究家电企业的逆向物流；韦玉怀针对农村的具体特点探讨了家电下乡的产品销售和机制，但只研究了家电企业的正向物流配送，与本篇研究的物流和回收循环体系不同；朱长征和董千里针对中国家电制造企业渠道建设问题，阐述了四种主要的营销渠道，研究了物流渠道和配送的问题，没有涉及到本篇中提及的逆向物流回收体系；潘福斌对我国家电企业的物流模式开展了选择性分析，分析了我国家电行业中几种代表性的物流运作模式，研究了家电企业常规条件下的物流配送体系，没有专门针对我国农村市场开展“家电下乡”的物流配送体系进行研究；徐剑等介绍了国际上广泛使用的三种逆向物流模式，分析比较了三者各自的优势和适用企业，然后阐述了企业选择逆向物流模式需要考虑的几个主要因素，提出了选择逆向物流模式时的一个决策方式。但是研究领域是电子产品，与本篇研究中家用电器的物流不同；谢芳芳和胡天军分析了我国推行逆向物流的重要性，但是只研究了家电产品的逆向物流，没有将家电物流配送和回收作为一个循环体系来研究。杨月锋等论述了家电行业逆向物流在我国的发展现状，研究了家电产品回收体系与逆向物流系统模型的运作模式，缺乏对我国家电企业正向物流配送的研究，而且不是以“家电下乡”为前提。

通过以上分析可知：研究我国家电企业常规条件下的物流配送体系的相关文献较多，研究我国家用电器逆向物流的相关文献也比较多，但是以上文献均没有结合“家电下乡”开展研究。李小栟提出了将回收处理再利用的过程纳入到整个家电产业循环经济系统，虽然将家电正向物流和逆向物流结合起来，但是这些研究只是对原有领域进行了拓展和延伸，而且这种物流体系没有结合我国“家电卜乡”的农村特点来研究。综合来看，目前鲜见专门针对我国农村“家电下乡”市场的物流配送和废旧家电回收的逆向物流循环体系，因此本篇研究具有较高的研究价值。

1.3　研究内容和研究意义

1.3.1　主要内容

本篇研究首先对国内外有关研究进行了分析和综述，就辽宁省“家电下乡”中物流配送和回收体系的现状及面临的问题，对调研数据进行了分析和总结；然后构建了辽宁省“家电下乡”的分级物流配送体系，分析了其运行机理，并开展了适应辽宁省实情的物流配送中心选址分析，而且根据上文提出的分级物流回收体系模型，提出了在辽宁省适合建立农村物流回收中心的地区。设计中，回收物流中心可以借用分级物流配送中心通过循环取货（Milk - run）的方式开展废旧家电的回收，而不一定需要重新建立。本研究还论述了相关的组织机构的构建，鼓励开展企业物流动态联盟的合作经营形式，鼓励物流企业开展配送和回收为一体的综合性物流增值服务；最后，本篇研究对辽宁省“家电下乡”分级物流配送体系与回收循环体系的综合实施进行了分析和阐述，提出有效实施该体系的建议；此外，本篇还开展了辽宁省“家电下乡”中的物流企业动态联盟方面的研究。

1.3.2 研究意义

1. 促进辽宁省“家电下乡”的健康发展

在国家大力开展“家电下乡”的举措下，本篇所提出的辽宁省“家电下乡”分级物流配送与回收循环体系，将极大地促进辽宁省“家电下乡”的流通速度，有效地降低“家电下乡”的流通成本，环保地实现“家电下乡”后的绿色回收物流，可以增加家电制造企业的销量，可以为物流企业增收，可以降低农民消费者的购买成本，最终将为拉动辽宁省经济的健康和快速发展起到积极的作用。

2. 促进循环经济发展

回收物流一直是逆向物流中比较薄弱的一个环节，缺乏逆向物流会导致广大农村可循环利用资源的浪费。无法满足循环经济的发展，因而必须以逆向物流为循环经济的支撑。通过本次“家电下乡”政策，建立起一个家电方面的逆向物流回收系统，为日后深入的逆向物流打下基础。

3. 可以获得潜在的经济效益

据可靠资料显示，我国可回收利用却没有利用的再生资源价值高达300多亿元，每年大约有500万吨废钢铁、20多万吨废有色金属、1400万吨废纸及大量的废塑料、废玻璃、废电池没有回收利用。其中，大部分可回收资源分散在农村，建立起逆向物流系统，可以将这些资源回收到企业，降低原料成本。

4. 提高顾客的满意度

在家电下乡中，尽管农村家电市场潜力巨大，由于我国农村居民消费水平不高，需求不旺，大部分企业忽略农村市场，从不关注农村逆向物流，使很多问题家电无法及时的享受售后服务，这都是渠道不畅，退货成本高而造成的。农村家电逆向物流的建设与发展能够在很大程度上理顺农民的退货渠道，降低退货成本。因而，建立逆向物流体系可以提高售后服务水平，提高顾客忠诚度。

1.4　创新点

（1）提出了由家电生产企业、第三方物流配送与回收中心和经销商构成的物流配送和回收运行模式，该模式借鉴循环取货（Milk - run）机制，将辽宁省“家电下乡”的物流配送流程和“家电下乡”过程中废旧家电的回收流程有机的整合起来，可以有效解决“家电下乡”中物流配送与逆向回收运输成本过高、信息不畅及对废旧电子产品难以回收的问题。

（2）针对辽宁省实情，采用精确重心法，创新地对辽宁省家电下乡的物流配送中心进行了选址研究，并且得出了合理的选址方案。

（3）借鉴“万村千乡”工程，将“家电下乡”政策与“万村千乡”工程有机的结合在一起，建立起了有信誉保障的销售回收中心，提高了产品的信誉保障，在农村居民能够买到放心的家电的同时，也为商家找到了回收废旧家电的终端。利用“万村千乡”的渠道，可以扩大“家电下乡”的推广，甚至与物流运输的资源合并，使两个政策互相推动，避免了政策间的不协调所造成的资源浪费。

（4）构建了辽宁省“家电下乡”的物流信息系统，该物流信息系统与商务部的“百家大型流通企业系统”和“商务部重点流通企业监测系统”连接起来，推进了政府、家电生产企业和物流企业之间的互动，可以有效降低物流成本，提高物流运营效率。

（5）明确了辽宁省“家电下乡”中物流企业、家电生产企业和政府的职能，为各方的运行提供了参考措施，最终有助于促进辽宁省有效拉动内需，使辽宁省经济又好又快的健康发展。

1.5　研究方法

（1）采用实际调查法，对辽宁省农村家电消费的布局和特点、辽宁省

“家电下乡”中物流配送和回收体系的现状等数据进行收集，从而全面地地了解和掌握所需的真实数据。

（2）采用经验总结法，总结以往物流的配送模型，结合辽宁省农村家电市场的特点构建辽宁省“家电下乡”中的分级物流配送模型和回收模型；总结我国其他省份开展“家电下乡”过程中物流配送和回收的运作经验，对辽宁省“家电下乡”分级物流配送和回收循环体系进行完善。

（3）采用定量与定性相结合的分析法对分级物流配送中心和分级物流回收中心的选址等内容进行分析论证。

（4）通过理论分析和实证分析相结合的方法，将物流理论与实践应用结合起来，证明辽宁省“家电下乡”分级物流配送和回收循环体系的合理性和先进性。

1.6 研究思路

本篇研究思路如图 2－1－1 所示。

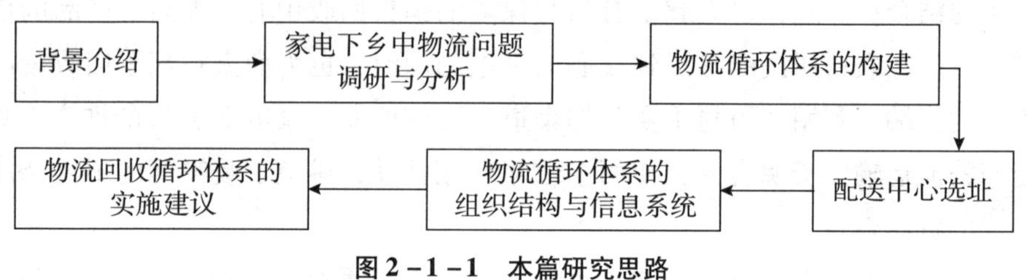

图 2－1－1　本篇研究思路

2　辽宁省“家电下乡”物流体系的现状及面临的问题

为了掌握一手数据，本篇研究针对辽宁省“家电下乡”物流体系的现状及面临的问题开展了市场调研。通过对数据的分析，得出了辽宁省“家电下乡”物流体系的真实现状及面临的问题。

2.1　数据分析方法

2.1.1　相关分析与回归分析

相关分析（Correlation Analysis）方法是研究现象之间是否存在某种依存关系，并对具体有依存关系的现象探讨其相关方向以及相关程度，是研究随机变量之间的相关关系的一种统计方法。本篇研究对数据的分析采用本方法。相关分析通常是从收集相关变量的相应数据开始。当一个或若干个变量 X_i（$i=1, 2, \cdots$）取一定的数值 x_{i-t}（$i=1, 2, \cdots$）时，与之相对应的另一变量 Y 的取值 y_t。虽然不确定，但它会按照某种规律在一定范围内变化。变量之间的这种不确定性对应关系，称为相关关系。最简单的相关分析是单相关分析，单相关分析是只对两个变量之间的关系进行分析。

回归分析与相关分析的联系：研究在专业上有一定联系的两个变量之间是否存在直线关系以及如何求得直线回归方程等问题，需进行直线相关和回归分析。从研究的目的来说，若仅仅为了了解两变量之间呈直线关系的密切程度和方向，宜选用线性相关分析；若仅仅为了建立由自变量推算因变量的直线回归方程，宜选用直线回归分析。从资料所具备的条件来说，作相关分析时要求两变量都是随机变量（如人的身长与体重、血硒与发硒）；作回归分析时要求因变量是随机变量，自变量可以是随机的，也可以是一般变量（即可以事先指定变量的取值，如用药的剂量）。在统计学教科书中习惯把相关与回归分开论述，其实在应用时，当两变量都是随机变量时，常需同时给出这两种方法分析的结果；另外，若用计算器实现统计分析，可用对相关系数的检验取代对回归系数的检验，这样到了化繁为简的目的。

2.1.2 众数分析

众数（Mode）统计学名词，在统计分布上具有明显集中趋势点的数值，代表数据的一般水平。简单地说，就是一组数据中占比例最多的那个数。

众数，就是这些数据中出现次数最多的那个。比其他的都多，如果出现个数一样的数据，或者每个数据都只有一次，那么众数可以不止一个或者没有。

众数是众多数值中出现频率最高的数值。它能鲜明地反映数据分布的集中趋势（集中趋势是指一组数据向中心值靠拢的倾向，测度集中趋势也就是寻找一组数据的中心值，或说计算一组数据的一般水平代表值）。

用众数代表一组数据，可靠性较差，不过，众数不受极端数据的影响，并且求法简便。在一组数据中，如果个别数据有很大的变动，选择中位数表示这组数据的“集中趋势”就比较适合。

2.2 收集整理基本数据

基于“家电下乡”中商品流通不畅，导致的流通成本过高、缺货等问题；农村消费者淘汰下来的废旧家电、回收不及时引起的资源浪费、环境污染等问题，本次调查主要针对销售网点、农民消费者、物流公司进行问卷调查。

2.3 数据总体分析

通过对销售网点、农民消费者、物流企业的调查问卷和图形进行分析，我们可以看出：在销售网点方面都有配送业务且大部分都采取免费的方式为农民消费者进行配送，大的销售网点主要是自营物流，而相对规模较小的网点则采用自营物流与第三方物流相结合的方式。在家电回收上，虽然有些网点有回收业务但大都没能把配送与回收相结合，还没有真正完善的逆向物流配送体系。销售网点没有真正深入到农民消费者中去，商家的积极性不是很高，虽然是免费配送但在回程时缺少回收环节，资源分配不是很合理，资源利用率不是很高。

在农民消费者方面，家电下乡中农村居民消费者通常到附近城市里的大商场购买，家电下乡还是没有真正地走进农村，没有报告显示有家电下乡的大篷车去销售产品。虽然有免费的配送但车辆的满载率不高且与回收环节配合的不是很好。我们认为家电下乡中的物流配送对于农村居民消费者来说最大的问题是，没有实现物流配送与家电下乡的完全结合，即便是家电下乡中的销售商企业自己的物流，也没有能够合理利用资源，配送车返程时的空载率过高，物流配送商完全可以利用回程时的空载情况。采取一些措施来解决这一现状，而且，没有家电下乡的回收环节。

在物流公司方面，大部分的物流公司的规模较小，业务辐射范围仅在本城市及周边地区，家电下乡的纯利率较小，虽然国家政策三令五申并推出万村千乡工程的优惠政策，但由于利益驱使企业对此项活动并不持太大兴趣，在表象上响应国家政策，实际上是明修栈道暗度陈仓，大部分的业务还是辐射在大中城市中，在为农村客户配送时车辆满载率比较低，降低了利润空间，而且绝大多数并不收取额外的费用，针对家电下乡的业务范围较单调，包括运输和产品安装和装配，并没有进行利润的深度挖掘，例如产品回收和包装回收，大多数物流公司运用中型及小型货车进行运输，回程空载率较高，层层的利润空间没有被充分挖掘利用，导致最终的利润几乎少的可怜，所以大部分的商家对此并无兴趣。

2.4　数据分析结论

2.4.1　配送成本高

“家电下乡”活动重点惠及的地区离大城市路途遥远、基础交通设施较差、交通不便。这些农村市场不同于一、二级城市，配送区域分散、距离过远、配送数量难在相对短的时间内达到一定的运输规模，物流配送成本很高。同时，“家电下乡”产品中间销售环节偏多，更加剧了“家电下乡”物流配送的成本过高的问题。高成本导致供应商和经销商在提升产品销售量和销售额的同时，利润率却低得可怜。

2.4.2 在家电下乡中农民消费者得不到真正的实惠

“家电下乡”配送成本高和利润低的问题限制了供应商、经销商及第三方物流企业投身于“家电下乡”的热情。如此一来，“送货到门”、“上门安装”等一系列优质服务也难以实施，广大农民群众难以享受到这一惠民的最优质服务。

2.4.3 物流回收体系不完善

我国目前还没有完善的电子废弃物回收体系，回收企业规模、专业性、回收处理工艺和技术也都存在问题。同时“家电下乡”回收物流的运作机制，法律政策、责任制度、信息平台等相关配套环节亦不完善，导致大型电器销售商和制造商不能有效利用销售及售后服务网点的渠道，开展废旧家电回收或“以旧换新”的工作。回收中介组织、回收市场、旧货市场管理的不规范，也是“家电下乡”回收网络体系难以形成规模化、专业化的产业链的阻碍。目前我国的电子废弃物回收物流面临着诸多问题与潜在威胁。其中最主要的是与发达国家相比，我国电子废弃物回收产业也缺少政府的强有力支持和健全的法律法规体系的支撑。从而影响“家电下乡”中的逆向物流执行力，导致了回收再利用率低。

3　辽宁省“家电下乡”分级物流配送与回收循环体系的构建

3.1　相关术语界定

3.1.1　物流企业动态联盟

物流企业动态联盟是物流企业实体（第三方物流企业）之间以市场机遇为契机，以参与成员的核心能力为基础，以协议目标和任务为共同追求，依靠信息网络技术，把不同国家、不同地区的现有物流资源迅速组合成一种超越空间束缚、边界模糊、统一指挥的物流企业间的联盟组织形式。其运作方式如图 2－3－1 所示。

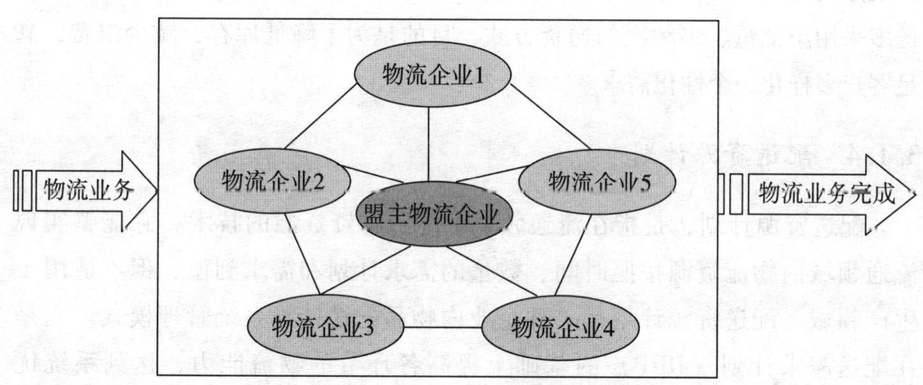

图 2－3－1　物流企业动态联盟运作方式

3.1.2　企业物流动态联盟

企业物流动态联盟是指不同类型企业之间为了实现一定的战略目标，通过各种协议、契约，将各自的物流资源有效整合利用，使这些企业之间在一定时期内形成一种基于物流业务的合作性竞争组织，该组织的主要目的就是通过物流资源的整合，降低企业的交易成本，强化各方市场竞争优势，获取潜在利润的目的。其运作方式如图 2 -3 -2 所示。

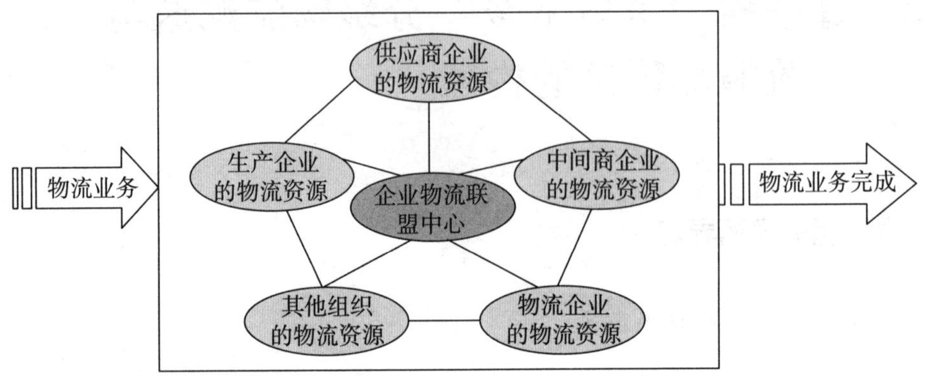

图 2 -3 -2　企业物流动态联盟运作方式

3.1.3　准时制配送

准时制配送也称为 JIT 配送，属于定时配送的一种，它强调准时，即在客户规定的时间，将合适的产品、按准确的数量、送到客户指定的地点。JIT 配送多采用小批量、多频次的送货方式，目的是为了降低库存，减少浪费，满足客户多样化、个性化需求。

3.1.4　配送资源计划

配送资源计划，是指在流通领域中配置物资资源的技术，它能够实现流通领域内物流资源按照时间、数量的需求计划和需求到位，但不适用于生产领域。配送资源计划是一种企业内物品配送计划系统管理模式。它是在配送需求计划（DRP）的基础上提高各环节的物流能力，达到系统优化运行的目的。配送资源计划管理思想就是在对分销链上的库存、销售订单进行管理的基础上，还加入了财务管理、客户关系管理、物流管理等方面的功能。DRP Ⅱ 是目前物流企业提升竞争优势、打造核心竞争力的关键。

3.1.5　供应链有效客户反映战略

供应链有效客户反映战略主要体现供应链的物理功能，即以最低的成本将原材料转化成零部件、半成品、产品，以及在供应链中的运输等。相对于供应链快速反应战略强调反应速度而言，供应链有效客户反映战略更加强调成本的有效控制。

3.2　循环体系的运行模式

“家电下乡”循环物流体系是一种将企业物流动态联盟、物流循环取货机制、准时制配送（JIT）理念、配送资源计划（DRPⅡ）和供应链有效客户反映战略（ECR）结合起来开展家电产品物流配送和废旧家电逆向回收的循环物流体系。该体系的运行模式如图2－3－3所示。

传统的循环取货是指一种制造商用同一运货车辆从多个供应商处取零配件的操作模式。这种模式省去了供应商空车返回的浪费，同时使物料能够及时供应，发运货物少的供应商不必等到货物积满一卡车再发运，可保持较低库存，最大程度实现JIT供应。

本篇研究提出的“家电下乡”中循环物流体系则是将“家电下乡”的正向物流与回收物流相结合起来，形成闭环的物流途径，通过企业物流动态联盟（涵盖生产企业、中间商企业、第三方物流企业以及社会各类分散物流组织的多个方面的联盟合作）对“家电下乡”商品进行优化配货，同时，使配送运输工具将农村回收上来的废旧家电返回企业物流动态联盟的物流中心，进行分类筛选，进行科学的统一处理。最终，该体系可以通过DRPⅡ技术实现家电制造企业与家电下乡的流通企业之间物流的优化配送与回收，达到JIT准时制的物流效果；另外，该体系也可以通过DRPⅡ技术结合供应链ECR战略实现家电下乡的物流优化配送与回收，达到有效降低相关物流成本的目的。

3.3　循环体系的运行机理

在本体系中，首先，企业物流动态联盟选择合理的物流运营主体通过从厂家将家电下乡的商品调运到企业物流动态联盟的物流中心。其次，企业物流动态联盟采用DRPⅡ物流规划将家电产品配送给农民消费者，在送达农民消费者的同时，企业物流动态联盟将农民消费者淘汰的废旧家电回收至物流

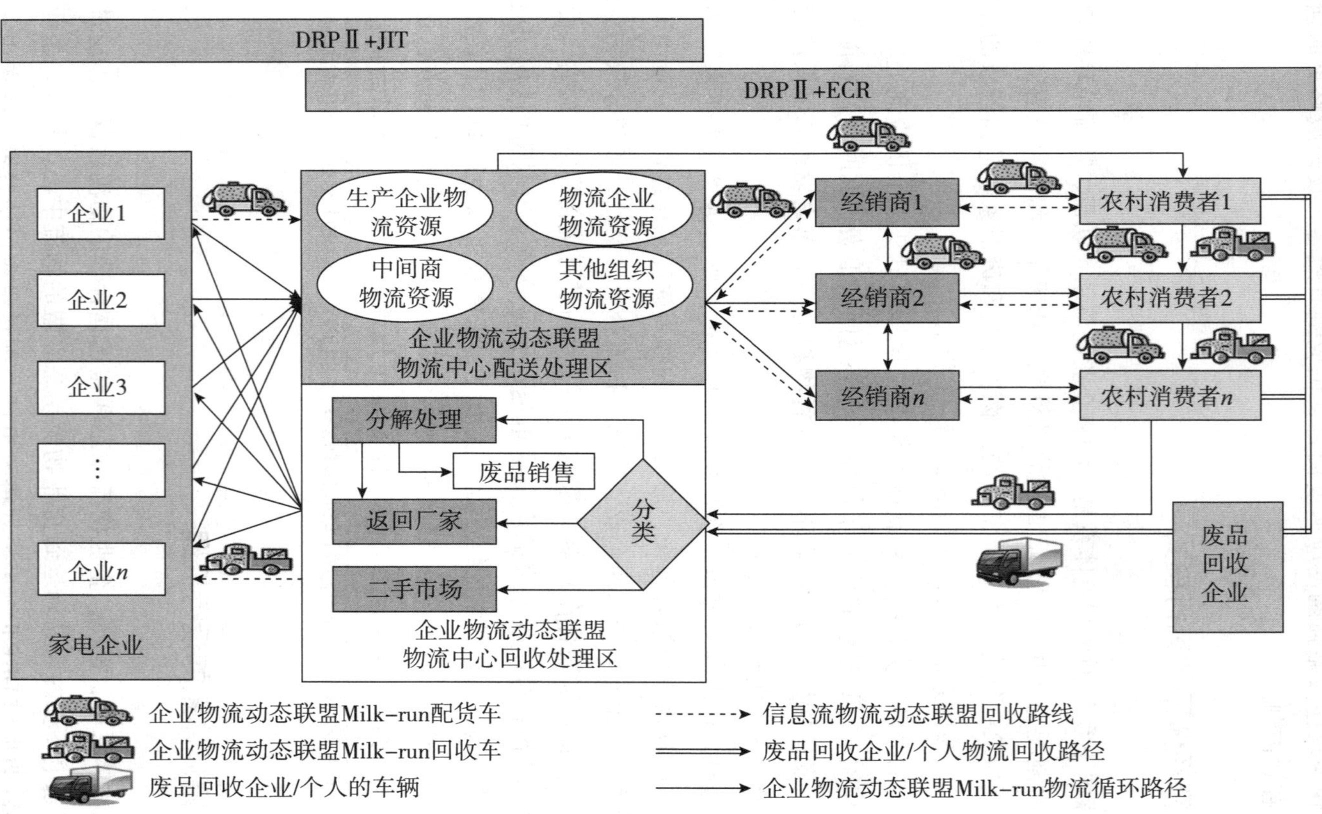

图2-3-3　家电下乡中的物流循环模式

中心，并将回收后的废旧家电利用“分拣职能”与信息技术将其分类；然后，一方面，物流中心将可再利用的旧家电由处理中心维修后流入二手市场，这样，既保障了流入二手市场旧家电的产品安全，也可以使物流企业获利；另一方面，物流中心将那些不可利用的废家电直接返回原厂，或者进行分解并将可利用的元器件返回厂家实现再利用，不可再利用的按照不同的价格销售给废品处理公司，这将最大化的实现资源的回收，避免小作坊式的处理方式导致的环境污染与资源浪费，并弥补运输成本过高的缺陷。更为重要的是，这使物流中心又增加了一个获利渠道。最终，该运作模式将成为一个新产品配送和废旧产品回收的物流循环体系，进而降低物流成本，促进家电产品下乡销售，使老百姓得到实惠，最终拉动辽宁省内需，引导辽宁省“绿色物流”、“节约经济”和“循环经济”的快速发展。

3.4 “家电下乡”物流循环体系的渠道建设

“万村千乡”与“家电下乡”两个政策颇为相似，两者都是为提高农民生活质量，缩小城乡差距，刺激农村消费，扩大国家内需的政策。不同的是“万村千乡”经过几年的发展已经具备了较完善的销售渠道与进货方式，其物流配送网络以相当成型。而“家电下乡”才刚刚起步试行，存在问题诸多。

在这方面，我们可以将两个渠道结合起来，“万村千乡”工程已经在农村建立起了一批有良好信誉度的零售企业，他们透过加盟的方式向农村渗透，效果显著。而“家电下乡”很多时候因宣传力度不够为农民不熟悉，因而前期推广较慢，又面临着终端销售不畅、产品缺货等诸多问题。

在这方面我们可以借鉴宜家的销售模式，目录展示是宜家促销策略的重要组成部分，大大促进了宜家的产品销售。在 1951 年，宜家发行了第一本商品目录。此后，每年 9 月初，在其新的财政年度开始时，宜家都要向广大消费者免费派送制作精美的目录。

同样的道理我们可以在“家电下乡”环节中制作一份“各省市中标商品目录”，就像“宜家”商品目录一般，涵盖当地所有中标的商品。将这目录放在各个乡村电子的“万村千乡”加盟店中。

首先，那里人流丰富，大大增加了人们阅读“中标产品”的可能性，为“家电下乡”的政策宣传起到了一定作用。其次，本身出门不便得老人孩子可以通过这个画册看到自己欣赏的产品，加大了消费人群。再次，由于很多镇级“家电下乡”销售点受渠道限制，无法将各个种类的商品备齐，农村居民可以通过这个画册直接向我们前文提过的省内第三方物流集散中心订货，有他们直接发货，省去了集散中心—销售终端—客户的过程，实现了中间环节最优化，节省了大量资源。再者，很多时候“万村千乡”的物流公司完全可以和“家电下乡”的物流企业可以为一家企业，这样就能够实现第三方物流公司的运输效益最优化，同时“万村千乡”的物流企业由于是对农用食品等日常生活必需品的配送会有更多的运输资源进行配送。国家完全可以鼓励“万村千乡”物流企业介入“家电下乡”，防止两者间的资源浪费和可能引起的恶性竞争。最后，将“家电下乡”物流公司与“万村千乡”物流公司相融合，“家电下乡”中的“循环体系”不应仅仅停留在家电方面的循环，可以让物流公司与更多的上游加工制造企业相联系，带给各地农村安全可靠的家电的同时收购农副产品进行粗加工再销售给上游的加工制造企业，盘活当地经济，提高农民收入。最重要的是能够使中国的第三方物流企业涉及多个行业真正意义上实现全面发展，日后能够发展出与国际物流公司相抗衡的属于中国人自己的物流巨头。

4 辽宁省“家电下乡”分级物流配送和回收循环体系的选址布局

依据“家电下乡”的实际特点，联盟物流中心选址布局主要会有以下两种情况，第一种情况是对原有物流中心资源进行优化删减，进而直接开展运行。这种情况下，当企业在某个区域的物流联盟形成之后，各相关方（如生产企业、第三方物流企业等）应该关闭不合理的物流中心，重新优化物流业务流程，选择相对合理的物流中心区位，进而降低物流成本，提高物流效率。此时，家电下乡的物流基建投资较少，物流成本有所降低，但可能不是物流中心本身最优布局状态。第二种情况是企业物流联盟重建或增建新的物流中心，进行最优布局，从而最大程度上降低“家电下乡”的物流成本，提高物流效率。

4.1 影响辽宁省“家电下乡”物流循环体系中物流中心选址的主要因素

“家电下乡”中物流中心的选址从整体上与普通物流中心选址流程是基本一致的，其影响因素主要包括自然环境因素、经营环境因素、基础设施因素等。但是，就具体因素来看，由于“家电下乡”物流中心针对的消费群体是农村消费者，而传统物流中心针对的消费群体是城市消费者，这从本质上决定了“家电下乡”物流中心功能和选址的差异性和特殊性。具体而言，辽宁省“家电下乡”物流循环体系中的物流中心选址布局需要重点考虑辽宁省农村消费者的人口分布特点、农村消费者的消费能力特点、交通条件、政府优惠政策，以及公共设施状况等因素。

1. 农村消费者的人口分布特点

不论是制造业还是服务业，设施的地理位置一定要和客户接近，越近越好，进而降低物流运输费用。同样，在针对农村市场的时候，物流中心也应该尽量接近农村消费者的集中聚集地。通过对特定农村市场人口密度的分布分析，可以明确物流中心选址的重心。表 2－4－1 指明列出了辽宁省 2007 年年末农村人口的数据分局，图 2－4－1 则进一步指明了辽宁省农村人口的区域密度分布，这是本篇提出的物流循环体系中物流中心选址的重要考量因素。

表 2－4－1　　辽宁省 2007 年年末农村人口分布

排名	地区	人口（万人）	权重
1	沈阳	254	0.12
2	朝阳	247.1	0.11
3	大连	241.4	0.11
4	铁岭	207.6	0.10
5	葫芦岛	193.8	0.09
6	锦州	189.4	0.09
7	鞍山	173.3	0.08
8	丹东	141.4	0.07
9	营口	126	0.06
10	阜新	106.7	0.05
11	辽阳	103.3	0.05
12	抚顺	75.8	0.04
13	本溪	51.5	0.02
14	盘锦	44.6	0.02

数据来源：《辽宁省统计年鉴》。

2. 农村消费者的消费能力特点

同样是农村市场，但是不同区位的农村消费者其消费能力往往是不尽相同的。比如辽宁省经济发达地区的大连农村消费者相对于其他农村地区而言就具有较强的购买力。依据辽宁省统计年鉴绘制的辽宁省 2004—2007 年农村人口的人均消费能力分布如表 2－4－2 和图 2－4－2 所示。物流中心的选址重心应该靠近与高消费能力（伴随着高物流需求量）的农村地区，使物流中心接近物流服务需求地，达到缩短运距，降低运费的目的。

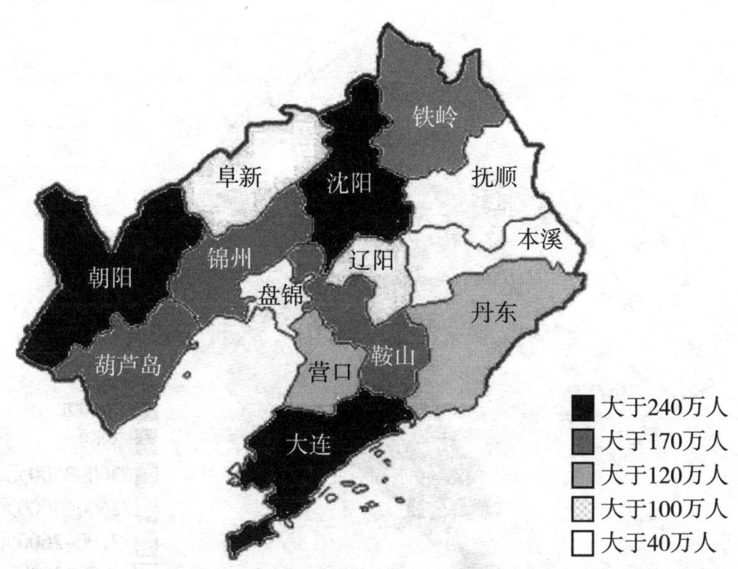

图2－4－1　辽宁省农村人口的区域密度分布

表2－4－2　　　　　辽宁省2004—2007年农村消费能力

排名	地区	均值（元）	权重
1	大连	4643	0.12
2	沈阳	3969	0.10
3	鞍山	3462	0.09
4	盘锦	3375	0.09
5	抚顺	2949	0.07
6	营口	2905	0.07
7	本溪	2815	0.07
8	丹东	2688	0.07
9	辽阳	2525	0.06
10	铁岭	2337	0.06
11	阜新	2262	0.06
12	锦州	2258	0.06
13	葫芦岛	2040	0.05
14	朝阳	1463	0.04

数据来源：《辽宁省统计年鉴》。

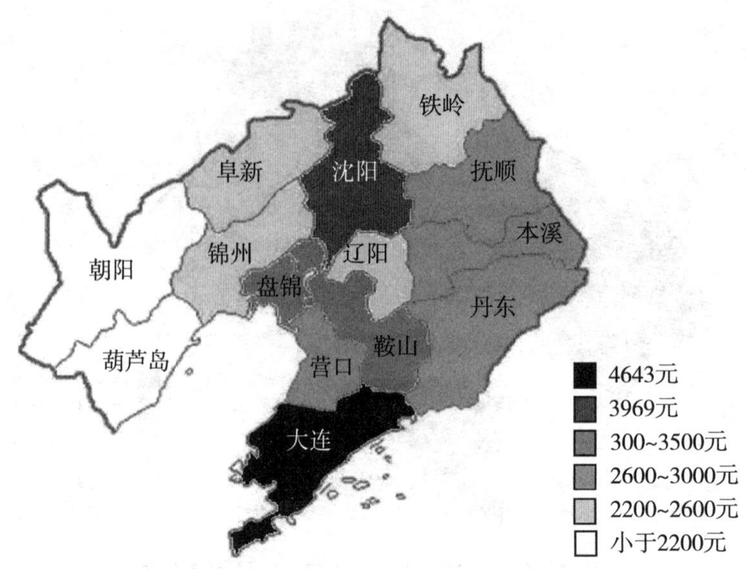

图 2-4-2　辽宁省农村人口的人均消费能力分布

3. 交通条件

企业物流联盟的物流中心选址必须更加适合农村市场的交通运输条件。最好选择靠近条件优越的交通枢纽（如农村核心地区附近、国道附近、高速路口附件、港口附近等）进行布局，从而便于日后家电产品的集散运输。

4. 政府优惠政策

物流中心所在地区的政府优惠物流产业政策，尤其是税收政策、土地购置费用等，是物流中心选址考量的一个重要因素，因为它将对物流中心的经济效益产生重要影响。很显然，物流中心选址时会选择优惠条件多的地区作为投资地。

5. 公共设施状况

兴建服务农村市场的物流中心时，还需要考虑到当地的公共基础设施。比如是否存在公共的仓库、库房或者场地等可供企业日后使用，当地是否有充足的供电、供水、供热等能力，是否具备必要的通信条件和设备（比如可以连接宽带互联网、手机通信信号通畅）等。

交通条件、政府优惠政策和公共设施状况等条件也将影响到物流中心的选址。但是由于在这几方面辽宁省各市的条件尽管有所差异，但是并不是很大，因此不做重点考量，届时可酌情参考。

4.2 基于精确重心法的辽宁省“家电下乡”物流配送中心选址

4.2.1 选址模型的构建

物流中心的选址包括单一物流设施连续点选址、多物流设施连续点选址和离散型物流设施选址三大类。由于在本节构建的“家电下乡”物流循环体系中需要构建的是一个单一性物流联盟中心，所以在此我们选择单一物流设施连续点选址。在单一物流设施连续点选址方法中，我们选用实践意义比较强的精确重心法来确定辽宁省“家电下乡”联盟物流中心位置。原因是，精确重心法模型的优点是可以寻找到问题的最优解，而且能够充分真实地体现实际问题，因此问题的解决具有较高的现实意义。

针对家电下乡的特点，结合精确重心法的初始模型，我们构建如下模型及其相关假设。

设辽宁省“家电下乡”的主要需求点城市数量为 n，它们的位置分别为 (x_i, y_i)，$i=1, 2, \cdots, n$，第 i 个“家电下乡”城市的权重为 w_i（w_i 等于每个“家电下乡”城市的需求量与其单位运输费率的乘积），$i=1, 2, \cdots, n$；设辽宁省“家电下乡”物流循环体系中的物流配送中心位置为 (x_s, y_s)。目前的实际需要是要求该点向 n 个需求点送货的总成本 H 最小，所以目标函数为：

$$H = \min z(x_s, y_s) = \sum_{i=1}^{n} w_i \sqrt{(x_i - x_s)^2 + (y_i - y_s)^2} \tag{1}$$

如果令 $d_{is} = \sqrt{(x_i - x_s)^2 + (y_i - y_s)^2}$，$i=1, 2, \cdots, n$ (2)

可以求得：

$$\begin{cases} x_s = \dfrac{\sum_{i=1}^{n} \dfrac{w_i x_i}{d_{i,s}}}{\sum_{i=1}^{n} \dfrac{w_i}{d_{i,s}}} \\ y_s = \dfrac{\sum_{i=1}^{n} \dfrac{w_i y_i}{d_{i,s}}}{\sum_{i=1}^{n} \dfrac{w_i}{d_{i,s}}} \end{cases} \tag{3}$$

其中，任意给出服务设施点的初始位置（x_s^0，y_s^0）为

$$\begin{cases} x_s^0 = \dfrac{\sum_{i=1}^{n} w_i x_i}{\sum_{i=1}^{n} w_i} \\ y_s^0 = \dfrac{\sum_{i=1}^{n} w_i y_i}{\sum_{i=1}^{n} w_i} \end{cases} \tag{4}$$

上式用迭代的方式进行求解即可。

4.2.2 选址模型的求解

1. *n* 的确定

选取辽宁省全部 14 个一级城市作为“家电下乡”的需求点，即 $n=14$。

2. 城市坐标的确定

按照国际算法，此处采用经度和纬度建立坐标，如表 2－4－3 所示。

表 2－4－3　辽宁省 14 个一级城市的地理坐标

城市	经度坐标 x_i	纬度坐标 y_i
沈阳	123.38	41.80
大连	121.62	38.92
鞍山	122.85	41.12
抚顺	123.97	41.97
本溪	123.73	41.30
丹东	124.37	40.13
锦州	121.15	41.13
营口	122.18	40.65
阜新	121.65	42.00
辽阳	123.17	41.28
盘锦	122.06	41.1
铁岭	123.85	42.32
朝阳	120.42	41.58
葫芦岛	120.83	40.71

3. w_i 的确定

w_i 等于每个“家电下乡”城市的需求量与其单位运输费率的乘积。为此首先我们需要求出辽宁省的家电下乡产品的市场需求量。首先，我们从辽宁省统计数据可以得到每年农民家庭设备用品及服务人均生活消费支出、交通和通信人均生活消费支出、农业人口这几项数据，通过这几项数据我们可以得到辽宁省农民家庭家电类产品每年的总消费支出，这实际上就可以理解为当年的实际需求量。以 2004 年的为例，具体如表 2－4－4 所示。

表 2－4－4　　2004 年辽宁省农民家庭家电类产品的总消费支出

地区	农民家庭人均生活消费支出（元）		3. 农业人口（万人）	4. 农民家庭家电类产品总消费支出（万元）4＝（1＋2）×3
	1. 家庭设备用品及服务	2. 交通和通信		
沈阳	102.19	299.91	247.5	99519.8
大连	133.25	275.11	249.3	101804.1
鞍山	113.55	257.79	171.2	63573.4
抚顺	65.90	184.62	77.1	19315.1
本溪	84.70	213.89	51.9	15496.8
丹东	95.92	250.22	140.3	48563.4
锦州	58.74	149.75	192.3	40092.6
营口	78.82	196.64	129.6	35699.6
阜新	65.10	258.90	106.7	34570.8
辽阳	73.83	175.57	104.2	25987.5
盘锦	105.91	273.47	60.9	23104.2
铁岭	50.85	212.55	205.5	54128.7
朝阳	55.42	152.62	247.4	51469.1
葫芦岛	93.51	198.26	192.5	56165.7

数据来源：辽宁省统计局．辽宁统计年鉴 2005 [M]．北京：中国统计出版社，2005.7.

在此，我们将表 2－4－4 中的第 2 项也纳入计算当中，主要原因是我国“家电下乡”已经把手机和汽车等交通和通信设备也加入了“家电下乡”的行列。以此类推，我们得到了全部2004—2008年的辽宁省农民家庭家电类产品的每年总消费支出，如表2-4-5所示。

表2-4-5　2004—2008年辽宁省农民家庭家电类产品的总消费支出　　单位：万元

地区	2004年	2005年	2006年	2007年	2008年
沈阳	99519.8	114144.7	134356.2	140700.8	160933.3
大连	101804.1	128531.2	141158.1	158918.4	181341.3
鞍山	63573.4	73303.9	80038.1	97973.4	92657.0
抚顺	19315.1	34683.5	26270.2	37984.1	40485.1
本溪	15496.8	16781.8	23428.4	31523.7	30254.0
丹东	48563.4	58976.4	63362.3	74205.3	79594.5
锦州	40092.6	67595.3	73891.9	85648.6	96785.3
营口	35699.6	63594.6	67415.4	64292.8	74308.6
阜新	34570.8	53087.9	46833.4	54458.6	76078.9
辽阳	25987.5	42495.6	46170.2	47415.7	50482.7
盘锦	23104.2	21291.0	22583.0	22965.4	14259.0
铁岭	54128.7	75960.7	76832.0	99502.7	112715.2
朝阳	51469.1	91226.0	109670.4	117570.2	124415.8
葫芦岛	56165.7	77241.4	89951.2	97929.1	103648.9

接着，我们采用加权平均数预测法把近5年来的市场需求作为辽宁省“家电下乡”一级城市的市场潜在需求。在此，依据每年的重要性，我们依次将2004—2008年的权重设置为0.5、1.5、2、2.5和3.5，求得2004—2008年辽宁省农民家庭家电类产品的加权平均总消费支出。由于辽宁省内各城市的运输费率大致相同，所以在此，我们可以将辽宁省“家电下乡”各城市的产品需求量就设置成其权重w_i。如表2-4-6所示。

表2-4-6　　辽宁省“家电下乡”的加权平均需求量

序号	地区	加权平均需求量（w_i）
1	沈阳	1404707.81
2	大连	1558005.89

续　表

序号	地区	加权平均需求量（w_i）
3	鞍山	871051.65
4	抚顺	350881.29
5	本溪	264476.16
6	丹东	703564.91
7	锦州	822092.97
8	营口	668884.41
9	阜新	593006.67
10	辽阳	464306.50
11	盘锦	195974.58
12	铁岭	937929.39
13	朝阳	1111294.98
14	葫芦岛	931441.09

4. 求解（x_s^0，y_s^0）与 H^0

将表2-4-3和表2-4-6的数据代入式（4）中，我们可以得到：

$$x_s^0 = \frac{\sum_{i=1}^{14} w_i x_i}{\sum_{i=1}^{14} w_i} = 122.33, y_s^0 = \frac{\sum_{i=1}^{14} w_i y_i}{\sum_{i=1}^{14} w_i} = 41.00$$

把初始位置的坐标（122.33，41.00）代入式（2）中，求得各城市到辽宁省“家电下乡”联盟物流中心初始位置的距离 $d_{i,s}^0$，（$i=1, 2, \cdots, 14$）。如表2-4-7所示。

表2-4-7　辽宁省“家电下乡”各城市到集中性物流中心初始位置的距离

$d_1^0 =$	1.32	$d_6^0 =$	2.22	$d_{11}^0 =$	0.29
$d_2^0 =$	2.20	$d_7^0 =$	1.19	$d_{12}^0 =$	2.01
$d_3^0 =$	0.53	$d_8^0 =$	0.38	$d_{13}^0 =$	2.00
$d_4^0 =$	1.91	$d_9^0 =$	1.21	$d_{14}^0 =$	1.53
$d_5^0 =$	1.43	$d_{10}^0 =$	0.89		

将表2－4－6和表2－4－7的相关数据代入式（1）中，我们可以得到：

$$H^0 = \sum_{i=1}^{14} w_i d_{i,s}^0 = 16295763.57$$

5. 求解辽宁省“家电下乡”集中性物流中心的最优位置

把 $d_{i,s}^0$ 代入式（3），求出物流中心的改善位置（x_s^1，y_s^1）的坐标如下：

$$x_s^1 = \frac{\sum_{i=1}^{14} \frac{w_i x_i}{d_{i,s}}}{\sum_{i=1}^{14} \frac{w_i}{d_{i,s}}} = 122.35, y_s^1 = \frac{\sum_{i=1}^{14} \frac{w_i y_i}{d_{i,s}}}{\sum_{i=1}^{14} \frac{w_i}{d_{i,s}}} = 41.05$$

将表2－4－6和表2－4－3的相关数据以及（122.35，41.05）代入式（1）中，我们可以得到：

$$H^1 = \sum_{i=1}^{14} w_i d_{i,s}^1 = 16231272.41$$

由于 $H^1 = 16231272.41 < H^0 = 16295763.57$，所以辽宁省“家电下乡”联盟物流中心还可以继续改善。将 $d_{i,s}^1$ 代入式（3），继续进行迭代，具体迭代结果如表2－4－8所示。

表2－4－8　　距离迭代结果

迭代次数	H^i	x_s^i	y_s^i
0	16295763.57	122.33	41.00
1	16231272.41	122.35	41.05
2	16231272.41	122.36	41.05

比较 H^2 和 H^1，由于 $H^2 = 16231272.41 = H^1$，所以尽管存在计算误差，我们还是可以判断，改善位置（x_s^1，y_s^1）已接近最优解，位置（x_s^2，y_s^2）并未能进一步改善运输成本。所以，辽宁省“家电下乡”联盟物流中心的最优地址坐标应该为（122.35，41.05）。我们从地图上查阅确认该地址如图2－4－3所示为辽宁省盘锦市盘山县附近。

毋庸置疑，该结论将有效指导在辽宁省开展家电下乡业务的各类企业合理设置或选择物流配送中心。合理的配送中心区位将加快物流配送效率，降低物流成本。此选址模型的实践应用价值很高。

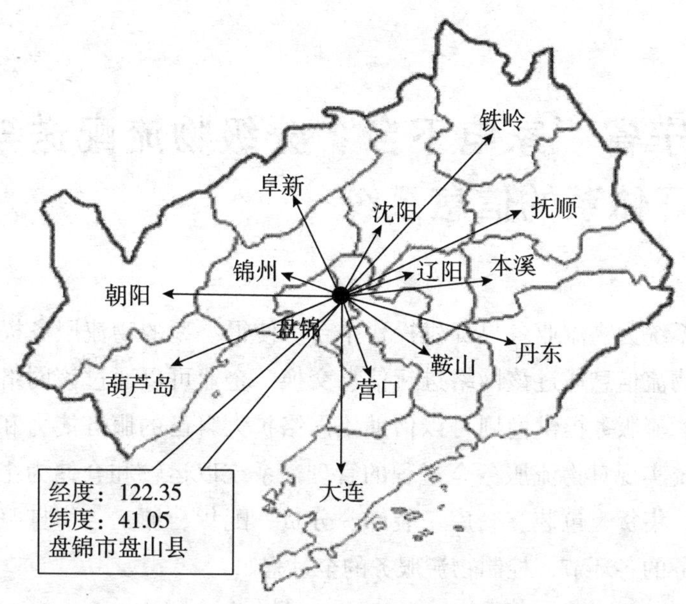

图2-4-3　辽宁省“家电下乡”物流循环体系中物流中心的最优地址

5 辽宁省“家电下乡”分级物流配送与回收循环体系的信息系统

物流系统为物流业各界提供操作平台，使得小型的物流服务提供商和企业之间的物流信息通过该网络进行信息交换，企业可以通过该网络监控货物的流动，物流服务提供商则可以借助该网络扩大自己的服务能力和范围。物流信息系统实现对物流服务全过程的管理。系统以运输和仓储为主线，从管理到取货、集货、包装、仓库、装卸、分货、配货、加工、信息服务、送货等物流服务的各环节，控制物流服务的全过程。

5.1 循环体系信息系统的搭建意义

辽宁省“家电下乡”分级物流配送和回收循环体系的信息系统需要依托体系中辽宁省各类企业或组织的特点（包括生产企业、物流企业、家电产品的中间商、家电回收企业或个人），结合国际互联网 Internet、企业内部互联网 Intranet、电话、传真等传统和现代信息技术，利用呼叫中心的功能，最终实现有效沟通物流信息、合理开展物流配送、大大降低流通成本的目的。

该信息系统的操控者通常是体系中动态物流联盟的物流中心，该物流中心一般是以第三方物流为主，也可能是具有较好物流能力的其他类企业。信息系统的维护者可以外包给应用服务提供商（Application Service Providers, ASP）来完成，如此一来可以降低本体系信息系统的维护成本，提高系统的运营效率，进而强化本体系的核心能力。

5.2 循环体系信息系统的功能

具体而言本信息系统具备以下一些功能：

（1）集中控制功能。主要对物流全过程进行监控。其实现的功能控制有：

业务流程的集中管理、各环节的收费管理、各环节的责任管理、各环节的结算管理、各环节的成本管理、运输环节的管理、仓储环节的管理、统计报表系统，通过对各环节数据的统计与分析，得出指导企业运营的依据。

（2）运输流程管理功能。主要是针对运输流程的四个环节而实施的接单管理、发运管理、到站管理、签收管理和运输过程的单证管理，如路单管理、报关单管理、联运提单管理和海运提单管理等。

（3）车、货调度管理功能。本功能可以解决运输过程中的货物配载、车辆调度、车辆返空等问题。通过使用本系统能够更好地利用集装箱的运输空间，更合理地进行车辆的调度，并能圆满地解决大型运输集团中各分公司的车辆返空问题。

（4）仓储管理功能。针对货物的入库、出库、在库进行管理。其中在库管理是指对库中作业的管理——特指货物的包装、拆卸、库中调配、配货等典型的物流服务。通过对出入库货物数量的计算，可以得出准确的货物结存量。此外，还可以根据物流订单信息进行库存的预测管理。

（5）统计报表管理功能。这是物流信息系统中最主要的信息输出手段，是企业决策者和客户了解业务状况的依据。它既可以提供动态的统计报表功能——决策支持系统，也可以提供多种特定的统计报表，如货物完整率报表、时间达标率报表、延期签收统计报表、业务量分析图、财务结算统计表、物流企业年度经营情况总结报表等。

（6）财务管理功能。管理物流业务中和费用相关的各种数据，并建立物流系统和专业财务系统的数据接口。

（7）客户查询功能。为客户提供灵活多样的查询条件，使得客户可以共享物流企业的信息资源，如货物的物流分配状况、货物的在途运输状况——实时的货物跟踪、货物的库存情况、货物的结存情况、货物的残损情况、货物的签收情况等。

（8）客户管理功能。物流服务是以客户为中心的服务，所以对于任何一个物流系统来说客户管理系统是必不可少的。它主要由以下三部分组成：托运人管理（包括货主、货代、生产商等）、收货人管理（包括销售商等）、中间承运人管理（即经营主体对各经营人的管理，包括物流集团企业的下属各分公司、联运中的其他运输团体，如船舶公司、船代、航空代理等）。

5.3 基于 Internet/Intranet 的“家电下乡”循环体系信息系统（LBIIS）模型

建立基于 Internet/Intranet 的物流信息系统平台，能够消除本循环体系联盟企业内部各职能部门之间的信息交流障碍，有效地减少低效率的工作和非增值业务，提高整个分销物流系统中分销、后勤、运输和配送等环节的协调和运作效率，达到系统优化目的。利用互联网的开放性标准，完成企业对不同地域的经销商、分支机构、合作伙伴和最终消费者之间的信息沟通，进行实时的信息交流和数据交换，优化订单处理流程，减低订单处理成本，提高订单处理效率，从而提高服务水平。

5.3.1 LBIIS 系统模型

基于 Internet/Intranet 的“家电下乡”循环体系信息系统（Logistics Based on Internet/Intranet Information System，LBIIS）模型如图 2－5－1 所示。

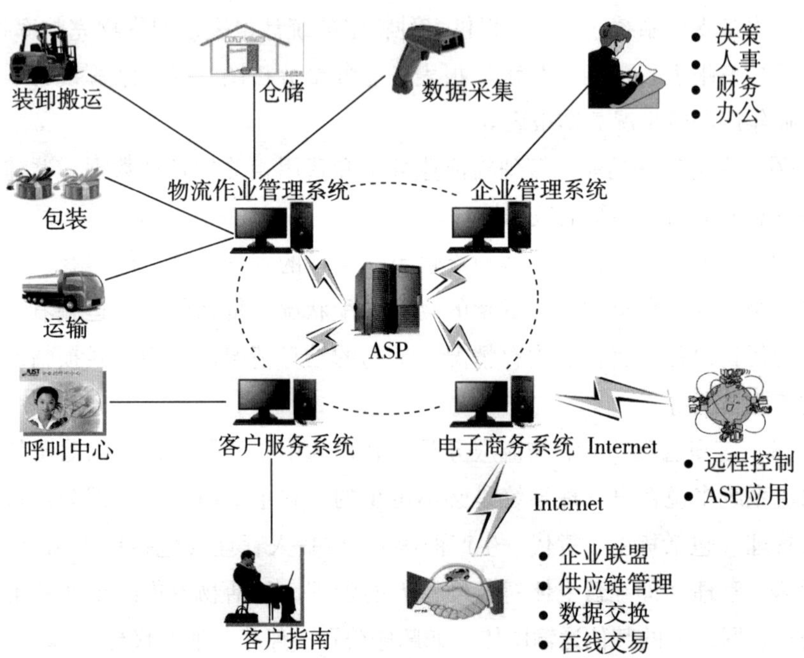

图 2－5－1　基于 Internet/Intranet 的“家电下乡”循环体系信息系统

LBIIS 系统的总体结构由物流管理系统、物流业务系统、物流电子商务系统和客户服务系统 4 个部分组成。物流管理系统主要应用于物流联盟企业的各个职能部门，实现对办公、人事、财务、合同、客户关系、统计分析等的管理；物流作业系统应用于物流操作层，主要功能是针对物理联盟企业的所有物流业务协调开展仓储、运输、货代、配送、报关等；电子商务系统使家电消费者以及物流联盟企业通过 Internet/Intranet 实现网上数据的实时查询和网上下单；客户服务系统为家电消费者提供优质的服务。

5.3.2　LBIIS 系统中的电子商务模块子系统

LBIIS 系统中的电子商务模块子系统结构如图 2－5－2 所示。

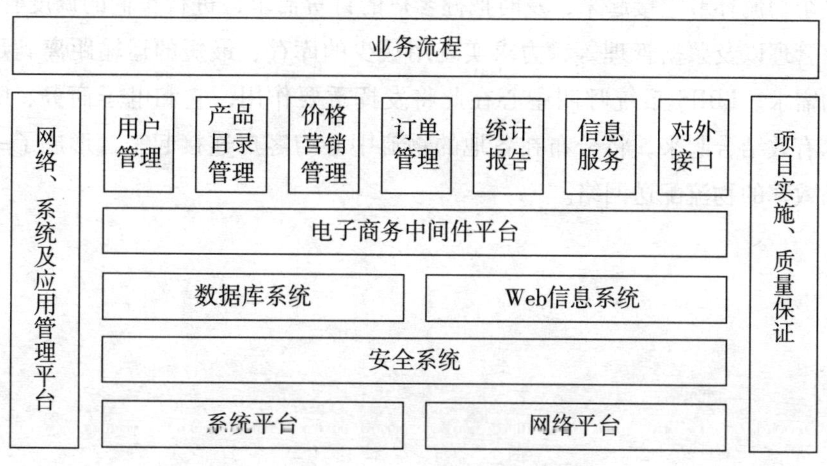

图 2－5－2　电子商务模块子系统结构

5.3.3　LBIIS 系统中的呼叫中心模块子系统

LBIIS 系统呼叫中心将电话、传真、短信、E－mail、Web 接入以及传统的邮包整合成面对客户的统一的服务窗口，支持计算机自动语音应答设备自助下单、自助查单；还可以通过人工座席受理业务、派发工单配送，与调度监控系统联合一体，随时为客户提供咨询服务；并能通过外呼服务进行客户回访、满意度调查以达到经常性的客户关怀。而且，外呼电话营销系统的支持会更深入挖掘市场潜力，提高企业赢利能力。

以呼叫中心为接入的信息交换平台，不仅可以提供本地区服务，还可以做到长距离的跨区域服务，有效地帮助物流企业解决客户信息的采集、传输、共享、决策，从而在满足客户需求的前提下，实现合理的库存、运输、配送方式，给企业带来更多的效益。

基于电子商务平台以及广域网络使LBIIS系统物流配送中心可以通过先进的计算机网络管理所有的信息资源，包括客户信息、订单信息、货品信息、仓库资源信息、运输资源信息、人力资源信息等。同时配合网上商店、条码扫描系统、GPS移动定位系统、内部系统软件，物流中心可以很方便地实现从接收客户的订单到生产（包装）、出库、运输、单品配送的全程计算机管理和监控。

整个物流过程中的各个环节往往分散在不同的区域，需要一个信息平台将整个物流环节连接起来，及时把握客户的订货需求，进行车辆的调度管理、库存管理以及票据管理等，力求实现用最少的库存、最短的运输距离满足客户的需求。LBIIS系统呼叫中心在此将发挥重要作用，它和电子商务、CRM技术有效结合起来，将分布在各地的物流中心与客户连接起来，形成了一个更高效率的物流配送网络。

6 辽宁省“家电下乡”分级物流配送与回收循环体系的组织机构

6.1 循环体系联盟物流中心的组织机构设置

本体系的运行是一个复杂的系统工程，它需要一个高效率的组织机构，该组织机构必须能够有效协调物流业务和处理物流冲突。其基本的组织结构如图2-6-1所示。

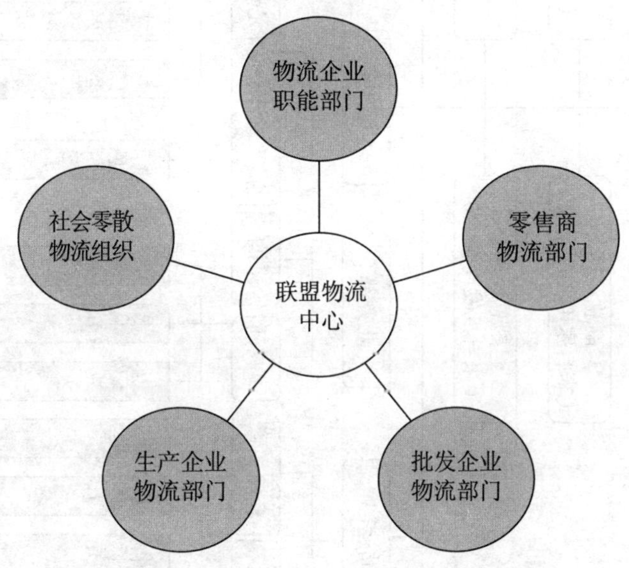

图2-6-1 循环体系联盟物流中心的组织结构

6.2 循环体系运营机构图

循环体系运营机构如图2-6-2所示。

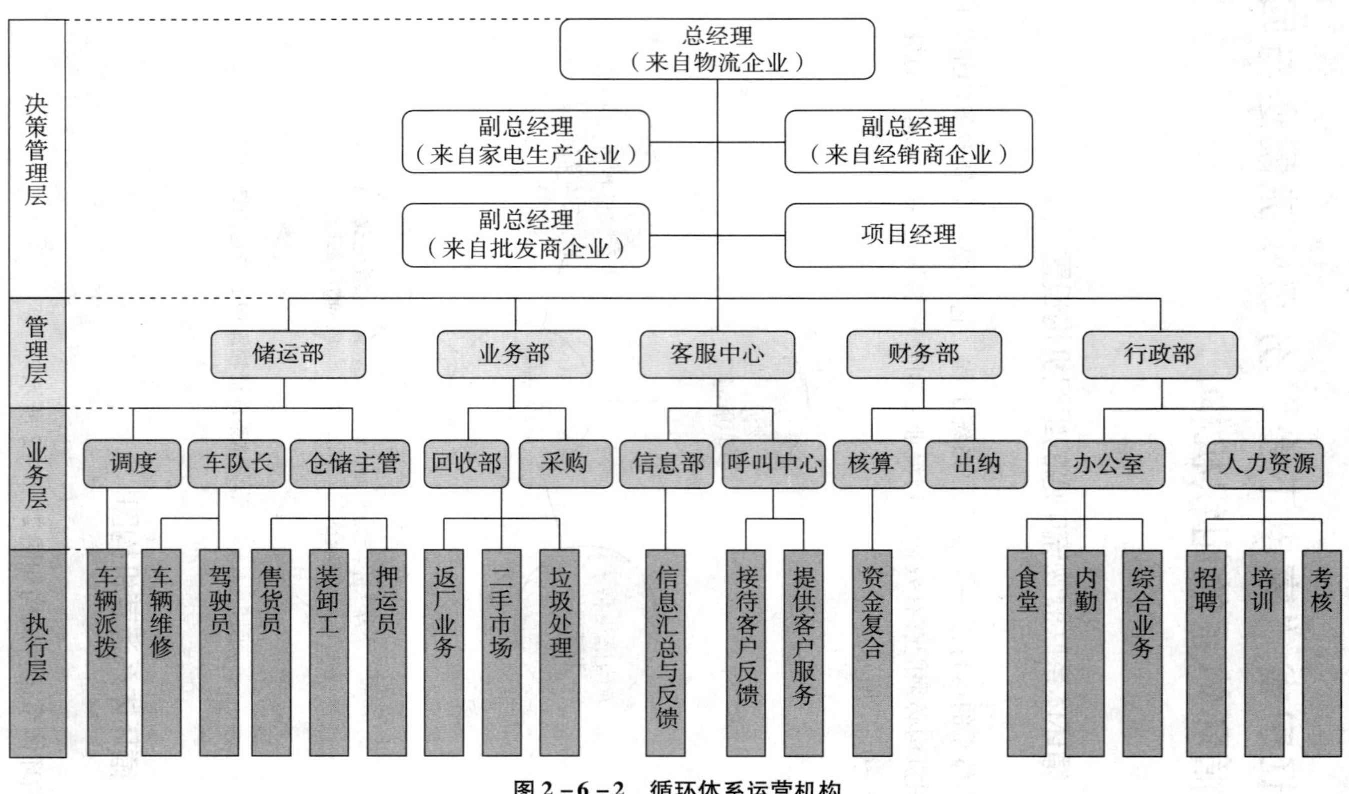

图2-6-2 循环体系运营机构

6.3　循环体系各运营主体职责

6.3.1　联盟物流中心的职责

联盟物流中心作为本体系的核心运营机构，将具备比较全面的物流运营机能，它肩负着对整个物流体系的信息汇总与分析、物流业务的调度与监控等职能，具体如下：

- 负责物流调度运行图、月车运用计划和日常运输计划的编制；
- 充分利用运输设备的能力，运用科学的组织方法，安全、迅速、经济、便利、环保的完成货物运输；
- 掌握、分析货物运输计划，合理运输、做好均衡运输、直达运输工作；
- 负责对物流联盟中的分支机构的定期考评，提出考评意见并上报。

6.3.2　生产企业物流部门的职责

- 根据公司年度工作目标，参与制定各站的具体实施方案；
- 做好运输生产的调度管理工作，不断提高调度组织水平；
- 参与公司发展规划的制定工作；
- 负责组织审核各站站细等技术管理文件，拟定有关技术协议合同；
- 协调解决运输生产中的问题，协助车站做好货源调查和客户开发工作；
- 定期参加货主会议，听取意见，改进工作，坚持文明生产，开展物流优质服务活动；
- 定期或不定期到现场调查研究，针对安全生产中的关键问题和薄弱环节制定各项安全防范措施；
- 遵守运输工作纪律。

6.3.3　物流企业的职责

- 负责公司管内车站技术作业管理和车流组织工作；
- 负责车站货物运输技术管理工作和专用线的管理工作；
- 组织或参与行车货运事故的分析处理，提出处理建议和整改措施；
- 负责行车系统材料采购及油料采购的管理工作；

- 配合人力资源部和各站做好职工的日常教育、业务培训、技能鉴定工作，组织本系统职工开展技术比武活动；
- 遵守运输工作纪律。

6.3.4 批发企业/零售商物流部门的职责

- 负责公司管内车站技术作业管理和车流组织工作；
- 组织或参与行车货运事故的分析处理，提出处理建议和整改措施。

7 辽宁省“家电下乡”分级物流配送和回收循环体系的实施建议

7.1 搭建企业物流动态联盟

企业物流动态联盟是指不同类型企业之间为了实现一定的战略目标，通过各种协议、契约，将各自的物流资源有效整合利用，使这些企业之间在一定时期内形成一种基于物流业务的合作性竞争组织，该组织的主要目的就是通过整合物流资源、降低企业的交易成本、强化各方市场竞争优势、获取潜在利润的目的。“家电下乡”的物流运作不是单独靠哪一方就能“高效”运行的。为此，只有参与“家电下乡”的各方全面合作，才能为农民消费者提供质优价廉的家电商品，激发他们的消费意愿，满足他们的消费需要。

7.2 搭建“家电下乡”和“万村千乡”相结合的物流渠道

“万村千乡”与“家电下乡”两个政策颇为相似，两者都是为提高农民生活质量，缩小城乡差距，刺激农村消费，扩大国家内需的政策。不同的是“万村千乡”的物流企业是对农用食品等日常生活必需品的配送，而且“万村千乡”经过几年的发展已经具备了较完善的销售渠道与进货方式，其物流配送网络以相当成型；而“家电下乡”的物流企业是将家电产品高效低成本的配送给消费者，由于“家电下乡”才刚刚起步试行，物流方面十分不完善。在实际的运行过程中，由于“万村千乡”的很多物流资源，比如物流渠道、物流仓储与运输设施等都可以被“家电下乡”的物流企业充分利用，因此，国家完全可以鼓励“万村千乡”物流企业介入“家电下乡”，进而优化物流资源，降低物流成本，也进一步防止了两者间的资源浪费和可能引起的恶性竞争。

7.3 建立健全废旧家电回收利用的法规

政府需要对旧货行业予以规范，并加大打击力度，取缔不合法的旧货市场，阻断国外电子垃圾流入市场的渠道。同时，政府应建立废旧家电回收处理专项基金，专项基金应由政府拨款和企业回收处理费用构成，专项用于废旧家电回收处理的各项补贴。政府应给予废旧家电回收业政策、贷款、税收、土地等的扶持，兴建废旧家电回收利用示范工厂；政府除了加强政策扶持和增加投入外，还应做好回收产业的系统规划，布局和准入制度，使之尽快成为健康有序发展的新型产业。

7.4 “家电下乡”的物流循环体系需要多方有效参与

“家电下乡”的物流运作不是单独靠哪一方就能“高效”运行的。这个“高效”表现为物流企业必须低成本的进行物流配送，同时还需要兼顾配送效率，然而在我国农村的绝大多数地区，这两者实现的难度是非常巨大的。为此，只有参与“家电下乡”的各方全面合作，才能为农民消费者提供质优价廉的家电商品，激发他们的消费意愿，满足他们的消费需要。

8　小结

本篇提出的辽宁省“家电下乡”中的分级物流配送和回收循环体系将使辽宁省的“家电下乡”成为一个新产品配送和废旧产品回收的物流循环体系，最终将大大降低辽宁省“家电下乡”的物流成本，促进家电产品下乡销售，使老百姓得到实惠，最终拉动辽宁省内需，引导辽宁省“绿色物流”、“节约经济”和“循环经济”的快速发展。

“家电下乡”中的分级物流配送和回收循环体系暂时尚未被社会普遍采用。因为在现有条件下，该体系中的逆向物流在我国尚未社会化、规范化，如何通过逆向物流获取社会效益，成为了政府与企业犹豫的原因。

但是随着“家电下乡”的不断深入，从长远来看，本篇研究提出的物流循环体系可以扩展到全国各省，其选址模型也具有很高的实用价值，这些都将有助于指导各类企业降低“家电下乡”中的物流成本，有助于各级政府引导“家电下乡”物流产业的良性发展，最终成为我国“家电下乡”的一种高效物流运行体系。

第三篇

供应链物流企业动态联盟设计

——以“家电下乡”为例

1　引言

1.1　研究背景

鉴于我国“家电下乡”中存在的物流成本问题以及废旧家电的回收问题，上一篇内容已经针对辽宁省提出了“家电下乡”中的分级物流配送和回收循环体系，该研究针对辽宁省的农村消费特点（如消费能力等）、物流特点（如交通条件、运输能力、地区布局等）和人口分布特性（如人口密度等），制定了专门适应辽宁省“家电下乡”的物流运作体系，该运作体系一方面合理高效地将家电产品配送给农民消费者，另一方面将农民消费者淘汰的废旧家电进行逆向物流回收，这样既可以指导在开展“家电下乡”的家电生产企业和物流企业降低物流成本，促进商品下乡销售，又可以明确政府的职能，为政府提供推进“家电下乡”的建议和举措，实现发展“绿色物流”和“循环经济”的目的，最终有效拉动内需，促进经济又好又快的大发展。

在上述研究中，我们发现，在推动实施该“家电下乡”模式时，必须要打造包含家电生产企业、第三方物流企业、零散社会物流资源等多方参与的“家电下乡”物流联盟。

1.2　研究内容和研究意义

本篇研究分析了“家电下乡”中的物流企业动态联盟的合作伙伴选择问题、利润分配问题以及信息系统搭建等问题，是对“家电下乡”物流循环体系实施过程的深入研究。具有很好的现实意义和推广价值。

研究结果具有如下意义：首先，降低了“家电下乡”中物流企业的运营成本，进而有效降低“家电下乡”的物流成本。动态联盟的一大优点就是可以在联盟中取长补短。如此一来，参与家电下乡的各类物流组织就可以强化自身的核心竞争力，重点关注和强化自身的核心业务，在精细化的道路上取得质量的提高和成本的降低；其次，提高了“家电下乡”中商品的配送效率，提高“家电下乡”的顾客服务水平。通过动态联盟，参与“家电下乡”的各类物流组织可以有效协调商品的物流配送与仓储，减少和避免不必要的交叉运输和空载运输，进而提高配送效率，提高“家电下乡”的顾客服务水平；最后，提高了相关各方的市场竞争力。动态联盟使相关各方的分散资源得到了有效地组合与利用，并且创造了更高的经济价值和社会价值，从而增强了参与各方的市场竞争力。

1.3 创新点

在对“家电下乡”中物流动态联盟的利润分配问题研究中，引入了 Raiffa 算法，并针对“家电下乡”的物流特征对该算法进行了创新性修正，在学术上取得了一定的创新与突破。上述理论研究均具有较高的学术价值。在对“家电下乡”中物流动态联盟的合作伙伴选择问题研究中，引入了层次分析法与模糊评价，具有一定的创新性；在对“家电下乡”中物流动态联盟的信息系统平台构建研究中，引入了 B/S、CSS 等技术，以现代计算机技术、网络技术和远程通信技术为依托，建立了一个能够有效降低物流成本，提高客户满意度为目的的物流管理系统。

1.4 研究方法

采用经验总结法，总结我国开展“家电下乡”过程中物流企业合作的经验，将其融合到动态物流联盟的研究之中；采用定量与定性相结合的研究方法，“家电下乡”中物流动态联盟的利润分配、合作伙伴选择等均采用了定量分析；通过理论分析和实证分析相结合的方法，将物流理论与实践应用结合起来，证明本篇研究所提出的“家电下乡”动态联盟的合理性和先进性。

1.5　研究思路

本篇研究思路如图 3 –1 –1 所示。

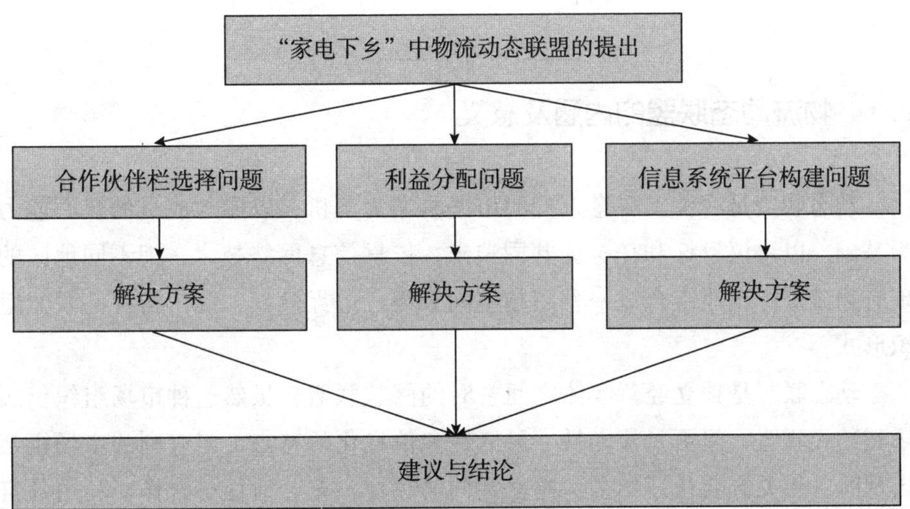

图 3 –1 –1　本篇研究思路

2 相关理论概述与研究基础

2.1 物流动态联盟的内涵及意义

动态联盟是一种以瞬息万变的市场机遇为契机，以参与成员的核心能力为基础，以协议目标和任务为共同追求，依靠信息网络技术，把不同地区的现有物流资源迅速组合成一种超越空间束缚、边界模糊、统一指挥的联盟组织形式。

动态联盟是独立经营实体之间暂时的网状联盟，虽然这种市场组织仍属于契约式联盟，但更具流动性、灵活性和信息化的特点，当有利的市场机会出现时，相关方会快速结盟，建立共同的目标，充分信任与合作，利用各自的核心资源，分担风险与利润，一旦任务完成，合作关系即告终结。由于这种联盟方式的虚拟性和跨空间能力很强，因此比较适合较易快速进入和退出的服务型企业联合，尤其对高度依赖信息及网络提供服务的物流中小企业更是如此，其发展前景不可低估。

2.2 物流动态联盟的意义

通过建立动态联盟，“家电下乡”企业物流动态联盟具有以下几点现实意义：

（1）发挥各自优势

我国大多数企业自身的物流机能仍不够完备，难以单独承担大型的物流业务，无法满足物流需求方的一站式服务要求。因此无论是专业性的物流公司，还是企业中存在的物流部门还是物流代理企业，只有通过联盟的方式，相互依赖才能共同承担物流业务。我国的第三方物流市场以中小型的物流企业为主，企业的规模相当使得相互之间不具备合并的资金实力与管理水平，所以采用动态联盟作为物流企业的合作方式具有其现实性。

（2）节约物流交易费用

首先，随着物流设施、物流技术与物流装备的标准化，将使每次交易过程中的资产专用性程度降低。通过建立联盟实现对资产的相对共同占有是一种有效的选择。其次，由于交易的不确定性、市场的复杂多变、交易主体的有限理性等因素，与机会主义行为密切相关，所以物流企业采取与信任的合作伙伴建立联盟是有效控制市场交易风险的最佳方法。由于物流项目一般具有相当的持续期，通过组建物流企业动态联盟，成员间避免了短期频繁的交易行为，各成员的交易费用也因此降低。

3 基于 Raiffa 算法的“家电下乡”中物流动态联盟的利益分配研究

3.1 研究背景

为了应对全球金融危机对我国实体经济产生的不良影响，我国提出了以“保增长、扩内需、调结构”为主要内容的政策措施。在这其中，一项重要的举措就是在全国推广“家电下乡”。

物流动态联盟的实施可以整合联盟企业的物流资源，对于降低联盟物流成本起到了很大的作用，同时可以间接降低“家电下乡”中家电的价格。但是任何一家企业参与联盟，其最根本的目的是追求经济利益，每个伙伴都希望能分得多一些的利益。也就是说，在处理利益分摊问题时，必须要使分摊的仲裁具有相对的合理性，能为各单位所接受。因此，利益分配在动态联盟运作中是个重要的问题，如果有任何盟员不满意制定的分配方案，都会给联盟带来一退出联盟将极可能直接导致联盟的失败。

针对利益分配的研究有很多。戴建华、薛恒新将 Shapley 值法应用到联盟企业的收益分配问题，并提出了一种基于风险因子的修正算法。马士华、王鹏通过分析供应链合作伙伴间的的关系，运用 Shapley 值法解决合作伙伴间的利益分配，同时针对技术创新对整个供应链的重要作用，对利益分配进行了调整。胡海青、李智俊、张道宏运用 Raiffa 算法解决产业集群企业的收益分配，考虑了初始投入与风险承担等因素，对 Raiffa 算法进行了适当的改进。

以上研究主要采用 Shapley 值法和 Raiffa 算法进行利益分配，具有重要的作用。在利益分配中 Shapley 值法合理公平，但由于现实问题十分复杂，而且 Shapley 值法需要知道每种合作对策下的收益情况。随着伙伴数目增大，基于 Shapley 值的收益分配方法的计算量将呈指数级增长，这在解决实际经济活动时存在很大的局限性。针对“家电下乡”的环境特点，本节认为 Raiffa 算法更适合物流动态联盟的收益分配问题，该方法不仅考虑了分配的上下限，而且信息收集难度低，可以有效解决 Shapley 值法的不足，在一定程度上保护了弱者，具有可行性。最后，针对在家电下乡中联盟企业对服务的贡献度不同，对 Raiffa 算法在“家电下乡”物流动态联盟中应用进行了相应的修正，进而对企业的服务水平起到激励作用，提高“家电下乡”过程中的服务水平。

3.2　基于 Raiffa 算法的“家电下乡”物流动态联盟利益分配模型的构建

假设有 n 个企业从事“家电下乡”活动，n 个企业之中若干企业可构成一种合作，且会得到一定的收益，当企业之间的利益是非对抗性时，合作中企业的增加不会引起收益的减少。全体 n 个企业的合作将带来最大收益。假设物流动态联盟为 $I=\{1, 2, \cdots, n\}$，如果对于 I 的任一子集 s（表示 n 个企业集合中的任一组合）都对应着一个实值函数 $V(s)$，满足：

$$V(\varnothing)=0,\quad \varnothing \text{ 为空集} \tag{1}$$

$$\text{且 } V\left(\sum_{i=1}^{n} s_i\right) \geqslant \sum_{i=1}^{n} V(s_i), s_i \subseteq I \tag{2}$$

则 $[I, V]$ 为 n 企业合作对策，V 代表了不管 I 中其余参与者如何行动，子集 n 中各成员相互合作所能达到的最大收益。

式（1）代表没有任何企业的合作整体收益为 0，式（2）表示只有存在超额利润并在成员中合理分配，使得每个成员加入集合的收益至少不少于不加入集合的收益，s 才会存在。物流动态联盟 I 中各方合作者所得收益记作 $\Phi(V)=[\phi_1(V), \phi_2(V), \cdots, \phi_n(V)]$，其中 $\phi_i(V)$ 表示在物流动态联盟 I 中第 i 个联盟成员所分收益。

假设已知物流动态联盟的收益为 $V(s)=B$，而在 i 企业没有参加，但其余 $n-1$ 企业合作时的收益为 $V(s/i)=b_i$ $(i=1, 2, \cdots, n)$，且记 $\Phi=(\phi_1, \phi_2, \cdots, \phi_n)$。

首先，从 n 个 $n-1$ 方合作的收益得到各方分配的下限 $\underline{\phi}=(\underline{\phi_1}, \underline{\phi_2}, \cdots, \underline{\phi_n})$，求解得到：

$$\begin{cases} \sum_{i=1}^{n} \phi_i - \phi_1 = b_1 \\ \vdots \\ \sum_{i=1}^{n} \phi_i - \phi_n = b_n \end{cases} \tag{3}$$

可得$\underline{\phi}_i = \frac{1}{n-1}\sum_{i=1}^{n} b_i - b_i$，$i=1, 2, \cdots, n$ 并以此作为分配的基础。

然后，当j企业加入 $n-1$ 方合作时，计算增加的收益值，即j企业的边际收益是理想分配值的上限$\bar{\phi}_j = B - b_j$；按两步分配$\bar{\phi}_j$，即先由j方和 $n-1$ 方平均分配，然后 $n-1$ 方再等分，即 $\phi_j = \frac{\bar{\phi}_j}{2}$，$\phi_i = \bar{\phi}_i + \frac{\bar{\phi}_j}{2(n-1)}$，$i=1, 2, \cdots, n$，$i \neq j$，其中，$n-1$ 方是在$\underline{\phi}_i$ 的基础上分配。

最后，j 取 1，2，…，n，重复上一步，然后求和、平均，得到最终分配为

$$\phi_i = \frac{n-1}{n}\underline{\phi}_i + \frac{1}{n}\left[\frac{\bar{\phi}_i}{2} + \frac{1}{2(n-1)}\sum_{i \neq j} \bar{\phi}_j\right], i = 1,2,\cdots,n \tag{4}$$

将$\underline{\phi}$，$\bar{\phi}$ 带入式（4）可得：

$$\phi_i = \frac{B}{n} + \frac{2n-3}{2(n-1)}\left[\frac{1}{n}\sum_{i=1}^{n} b_i - b_i\right], i = 1,2,\cdots,n \tag{5}$$

通过上述步骤，可以得到“家电下乡”物流动态联盟中各企业所分配的利益。即在“家电下乡”物流动态联盟中，第 i 企业所分配的利益为 ϕ_i。

3.3 对基于 Raiffa 算法的“家电下乡”企业物流动态联盟利益分配模型的修正

在“家电下乡”物流动态联盟中，动态联盟涵盖生产企业、中间商企业、废品回收企业、第三方物流企业以及社会各类分散物流组织的多个方面的联盟合作。

“家电下乡”活动缓解了金融危机对我国实体经济的冲击，同时也为广大农村老百姓带来了众多的实惠，有效扩大了我国内需市场。但是，由于农村市场的不成熟，在“家电下乡”中仍然存在着一系列的问题，尤其是在服务方面。其中，售后服务和送货的及时性仍然是困扰广大农村消费者的问题，

同时这些问题也进一步影响了消费者购买“家电下乡”产品的积极性。售后服务主要体现在家电的安装和售后维修等几个方面，送货的及时性是通过企业物流送货的速度体现出来的。

Raiffa 算法有效地解决了 n 方合作伙伴的利益分配问题，但对于合作伙伴中承担的服务未予考虑。基于家电下乡中存在的服务空心化，对 Raiffa 算法进行一定的修正，可以解决合作伙伴中服务承担水平的利益分配问题，同时对于动态联盟中合作伙伴对于服务的激励起到了一定的作用。

在上述用 Raiffa 算法解决动态联盟伙伴的利益分配中，没有考虑伙伴在经营过程中承担的服务问题，即假设伙伴在经营过程中所提供的服务是均等的。也就是说，对于经济活动集合 $I=\{1, 2, \cdots, n\}$，合作伙伴在经营过程中所承担的服务均为：$K=\frac{1}{n}$。显然，在“家电下乡”物流动态联盟中，合作伙伴所承担的服务是不同的。基于在“家电下乡”活动中所存在的服务空心化等的问题，我们必须对上述算法提出必要的修正，使它更加符合实际情况，同时对动态联盟中合作伙伴对于服务的激励起到了一定的作用。

假设在“家电下乡”动态联盟中，各伙伴所承担的服务为 K_i，$i=1, 2, \cdots, n$。其中，$K_i=R_i+W_i$，$i=1, 2, \cdots, n$，且 $\sum_{i=1}^{n} K_i=1$，R_i 为 i 伙伴所承担的售后服务，W_i 体现在企业送货的及时性方面。R_i 与 W_i 可根据企业在合作中对于服务类型和投入的不同赋予不同的权重，其中 $\sum_{i=1}^{n} R_i+\sum_{i=1}^{n} W_i=1$，$K_i$ 与均担服务的差值为：$\Delta K_i=R_i+W_i-\frac{1}{n}=K_i-\frac{1}{n}$。$\Delta K_i$ 表示了在动态联盟中合作伙伴实际承担的服务与理想情况下均等服务分配的差值。于是应给予企业的实际利润修正量为：$\Delta\phi_i(V)=V(I)\times\Delta K_i$，则实际分配利益为 $\phi'_i(V)=\phi_i(V)+\Delta\phi_i(V)$。

具体修正方案为：

当 $\Delta K_i\geqslant 0$ 时，表示伙伴在实际合作中承担的服务比理想情况下高，于是应给予它多的利益分配，利益增值为：$\Delta\phi_i(V)=V(I)\times|\Delta K_i|$，即该伙伴企业实际分得的利益为：$\phi'_i(V)=\phi_i(V)+\Delta\phi_i(V)$。

同理，当 $\Delta K_i\leqslant 0$ 时，表示伙伴在实际合作中所承担的服务比理想情况下低，于是应从原来分得的利益中扣除相应的部分：$\Delta\phi_i(V)=V(I)\times|\Delta K_i|$。即该伙伴企业实际分得的利益为：$\phi'_i(V)=\phi_i(V)+\Delta\phi_i(V)$。显然，

$$\sum_{i=1}^{n} \phi'_i(V) = \sum_{i=1}^{n} [\phi_i(V) + V(I) \times \Delta K_i]$$
$$= \sum_{i=1}^{n} \phi_i(V) + V(I) \times \sum_{i=1}^{n} \Delta K_i$$
$$= \sum_{i=1}^{n} \phi_i(V) = V(I)$$

3.4 基于 Raiffa 算法的“家电下乡”物流动态联盟利益分配模型的例证分析

假设在“家电下乡”物流动态联盟中有家电生产企业 A，第三方物流企业 B，中间商企业 C，废品回收企业 D，及社会各类分散物流 E_1，E_2。将 A、B、C、D、E_1、E_2 六个企业的联盟记为 $I=$（1，2，3，4，5，6）。如单干 A、B、C 可获利 5 万元，D 可获利 2 万元，E_1 可获利 2 万元，E_2 可获利 1 万元。如 A、B、C、D、E_1 联合，可获利 45 万元。A、B、C、D、E_2 联合，可获利 45 万元。A、B、C、E_1、E_2 联合，可获利 42 万元。A、B、D、E_1、E_2 联合，可获利 38 万元、A、C、D、E_1、E_2 联合可获利 27 万元。B、C、D、E_1、E_2 联合，可获利 33 万元。如果 A、B、C、D、E_1、E_2 联合，可获利 50 万元。

若用 V 表示各自获利，则 V（1）$=V$（2）$=V$（3）$=5$ 万元，V（4）$=V$（5）$=2$ 万元，V（6）$=1$ 万元。各方合作的获利：V（$1\cup2\cup3\cup4\cup5$）$=45$ 万元，V（$1\cup2\cup3\cup4\cup6$）$=45$ 万元，V（$1\cup2\cup3\cup5\cup6$）$=42$ 万元，V（$1\cup2\cup4\cup5\cup6$）$=38$ 万元，V（$1\cup3\cup4\cup5\cup6$）27 万元，V（$2\cup3\cup4\cup5\cup6$）$=33$ 万元，V（$1\cup2\cup3\cup4\cup5\cup6$）$=50$ 万元。根据在经营活动中对于服务的投入，各企业的服务权重 K_i 为如表 3－3－1 所示。

表 3－3－1　企业服务权重

	A	B	C	D	E_1	E_2
R_i	$\frac{5}{24}$	$\frac{1}{24}$	$\frac{2}{24}$	$\frac{2}{24}$	0	0
W_i	$\frac{1}{24}$	$\frac{4}{24}$	$\frac{1}{24}$	$\frac{1}{24}$	$\frac{4}{24}$	$\frac{4}{24}$
K_i	$\frac{5}{24}$	$\frac{5}{24}$	$\frac{3}{24}$	$\frac{3}{24}$	$\frac{4}{24}$	$\frac{4}{24}$

假设企业因项目运行所分配的收益之和就是联盟整体创造的全部利润，现应用改进后分配方案对上述企业收益问题进行求解。

Raiffa 算法的优点是既体现了企业的合理报酬，又考虑了分配的上下限，在一定程度上保护了弱者。现根据无改进的 Raiffa 解计算各企业分配的收益（见表 3－3－2）。其中，s 为集群中若干企业合作的子集，s_i 是集群中包含企业 i 的所有集合的子集，$V(s)$ 是子集产生的效益，$V(s/i)$ 是在子集 s 中除去企业 i 时将会产生的效益。

表 3－3－2　　各企业分配的 $\phi'_i(V)$ 计算

s_i	A	B	C	D	E_1	E_2
$V(s)$	50	50	50	50	50	50
$V(s/i)$	33	27	38	42	45	45
$\underline{\phi}_i$	13	19	8	4	1	1
$\bar{\phi}_i$	17	23	12	8	5	5
ϕ_i	$\frac{394}{30}$	$\frac{556}{30}$	$\frac{259}{30}$	$\frac{151}{30}$	$\frac{7}{3}$	$\frac{7}{3}$

由表 3－3－2 可以计算出"家电下乡"物流企业动态联盟中各企业的利益分配为：

$$\phi_1(V)=\frac{394}{30},\phi_2(V)=\frac{556}{30},\phi_3(V)=\frac{259}{30},$$

$$\phi_4(V)=\frac{151}{30},\phi_5(V)=\phi_6(V)=\frac{7}{3}。$$

根据既定的服务承担权重可得到：$\Delta K_i=K_i-\frac{1}{6}$。所以 $\Delta K_1=\frac{1}{24}$，$\Delta K_2=\frac{1}{24}$，$\Delta K_3=-\frac{1}{24}$，$\Delta K_4=-\frac{1}{24}$，$\Delta K_5=0$，$\Delta K_6=0$。从而得到：

$$\phi'_1(V)=\phi_1(V)+V(I)\times\Delta K_1=\frac{913}{60},\phi'_2(V)=\phi_2(V)+V(I)\times\Delta K_2=\frac{1237}{60}$$

$$\phi'_3(V)=\phi_3(V)+V(I)\times\Delta K_3=\frac{131}{20},\phi'_4(V)=\phi_4(V)+V(I)\times\Delta K_4=\frac{59}{20}$$

$$\phi'_5(V)=\phi_5(V)+V(I)\times\Delta K_5=\frac{7}{3},\phi'_6(V)=\phi_6(V)+V(I)\times\Delta K_6=\frac{7}{3}$$

因此，在"家电下乡"企业物流动态联盟合作中，家电生产企业 A 应得收益为$\frac{913}{60}$万元，第三方物流企业应得收益为$\frac{1237}{60}$万元，中间商所得收益为$\frac{131}{20}$万元，废品回收企业应得收益为$\frac{59}{20}$万元，社会分散物流所得收益分别为$\frac{7}{3}$万元、$\frac{7}{3}$万元。

在上述利益分配中，既考虑了各企业核心竞争力对合作利益产生的重要程度，同时又考虑到分配方法中对于服务水平的激励，企业会增强其对于服务的投入，提升服务的水平，以实现各自利益的最大化。在动态联盟中，根据合作伙伴所承担的服务不同，对承担服务较多的企业，适当增加它在收益分配中的比重是合理的。

4　基于 AHP 和模糊评价的“家电下乡”物流动态联盟合作伙伴选择

4.1　研究背景

家电下乡政策是我国政府深入贯彻落实科学发展观、积极扩大内需的重要举措，是财政和贸易政策的创新突破。其目的是开发、生产适合农村消费特点、性能可靠、质量有保证、物美价廉的家电产品，并提供满足农民需求的流通和售后服务。对农民购买纳入补贴范围的家电产品给予一定比例（13%）的财政补贴，以激活农民的购买力，扩大农村消费，促进内需和外需协调发展。但是，在“家电下乡”的过程中也暴露了一些问题，尤其是在家电下乡的物流环节出现了配送混乱、资源闲置或浪费的现象。有些家电制造企业（以下简称“家电企业”）有自己的物流部门（如格力）对家电进行配送，有些大型家电专卖经销商（以下简称经销商）也有物流部门进行家电的运输、配送（如国美、苏宁），还有一些较小的家电企业雇用第三方物流将家电配送到农村市场去。在此过程中，家电企业、经销商和第三方物流与零售商的接触次数较多，三方的业务时有交叉，从而造成了资源的闲置和浪费，资源的利用率很低。但是，当三方企业建立了企业物流动态联盟以后，便会使这种资源浪费或利用率低的问题得到改善。

因此，建立企业物流的动态联盟，不仅可以节约资源、降低成本，更重要的是可以使农村的消费者得到更多的实惠。本节将以前人的研究为基础，综合运用 AHP 层次分析法及模糊综合评价的方法，具体的研究“家电下乡”的企业如何在物流方面进行伙伴选择。基于 AHP 的模糊综合评价是在利用 AHP 法确定企业物流合作伙伴选择评价指标权重分配的基础上，采用模糊综合评价方法对合作伙伴整体能力及各分项指标展开评价的一种综合评价方法，以求达到效益的最大化。

4.2 层次分析法及模糊综合评价

4.2.1 层次分析法

层次分析法（Analytic Hierarhcy Porecss，AHP），是美国运筹学家、匹兹堡大学数学家 Thomasl Satty 于20世纪70年代中期提出来的一种实用的多目标决策分析方法。AHP 主要是基于对判断对象进行成对比较而得到的判断矩阵（正互反矩阵）的分析，该矩阵是由决策者对判断对象进行成对比较给出的。层次分析法以其定性和定量相结合的特点及系统、灵活、简洁等优点在社会经济的诸多领域中得到了广泛的重视和应用。

本节运用层次分析法主要是建立物流企业评价指标体系，物流企业竞争能力是一个多层次的综合概念，是由多方面潜在的影响因素共同作用的结果。基于上述思路，在确定物流企业竞争能力的指标体系时，本节认为应遵循以下基本原则：

①完备性原则。由于合作伙伴选择涉及的因素很多，因此要建立尽可能完备的评价体系，以保证对合作伙伴进行全面、综合的评价。②简洁性原则。评价指标体系的大小必须适宜，避免层次过多、指标过细，要突出影响合作伙伴选择的主要因素，以发现合作伙伴的核心优势，并减少合作伙伴选择的难度，提高选择的准确性。③可比性原则。所设计的各项评价指标，在伙伴企业之间要具有可比性，以利于在多个潜在伙伴之间进行择优比较。④动态性原则。评价指标体系应能够反映伙伴企业的发展前景，如可持续的竞争力和创新能力等。⑤灵活性原则。由于市场机遇的不断变化，动态联盟所追求的目标可能需要作适当地调整，所以合作伙伴评价指标体系应具有一定的灵活性和可扩展性，能根据实际情况的变化进行调整。⑥定性和定量相结合原则。影响合作伙伴选择的因素中除了定量因素外，还有许多因素是无法定量描述的，因此要用定性和定量相结合的方法来建立合作伙伴选择的评价体系。

基于上述原则，同时根据我国物流企业现阶段的实际情况及物流企业动态联盟合作伙伴应具有的特征，本节建立了“家电下乡”企业物流动态联盟的评价指标体系。

4.2.2　模糊综合评价

模糊综合评价是美国控制论专家艾登在1965年创立，是将模糊数学集合论与层次分析法有机结合进行综合评价的一种方法。以模糊数学为基础，应用模糊关系合成的原理，将一些边界不清、不易定量的因素定量化、进行综合评价的一种方法。

模糊综合评价是通过构造等级模糊子集把反映被评事物的模糊指标进行量化（即确定隶属度），然后利用模糊变换原理对各指标综合评价。

4.3　物流动态联盟合作伙伴的选择

本节应用基于层次分析法的模糊综合评价来对企业物流动态联盟合作伙伴的综合素质进行评价，从如何建立指标评价体系，判断矩阵的建立以及到最终对企业综合素质的评价等做出详细的说明与介绍。通过建立起科学可行的物流伙伴企业竞争力评价指标体系，然后通过建立模糊综合模型来解决伙伴选择问题，最后找出最优的候选伙伴组合，组建起物流企业动态联盟。

4.3.1　用层次分析法确定评价因素权向量

运用AHP的主要目的是对各指标应赋予不同的权重。

1. 建立指标评价体系

物流企业竞争能力是具有多方面因素相互作用而形成的合力，物流业务方面的能力是物流企业竞争能力最直接的体现，是在与外部环境的交互作用和内部要素相互整合的基础上表现出来的外在的竞争能力，反映了企业的整体实力。其核心内容是物流企业在物流服务方面的优势。因为顾客是通过物流企业所提供的物流服务来认识该企业的，而物流企业的实力主要体现在比竞争对手更快、更好地为顾客提供质优价廉的物流服务。

从物流企业的特点出发，将其归纳为五部分要素，即从敏捷性、服务质量、信誉度、财务状况和信息化程度五个方面考察物流企业的竞争能力。据此本节建立的理论指标体系旨在充分评估物流企业合作伙伴的竞争能力，对其综合素质做出尽量全面、客观的衡量。

（1）敏捷性

物流企业的敏捷性素质是组建动态联盟的基本要求。对物流企业敏捷性的评估，主要从三个组成要素对物流企业敏捷性的竞争能力进行评估。

①需求响应时间：某一需求指令（或突发任务）下达，到提供所需服务，中间需要的缓冲时间。

②服务完成周期：合作伙伴从接应到交付某一单位物资，完成该单位物资在该物流环节操作所需要的时间。

③时间柔性：根据具体情况作出对时间的临时调整和合理配送。

（2）服务质量

物流企业服务质量方面的水平高低，构成了物流企业潜在的竞争能力。主要从三个组成要素对物流企业服务质量的竞争能力进行评估。

①客户投诉率：主要反映为客户对企业服务态度的评价及认可。

②安全送达率：主要指物资到达客户指定目的地的完整程度以及破损率。

③准确递送率：主要是指物资是否按照客户指定地点投递。

（3）信誉度

从物流企业提供的物流服务得到客户的反馈情况。主要从三个组成要素对物流企业信誉度的竞争能力进行评估。

①业界美誉度：指企业获得客户信任、好感、接纳和欢迎的程度，是评价物流企业声誉好坏的社会指标，侧重于“质”的评价，即组织的社会影响的美丑、好坏。

②客户数量：反映出客户对物流企业的忠诚度，以及物流企业所提供的服务在物流市场上的占有份额。

③合作次数：反映出物流企业提供的服务是否周全，满足不同客户的各种需求。

（4）财务状况

从财务角度衡量物流企业的竞争能力，是体现物流企业价值的最为直观的方式。主要从三个组成要素对物流企业财务状况的竞争能力进行评估。

①资产负债率：考察物流企业长期偿债能力，说明债权的保障程度，比率越低，债权人所得到的保障程度就越高，对债权人就越有利。

其计算公式为：资产负债率 = 负债总额 ÷ 资产总额

②现金比率：考察公司现金以及现金等价资产总量与当前流动负债的比

率，最能反映企业直接偿付流动负债的能力。

其计算公式为：现金比率＝（速动资产－应收账款）÷流动负债

③资本收益率：反映以物流企业实收资本为基础的赢利程度，为净利润与资本总额的比值。

其计算公式为：资本收益率＝净利润÷实收资本

（5）信息化程度

从信息化程度来衡量物流企业的竞争能力，考察企业现有物流技术实力以及进行物流技术创新的速度与效率。主要从三个组成要素对物流企业信息化的竞争能力进行评估。

①信息覆盖率：反映物流企业对已拥有的信息技术的应用在各项业务占的比例。

②决策信息化：反映物流企业现有的物流技术实力，它为物流决策提供科学合理的理论依据等。

③系统依存度：反映物流企业现已拥有的信息技术软、硬件水平以及对物流信息系统的应用情况。

综合以上因素分析，构建物流动态联盟的评价指标体系如图3－4－1所示。

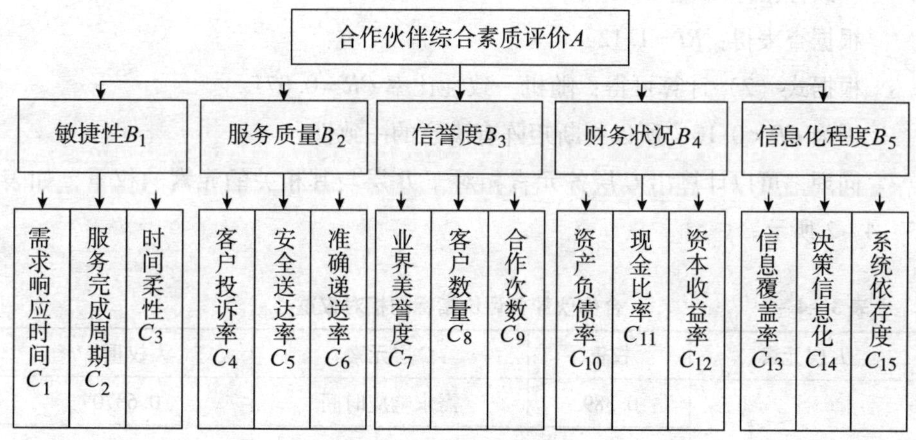

图3－4－1　物流动态联盟的评价指标体系

2. 构造判断矩阵

根据指标评价体系，建立 B 层各元素相对于总目标 A 的两两判断矩阵 $A-B_i$，如表3－4－1所示。

表 3-4-1　　判断矩阵（$A-B_i$）

$A-B_i$	B_1	B_2	B_3	B_4	B_5
B_1	1	3	2	3	4
B_2	1/3	1	3	2	5
B_3	1/2	1/3	1	1/3	2
B_4	1/3	1/2	3	1	3
B_5	1/4	1/5	1/2	1/3	1

同理可建立 C 层对 B 层与之相关的各元素的两两判断矩阵。

3. 最大特征根 λ_{max} 与评价指标的权重集 W

采用方根法求出判断矩阵的最大特征根 λ_{max} 及其对应的特征向量并归一化，即得到评价指标的权重集 W。根据式（1）计算可得

$\lambda_{max}=5.3172$，权重集 $W=\{0.389, 0.262, 0.107, 0.179, 0.063\}$，权重集 W 即为所求的各评价因子的权重。

4. 一致性检验

根据式（3）可计算得：

一致性指标 $CI=0.0793$，

根据查表得：$RI=1.12$，

根据式（2）计算可得：随机一致性比率 $CR=0.071$。

因为 $CR<0.10$，所以判断矩阵有满意的一致性。

同理，可以计算出 C 层各元素相对于 B 层与其相关的元素的权重，如表 3-4-2 所示。

表 3-4-2　　合作伙伴各评价指标的相对权重

B 层元素	权重	C 层元素	权重
敏捷性	0.389	需求响应时间	0.6370
		服务完成周期	0.2583
		时间柔性	0.1047
服务质量	0.262	客户投诉率	0.6
		安全送达率	0.2
		准确递送率	0.2

续　表

B 层元素	权重	C 层元素	权重
信誉度	0.107	业界美誉度	0.5842
		客户数量	0.1350
		合作次数	0.2808
财务状况	0.179	资产负债率	0.6370
		现金比率	0.2583
		资本收益率	0.1047
信息化程度	0.063	信息覆盖率	0.4286
		决策信息化	0.4286
		系统依存度	0.1428

用同样的方法对 CR 进行检验，均通过一致性检验。

4.3.2　建立指标集及评语集

指标集 $A=\{B_1, B_2, B_3\}$，$B_1=\{C_1, C_2, C_3\}$，$B_2=\{C_4, C_5, C_6\}$，$B_3=\{C_7, C_8, C_9\}$，$B_4=\{C_{10}, C_{11}, C_{12}\}$，$B_5=\{C_{13}, C_{14}, C_{15}\}$。

根据评价指标体系，建立评语集，本研究对合作伙伴综合素质的评价分为优、良、中、差 4 个等级，记为 $V=\{v_1, v_2, v_3, v_4\}=\{4, 3, 2, 1\}$。

4.3.3　进行单因素评价，建立模糊关系矩阵

在建立模糊评判模型时，各因素的隶属度通过评价者评定的方法进行，隶属度是评价指标隶属于评价等级的程度，得用模糊统计法。首先制作评价者打分调查表，对每个具体评价对象的每项指标，根据评价者的经验和看法进行认定，在打分表上对应等级处打“√”，再通过多位评价者调查表的汇总，得到各个因素对应于等级的频数，经过归一化处理，即可得到各个因素对应于各等级的隶属度，从而得到单因素评判矩阵 R_j，而在二级指标中用 R'_j 表示。

根据 50 位物流专家对某一物流企业的测评数据得到如下评价矩阵：

$$R'_1 = \begin{pmatrix} 0.2 & 0.7 & 0.1 & 0 \\ 0.4 & 0.4 & 0.1 & 0.1 \\ 0.5 & 0.4 & 0.1 & 0 \end{pmatrix}; \quad R'_2 = \begin{pmatrix} 0.2 & 0.6 & 0.2 & 0 \\ 0.3 & 0.5 & 0.2 & 0 \\ 0.3 & 0.7 & 0 & 0 \end{pmatrix};$$

$$R_3 = \begin{pmatrix} 0.5 & 0.3 & 0.2 & 0 \\ 0.2 & 0.6 & 0.1 & 0.1 \\ 0.2 & 0.7 & 0.1 & 0 \end{pmatrix}; \quad R'_4 = \begin{pmatrix} 0.2 & 0.6 & 0.1 & 0.1 \\ 0.2 & 0.5 & 0.2 & 0.1 \\ 0.4 & 0.4 & 0.2 & 0 \end{pmatrix};$$

$$R'_5 = \begin{pmatrix} 0.5 & 0.4 & 0.1 & 0 \\ 0.2 & 0.7 & 0.1 & 0 \\ 0.2 & 0.6 & 0.2 & 0 \end{pmatrix}$$

4.3.4 进行模糊综合评价

把各类因素的权重矩阵 W 与模糊评价矩阵 R 进行模糊运算，得模糊综合评价的效果为：

$$Q = W \times R = (q_1, q_2, \cdots, q_m)$$

首先计算二级指标，对敏捷性 B_1 进行 $R_1 = W_1 \times R'_1 =$ （0.283，0.591，0.100，0.026）

同理，可对其他指标进行评价得：

$R_2 = (0.240, 0.600, 0.160, 0)$；$R_3 = (0.375, 0.425, 0.187, 0.013)$；

$R_4 = (0.221, 0.553, 0.136, 0.090)$；$R_5 = (0.329, 0.557, 0.114, 0)$。

然后计算一级指标，通过对敏捷性、服务质量、信誉度、财务状况、信息化程度因素的评价，可以得出准则层的评价矩阵，结合准则层的权重系数，可进一步对合作伙伴进行评价。

$$Q = W \times (R_1 R_2 R_3 R_4 R_5)^{T} = (0.2734, 0.5020, 0.1970, 0.0276)$$

综合评价结果表明，该合作伙伴评价在优、良、中、差 4 个评价集中的隶属度分别为 27.34%，50.2%，19.7% 和 2.76%。根据 $G = B \times V$ 可得此物流企业的综合评价评价值为 $G = 3.0212$，表明该企业的综合素质评价结论为优。

利用同样的方法对“家电下乡”企业物流动态联盟的合作伙伴进行了评价，从而选出合适的企业物流组成动态联盟。

5 “家电下乡”动态联盟的物流管理系统构建

5.1 物流管理系统的设计

系统开发主要有两种架构，B/S 架构和 C/S 架构，为了减少系统的维护成本，我们采用基于 Web 技术的 B/S 模式架构，从而也降低了系统的总运行成本。同时采用自适应组件技术，该技术具有超强的用户自定义功能，可以满足不同用户的使用需求，同时可完成系统可以进行灵活的扩展。

为了提供开放的接口，实现与财务、ERP 等系统地无缝集成。基于 XML 的灵活数据接口技术，可快速与这些系统进行数据交换。

基于 Ajax 技术的 Web 改变了传统的同步交互方式，以异步方式进行交互，克服了客户 XMLHTTP Request 是 Ajax 中最与众不同最核心的技术，XMLHTTP Request 可以用异步方式和服务器进行数据交换，无需刷新页面就可以向服务器提交信息，或从服务器得到应答，突破了浏览器通过提交 HTML 表单与服务器通信的唯一方式。克服了等待和页面刷新的缺陷。

系统提供健壮的安全机制及多层次的安全控制功能，包括用户/用户组权限管理，操作权限授权，数据权限授权等。

数据库采用 SQL Server 2005，它是建立在成熟而强大的关系模型基础之上，可以很好地支持 B/S 网络模式。SQL Server 2005 是一个杰出的数据库平台，能够满足各种类型的企事业单位对构建网络数据库的需求，同时还具有功能强大，安全可靠等特点。数据的备份策略是使用 SQL Server 本身提供的数据库在线备份。

使用 C#作为开发语言。因为 C#是一种现代的面向对象的程序开发语言，它使得程序员能够在新的微软 NET 平台上快速开发种类丰富的应用程序，C#与 Web 紧密结合。而且 C#是专门为 NET 应用而开发出的语言。这从根本上保证了 C#与 NET 框架的完美结合。在 NET 运行库的支持下，NET 框架的各种优点在 C#中表现得淋漓尽致。

5.2 系统结构图

本系统采用 B/S 结构，浏览器部分包括企业管理系统、物流作业管理系统、客户服务系统与电子商务等子系统。通过浏览网上实时动态信息，可以向 Web 服务器发出请求，Web 服务器获得这些请求后与数据库进行连接、访问、读写和控制，然后数据库由 Web 服务器将该访问结果发送到用户的浏览中。

为使企业内部网能够访问供应链中其他节点企业的系统信息。我们使用基于 Internet/Intranet 的信息其网络接口代理将供应链中其他节点企业，这样可以满足整个网络的实时信息的输入、查询。本系统的结构如图 3－5－1 所示。

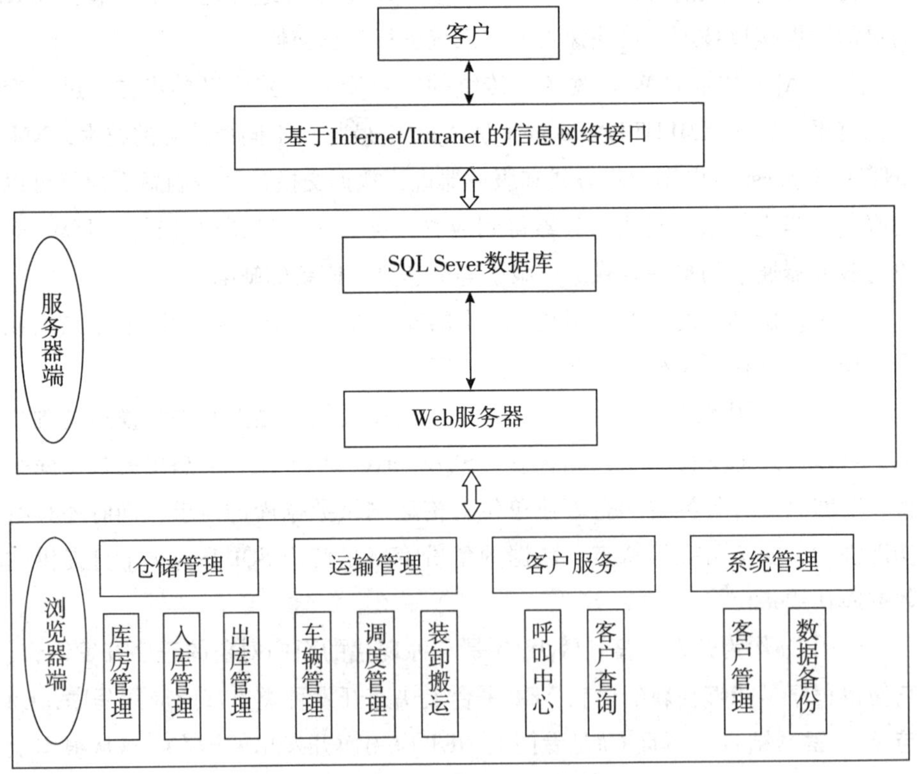

图 3－5－1　物流管理系统结构

5.3　系统功能

1. 系统管理

由系统维护人员使用，主要对系统参数和系统安全进行管理。包括系统配置设定、系统客户权限管理、数据的备份跟踪与记录以及系统日志等。

2. 订单管理

针对客户订单进行管理，负责接收客户下的订单，并将其录入系统审核客户的订单请求，能够根据用户的不同需求产生不同的运输订单，将订单进行分类组合，安排运输计划以及仓储计划，并与客户之间保持联系，向客户及时地提供订单的执行情况。

3. 运输管理

主要解决运输过程中的货物配载、车辆调度、车辆返空等问题。通分解和组合订单，在确保及时交付的前提下以最优化的配载方式和路线安排运输计划，还可以通过 GPRS 帮助管理人员和客户更准确及时的跟踪运输状态，并能解决车辆的空返问题。

（1）运输调度管理：根据计划生成调度指令，车辆及货物的跟踪并适时报告情况。

（2）车辆管理：对运输资源，如车辆、司机、轮胎等进行管理，并详细记录车辆事故、维修记录、轮胎更换等情况。以便使企业更好地对企业资产进行管理。

（3）运输作业管理：运输单的生成，车辆调度制定并且选择最优配送路线，货到签收，另外在这个子系统还应该包括物流业务模块，以根据需要，将其某运输作业外包出去。

（4）无线手持终端跟踪、调度管理：可以通过无线手持终端比如短信的方式，对在途车辆进行跟踪、适时下达相关指令；在途车辆的司机也可主动发送跟踪信息给业务部门报告当前状态。

4. 接口管理

能与其他的系统与通信设备进行集成与连接，减少不必要的资源浪费。

5. 仓储管理

提供第三方仓储配送业务的库房管理、入出库管理、上下架管理、库存管理、设备人工管理、收支结算管理、预警提醒等强大的操作、监控和分析功能。在此作业中实现货物全程监控，对准确跟踪整个仓库内的库存货物，可以减少过度保存，提高货物储存的安全性。也可以对库存量少于库存下限的商品进行预警显示，还可以根据物流订单信息进行库存的预测管理。

（1）入库管理：接受入库申请，入库准备，入库验收，安排出位，安排装卸、搬运。

（2）库存管理：库存盘点，货物的保管、库存控制。

（3）出库管理：接受出库申请，出货准备，生成拣货单，安排装卸、搬运。

6. 客户服务中心

标准的客户关系管理的客户信息、联系人信息、商业活动、招投标、竞争对手管理与客户满意度调查，同时支持多线模拟和数字中继呼叫中心系统，提供良好的客户服务手段。包括客户为了得到货物状态信息的查询系统以及同时支持多线模拟和数字中继呼叫中心系统，提供良好的客户服务手段。

6　小结

通过本篇研究，我们可以得出以下结论：

首先，本篇研究提出的基于修正的 Raiffa 算法而构建的“家电下乡”物流动态联盟利益分配模型实现了对“家电下乡”各合作伙伴进行更加合理的收益分配。对于该方法中用到的各个企业组合所能获得的收益，如果不能得到实际的数值，可以根据各个企业间资源的匹配情况，通过模糊数学、遗传算法、神经网络或 AHP 等方法比较各家企业各项竞争力的指标强弱来估算各种组合的可能收益，然后通过文中的算法得到各成员企业的收益分配额，最后再通过企业所承担服务水平的不同进行修正。例证分析的结果表明，修正后的结果具有合理性和真实性，这一方法将对现实企业经营活动具有一定的指导意义。

其次，对于“家电下乡”合作伙伴的选择，本篇研究采用层次分析法和模糊综合评价相结合的方法，避免层次分析法中人的主观判断、偏好等对合作伙伴选择的影响，通过建立模糊综合评价的数学模型对合作伙伴综合素质进行评价，将定性与定量相结合，主观估计客观化，从系统的角度综合各种因素，提高了对动态联盟合作伙伴评价的准确性。通过对某物流企业的综合模糊评价，验证了采用层次分析法和模糊综合评价相结合进行伙伴选择的合理性与可靠性。但是模糊综合评价只能给出一个模糊的评价结果，不能准确地指出评价不足的地方，因此，对合作伙伴的评价还需更精确的探讨。

此外，随着家电下乡的不断深入，以及物流管理越来越依赖于现代化的计算机通信技术，建立一个服务于家电下乡物流管理的系统是大势所趋，但是要建设好这样一个庞大的系统，还需要很大的人力物力。而且，如果把本系统投入使用，还需要对系统进行维护。在系统建设推广应用过程当中，需反复强调三分技术、七分管理、十二分资料的工程建设指导思想。另外，本系统是建立在一个不断更新而且速度惊人的计算机技术基础上的，而且用户的需求也在随着时代的发展不断的改变，所以本系统还需要不断得到补充和完善。

第四篇

供应商管理库存（VMI）整合模式设计

——以区域性供应链生产企业为例

1　引言

1.1　研究背景

随着经济全球化的步伐加快以及供应链理论的不断完善，库存与库存管理越来越为企业经营者特别是物流的管理者和经营者所重视，有的学者甚至把物流管理描述为对静止或运动库存的管理。库存是有成本的，在很多企业这个成本占用大量的流动资金。减少库存，降低库存成本，追求零库存是库存管理乃至物流管理的中心与极点，也是企业“第三利润源泉”的重点所在。不幸的企业是相似的，因库存管理不善引起的企业效益低下、周转困难、资金流危机甚至破产清算屡见不鲜。相对而言，也有一些成熟企业一直对存货管理比较重视，在速度、成本、效率等方面做得很好，避免了相关损失。可以说，库存问题从来没有像今天这样令人棘手和注目。

库存管理又称存货管理或在库管理，是在库存论的指导下，在经济合理或某些特定的前提下，如不允许缺货与降低服务水平等，建立库存数量的界限，即库存量（需求量）、库存水平、订量等数据界限。简单地说库存管理主要是企业经营者解决何时补充订货，补充订货是多少，以及库存系统的安全库存量、平均库存量、周转率、缺货次数各是多少等问题所采取的方法。

库存管理随着库存论及新生产计划技术的不断运用而发生了很大的变化，一些新的库存管理模式和方法也在不断发展，传统的ABC库存管理法，逐渐向以物料需求计划（MRP）、及时生产方式（JIT）、经济批量（EOQ）和企业资源计划（ERP）为中心的库存管理方法过渡。库存管理模式，也从整个供应链的各自为政的库存管理模式发展到今天的VMI、JMI和CPFR模式。这些库存管理模式的理念是先进的，但是到目前为止，在世界范围内真正付诸于较多实施的模式仍然是VMI模式，JMI以及CPFR由于诸多方面的原因，仍然处于探索阶段。近年来，VMI 也正在被我国众多的生产企业认可和采用，例如电子产业的联想集团、TCL 等。

随着这种 VMI 的推广，越来越多的生产企业从地域上逐渐向其核心生产企业靠拢建厂或者建立仓储中心，以便于开展 VMI。原因不难理解，由于 VMI 的实施要求供应链上游生产企业能够做到提供商品的快速响应和更高的准确度，如此一来，便逐渐形成了供应链生产企业呈现出地域性分布的特色。但是，这种新的趋势暴露出了以前分散式的 VMI 在信息流、物流方面的不足，并且使物流和信息流有了进一步整合的空间。为此，本篇将针对区域性供应链生产企业的 VMI 模式进行研究探讨，试图提出一种整合了区域性供应链生产企业的物流和信息流的新的库存管理模式——区域性供应链生产企业供应商管理库存的整合模式（Integrated VMI Mode for Regional Supply Chain Manufacturing Enterprises，下文简称为 I - VMI 模式）。这种模式建立在 VMI 模式的理念之上，是一种适应当前众多生产企业库存管理需要的整合性的库存管理模式。希望通过这种整合模式，区域性的供应链生产企业可以更好地降低供应链成本，提高效益。

1.2 国内外有关研究发展评述

本篇提出的 I - VMI 模式是一种基于 VMI 模式之上，结合实践运用的一种创新的库存管理模式。因此，这方面研究要从以往学者对 VMI 的研究开始讨论。

供应商管理库存在国内外有着不同的理解，但本质上基本相同。Waller M. 等人（1999）提到 VMI 是一种特殊的库存管理系统，是一种生产、运输和库存控制系统。系统中，生产商和零售商为其消费组织完成补给决策。这就意味着供应商需要监控其客户的库存水平（通过人工传达或者电子信息传达手段），此外，针对订单数量批次和发送时间做出阶段性的补给决策。同时，VMI 是供应链中企业之间的一种战略伙伴关系，最早利用 VMI 策略的是沃尔玛和宝洁。Phani Kumar 和 Muthu Kumar 认为 VMI 是一种供应商基于同零售商/客户之间的需求信息交换而制定购买订单的机制，是一种逆向的由供应商创造需求和提供需求的补给模式。在这种模式中，不再是由客户来管理他们的库存并且决定在什么时候需要补充多少商品，这一切均由供应商来完成。VMI 的这种理念使贯穿于整个供应链渠道的各个环节的可见性得到了提高。它帮助生产商，供应商和零售商改善了库存的可见度。Kate Vitasek 认为 VMI 是一种零售商让其供应商基于零售时点信息（POS）和库存信息来管理它的订单规模和订单时间的实践，它的目标是增加零售库存周转次数和减少卸货频率。在我国，多数学者认为：VMI 是一种在用户和供应商之间的合作性策略，以对双方来说都是最低的成本优化产品的可靠性，在一个相互同意的目标框架下由供应商管理库存，这样的目标框架被经常性的监督和修正，以产生一种连续改进的环境。戴湘荣等人认为，VMI 是将配送及供应单位整合于持续的补货循环，补货活动如图 4－1－1 所示，其主要过程如下：

（1）按照制造商存货水准及销售状况进行需求预测计划，经统计计算后提出建议订购量。

（2）按照建议订购量，订单管理系统发出补货通知单，由制造商进行订单确认。

（3）按照订单管理系统、制造管理系统排定主生产计划，以排定配送计划。

（4）按照配送计划将补货计划通知制造商并进行实际补货。

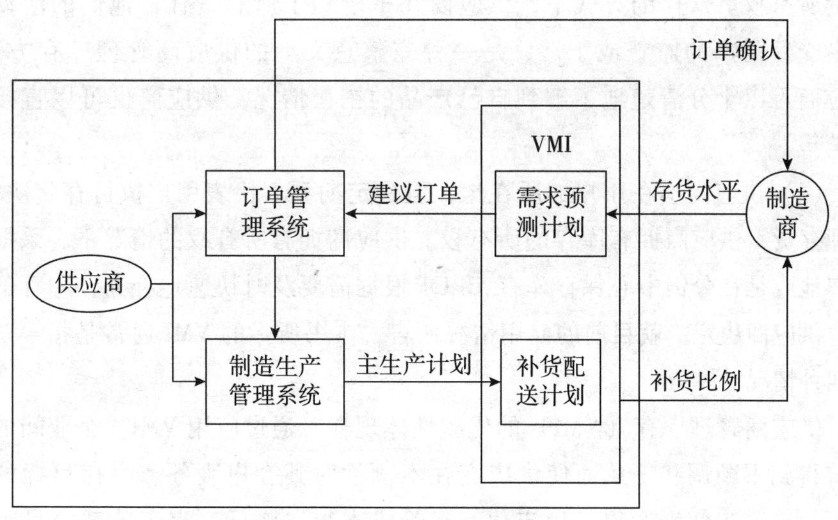

图 4－1－1　VMI 体系结构框架

VMI就是供货方代替用户管理库存，库存的职能由供应商负责，同时供应商必须对客户做出快速有效的反应。真正的VMI是排斥人工的信息沟通，只有通过EDI或Internet这种电子手段开展的VMI才是真正意义上的VMI。VMI之所以能为供应链各方带来收益，是因为它们通过EDI或Internet等电子手段，改善了信息的流动方式，提高了需求预测的准确性，消除供应链环节中的许多无效劳动，实现了供应链中整体库存的减少。供应链的发展，为供应商管理库存（VMI）的应用创造了良好的环境。

VMI概括起来主要有以下四种形式：

（1）供应商提供包括所有产品的软件进行存货决策，用户使用软件执行存货决策，用户拥有存货所有权，管理存货。在这种方式下，供应商对库存的管理和控制力有限，所以供应商受到用户的制约比较多一些，实质上不是完全意义上的供应商管理库存。

（2）供应商在用户的所在地，代表用户执行存货决策，管理存货，但是存货的所有权归用户。信息技术不是很发达的时候，由供应商在用户地直接管理存货，同时供应商也可以了解到充分的存货信息，但是存货的所有权不属于供应商，所以供应商在进行存货决策时的投入程度有限。

（3）供应商在用户的所在地，代表用户执行存货决策管理存货，拥有存货所有权。这样的方式下，供应商几乎承担了所有责任，他们的活动也很少受到用户的监督或干涉，是一种完整意义上的供应商管理库存方式。供应商可以十分清楚地了解到自己产品的销售情况，供应商也可以直接参与销售。

（4）供应商不在用户的所在地，但是定期派人代表用户执行存货决策，管理存货，供应商拥有库存的所有权。供应商拥有所有权的情况下，采取在用户地或是在分销中心保存库存，以求根据需要及时快速地补充，库存的水平由供应商决定。就目前的使用情况而言，本书所指的VMI通常是指第三和第四种情况。

供应商管理库存（VMI）的优越性体现在：通过应用VMI，企业间的关系将得到不断调和，从而使供应商在不牺牲对其客户服务和库存目标的情况下，进一步使生产得以稳定化。运输成本得以降低，汽车装载容量得以改善。由于配送中心不需要像以前那样对接到的订单做出随机的回应，通过对其客户的库存的监控，他们可以决定何时来执行这些订单。另外，通过实施 VMI，运输路线可以得到进一步更好的优化。在多个客户间实施订货和运输管理对供应商来说是一件非常头疼的事情。但是，实施 VMI 以后，这种情况将得到很好的协调，从而提高了供应商的服务效果。VMI 可以使库存得以减少的大多数原因要归功于对库存信息的更加频繁的监控，间断性的实施补货和合理的运输策略。Emigh 指出，VMI 之所以在整个供应链中如此流行是因为它使企业将库存管理的责任转移到了供应商那里，从而进一步减少了企业的一般管理费用。也有很多人认为：如果系统的利用效率得到提高，VMI 将降低生产成本和库存成本。尽管 VMI 增加了供应商的负担（例如库存管理和需求预测），但 VMI 同时也提高了供应商的生产效率和市场预测的准确性。

VMI 作为一种库存模式，在理论与实践上正在逐渐得到完善。20 世纪末，随着经济发展与竞争态势的转变，供应链管理作为一种崭新的管理思想，引起业界的实践潮流和众多学者的关注。在欧美国家，VMI 在 20 世纪 90 年代至今的时间里已经发展为一种成熟的库存模式。它的实施已经在众多企业获得成功。大型零售商如 Wal - Mart、Kmart、Dillard Department Stores 以及 JCPenny 都是实施 VMI 的先驱者；通信业巨头朗讯的大部分原材料管理系统已转变为 VMI 系统；IT 业的戴尔、惠普也是成功实施 VMI 的典例。2000 年 3 月，香港吉之岛建立起了与 P&G 的 VMI 系统，给双方带来的直接效益是销售增加 45%，平均库存周转时间从 4 周减为 2 周，缺货率从 7% 降为 1%。2001 年 3 月，NEC 通过 VMI 系统减少了 90% 的库存，把自己从库存积压的风险中解放出来。2001 年 10 月，雀巢和家乐福也尝试了 VMI 系统，雀巢对家乐福物流中心产品到货率由 80% 提升至 95%，家乐福物流中心对零售店面产品到货率也由 70% 提升至 90%。VMI 在我国企业的应用又如何呢？在我国，南方企业由于经济发达、与外商联系紧密，观念也较为先进，有些已经开始实施了 VMI。东莞的制造企业已经实现了 VMI 供货，因为这些制造商的合作商多是一些国外用户，对外企而言，VMI 已经是一种成熟的供应模式，他们要求中国的供应商采用同步的管理技术。中国加入 WTO，必然带来供应链竞争的压力，类似于 VMI 的供应模式，对我国企业而言，已经不是要不要接受的问题，而是参与国际化竞争所必须要接受的。

为此，近年来我国的一些学者开始针对我国企业现状进行了有关 VMI 的学术分析，比如康伟提到了德国大众成功运用了 VMI 的例子。同时，又指出了沈阳华晨汽车在中国物流公司介入后成功实行 VMI 的经验。同时指出了适用 VMI 的区域性生产企业的基本前提：一是只有供应链上居于主导地位的企业才有机会推动这种模式；二是生产商和供应商之间必须相互信任，建立有效的信息沟通机制和技术手段，生产商能够及时了解供应商的库存情况，供应商能够及时了解生产商的生产安排。吴敏洁和赵林度对大型企业集团实施 VMI 进行了研究。他们以大型企业集团为对象，研究了大型企业集团以区域为单位与供应商以及区域内的第三方物流企业合作实施 VMI 的策略和方法，重点分析了 VMI 的分散模式和集中模式的区别，但是没有做出进一步详细论述具体模式的构建。程晓华讨论了集成式国际工业园的供应链和物流模式。他针对星网的运行状况及潜在的问题，对园区物料计划、库存控制系统、集成制造模式、园区信息系统的模式进行了简要设计。但是他并没有对在这种模式下如何运用 VMI 并结合第三方物流进行合理库存管理进行相关的论述。

VMI 有很多优势，得到了诸多企业的认可，但是也有很多的学者指出了供应商管理库存（VMI）的局限性。Nikesh Gnanasekaran 指出 VMI 一直在导致其客户获得更高的利润，但是供应商的利润情况却在不断地变化中。VMI 是一个有效的供应链战略，它能够实现许多仅仅在充分得到整合的供应链中所能够得到的利益。华长生认为 VMI 责任与利益不统一。在 VMI 模式下，供应商承担了客户的库存管理及需求预测分析的责任，但它比其客户获取更少的利润；企业间缺乏信任，合作意识不强；对 IT 投资大。王晓晶和刘长斌指出，即使不使用 VMI，只要与客户建立了良好的信任关系和风险分担机制，并且具备了较好的库存管理方法，他们有能力应对大规模订单的库存管理；VMI 只是一种应对“供过于求”的战术工具。

综上所述，针对近年来逐渐形成的区域性供应链生产企业圈的出现，尤其是针对我国生产企业的普遍现状，如何改进 VMI 的不足，发挥 VMI 的优势，采取更加灵活、实用的供应链库存管理模式已经摆在了我国诸多企业的面前。本篇将以此为出发点，开展区域性的供应链生产企业的 VMI 整合模式研究。

1.3　主要内容和基本思路

1.3.1　主要内容

库存管理已经成为当前企业所关心的重点问题。为了适应降低库存的需要，生产企业都在想方设法地采取各种方式优化库存管理。这其中，供应商管理库存（VMI）由于体现了供应链的库存管理思想，正在得到越来越多的生产企业的应用。本篇结合当前区域性供应链生产企业圈的特点，提出了区域性供应链生产企业的 I－VMI 模式。研究内容主要包括以下几个方面：

（1）分析了 I－VMI 模式产生的动因及其对企业开展库存管理的作用。

（2）对 I－VMI 模式进行了具体的实物流和信息流的整合设计。在这个整合设计中，是对核心生产企业、供应商、第三方物流中心（3PL）和 IT 运作四个模块分别进行设计。核心企业部分设计最终要确定物料采购清单，供应商部分的设计最终要确定货物补给流程和补给参数，第三方物流部分的设计要明确其与传统第三方物流有所不同的仓储特色、运输策略和增值加工职能。IT 运作模块设计了整合的 I－VMI 物流信息系统模型和具体的搭建渠道。

（3）对如何成功实施 I－VMI 模式，提出了具体的实施步骤以及在实施中要面临的一些要点，为在实际中的成功实施打下了可靠的基础。

（4）以北京诺基亚星网国际工业园为例，对 I－VMI 模式在实践中的具体应用进行了例证分析。

1.3.2　基本思路

本篇研究首先分析 I－VMI 模式的产生动因，这其中包含现代企业要求更好的管理库存、生产企业的区域集中化趋势、第三方物流的快速发展、零库存理论和 JIT 理论的推动、区域性供应链生产企业圈的出现五个主要原因；然后对 I－VMI 模式的含义进行界定，并指出其可以实现的功能；接着针对 I－VMI 模式进行设计，这其中首先要设计 I－VMI 模式的总流程，然后依次对核心生产企业模块、供应商模块、第三方物流模块和 IT 运作模块进行设计；之后，为了使 I－VMI 模式能在实践中得到顺利的实施，指出具体的实施步骤和实施中需要注意的要点；最后，通过实例分析 I－VMI 模式在实践中的具体应用，并得出结论。本篇研究思路如图 4－1－2 所示。

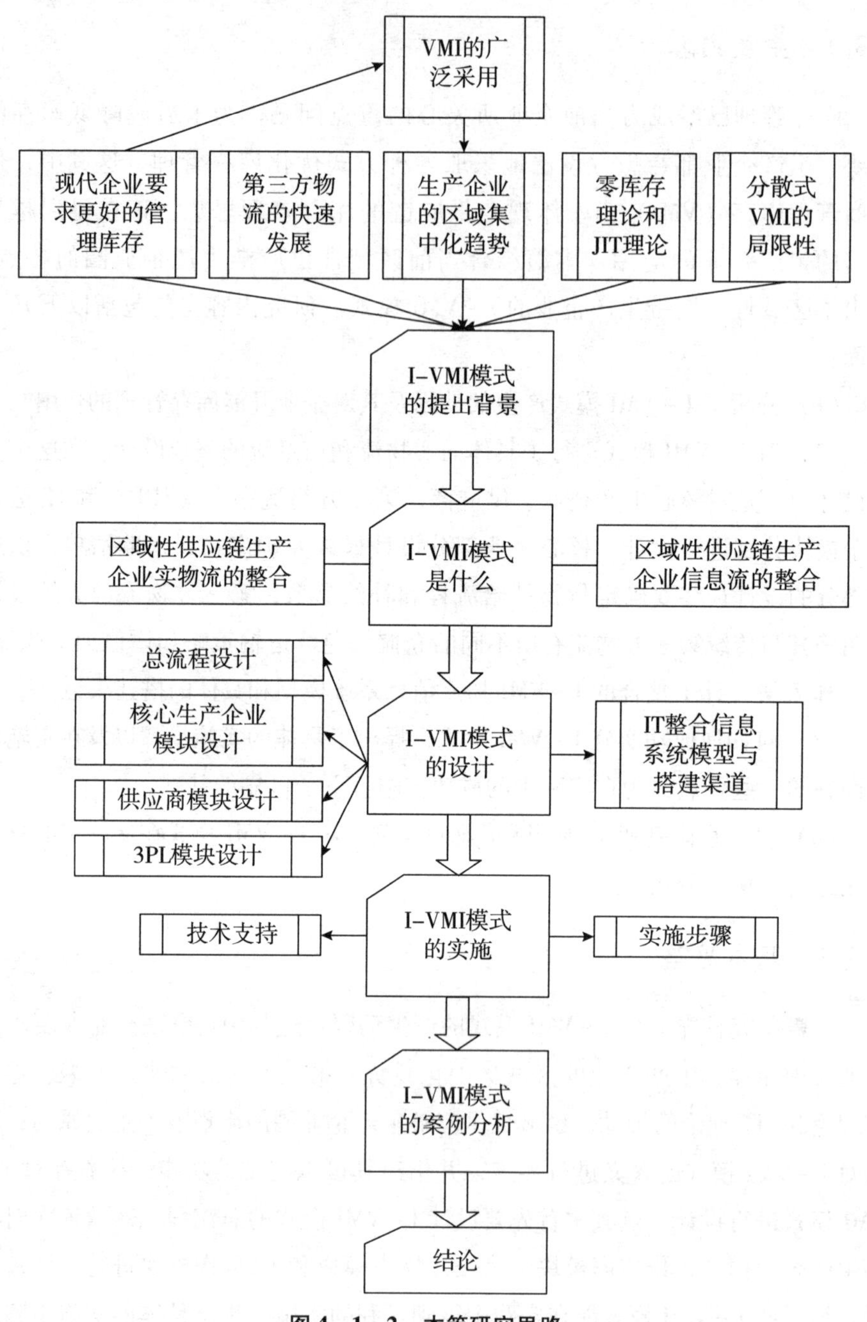

图 4－1－2　本篇研究思路

1.4　研究方法与研究意义

本着“源于实践，高于实践并服务于实践”的原则，本部分研究采用“提出问题、分析问题和解决问题”的方法，在实践中提出需要解决的问题，用理论以高于实践的角度来分析问题，最终用研究成果来指导和服务于实践。

本篇提出的区域性供应链生产企业的供应商管理库存整合模式（I－VMI）在第三方物流的参与下，实现了区域性供应链生产企业实物流和信息流的双向整合，它将大大地减少供应链相关企业的库存管理费用，缩短供应链快速响应时间，提高企业的核心竞争力。本篇研究的问题来源于实践的需求，所以具有很高的现实指导意义；此外，本篇研究的内容也具有鲜明的创新性，因此也具有较高的理论意义。

1.5　创新之处

本篇研究的创新之处主要体现在以下几个方面：

第一，在前人研究的基础上，基于 VMI 理论，结合区域性供应链企业的特点，提出了一种新的库存管理模式——区域性供应链生产企业的供应商管理库存整合模式（I－VMI）。这种模式以 VMI 理论为基础，在第三方物流的参与下，实现了区域性供应链生产企业实物流和信息流的双向整合，它将大大地减少供应链相关企业的库存管理费用，最终实现降低供应链成本的目标。

第二，I－VMI 整合模式创新的通过统一的自动补货决策系统将核心生产企业、多级供应商和第三方物流企业衔接起来进行自动补货决策，有效的弱化了供应链“长鞭效应”，降低了供应链库存。

第三，针对 I－VMI 整合模式中第三方物流企业部分功能的改变，本篇对其仓储储位进行了创新设计，提出了新形势下的整合性运输策略、直接转运策略和流通加工职能。

第四，建立了基于 Internet/ Intranet 的 I－VMI 信息系统模型。它是一个将核心企业、3PL 物流中心和各级供应商紧密联系在一起的双赢系统。

1.6 相关概念界定

（1）区域性供应链生产企业的概念。区域性供应链生产企业是I-VMI模式研究的实体企业。它包含三方面的内容。第一，它指的是生产企业，也就是说，实际上本篇研究的主体企业是供应链上游的生产企业，而不是供应链下游的商品流通企业，如超市、百货店等；第二，供应链生产企业说明的是这些生产企业存在一定的供应链从属关系，也就是说他们的产品都是最终产品的配套组成部分；第三，区域性供应链生产企业是在前面两点之上，特别强调了地域性的特点。之所以强调地域性是因为VMI的不断应用促使了生产企业呈现地域性分布的特征，这种区域性从地域上讲可能比较大，比如临近省域间、市域间，也可能只在一个小范围之内，比如某个工业园等，但是，在这个区域内必须保证便于运输、存储等一系列物流功能的实现，这一点也是本篇研究的实际意义之处。

（2）VMI的分散模式与整合模式。从生产企业VMI实践的状况看，主要是分散式VMI。分散式VMI体现在即使在同一个供应链中，不同的供应商分别与其客户开展各自的VMI，这样一来整个供应链容易出现信息孤岛现象，供应链没有达到充分的信息共享。此外，也很难实现相关的物流整合，表现为在物流的实践中，仍然采取不同的运输或仓储主体。VMI的整合模式，也就是本篇所提出的区域性供应链生产企业的供应商管理库存整合模式（I-VMI）则是针对目前的区域性供应链生产企业的现状，提出的一种整合了VMI的信息流和实物流的库存管理模式。

（3）生产领域VMI与销售领域VMI。VMI的本身是一种库存管理模式，它涉及的范围可以区分为生产领域VMI与销售领域VMI。生产领域VMI指的是以供应链链主——核心生产企业为中心向其上游延伸的原材料VMI体系，各级供应商主要为其客户提供生产原材料或者零配件，为最终核心生产企业的生产或组装做准备。在这一环节，目前的趋势是呈现出分散式VMI的现状。但是，正像上文所指出的，分散式VMI存在着很大的改善空间，这正是本篇提出I-VMI的动因。销售领域VMI指的是从核心生产企业出发，向其下游供应链延伸的成品商品的销售库存体系。这一部分，主要体现在核心生产企业对中间商、物流中心和零售商开展VMI，达到缩减下游供应链成品库存的目的。

（4）第三方物流与VMI的联系。第三方物流（Third Party Logistics，TPL，3PL），国外常称之为契约物流、物流联盟或物流外部化，就是物流管理的代理企业（物流企业）通过契约为供应方和需求方提供物料运输、仓库存储、产品配送等各项物流服务的一种物流服务模式。第三方物流是处于供应方和需求方之间的连接纽带，处于流通的中间环节，它提供了一体化的物流服务，属于中间流通企业。图4－1－3的是第三方物流为供应方提供运输、配送、保管的物流服务，为需求方提供运输的物流服务。

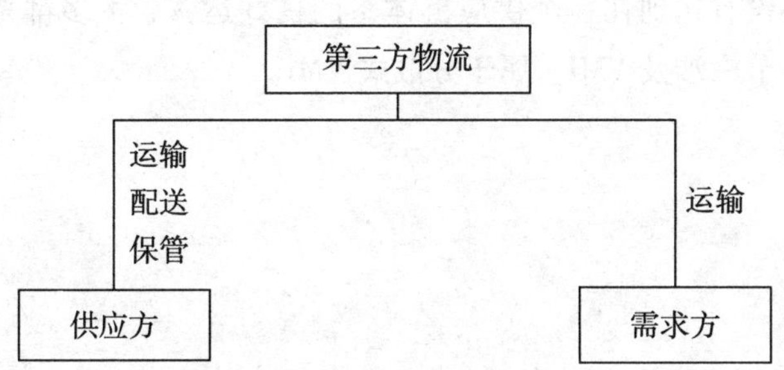

图4－1－3 第三方物流功能

由于VMI正在被更多的企业所采用，所以无论是供应链上游的供应商与生产企业之间，还是供应链下游的供应商与批发商/零售商/消费者之间等势必渴望更多地采用VMI库存管理模式。与此同时，无论是供应商也好，生产商也好，为了使自己能够更加专注于自身的核心竞争力的提高，运输、仓储等业务已经更多地采取外包的方式，这就为3PL的发展带来了更多的机遇与挑战。一方面，如果3PL企业能够顺势同客户协调应用好VMI，通过VMI满足客户对库存的要求，达到诸如JIT、QR等经营效果，使供应链最优化管理得以充分实现，使企业更加专注于自己的核心能力，那么必然为其带来更多的利润空间和更广阔的发展前景；相反，如果3PL企业不能快速适应客户对VMI的需求，必然在未来的发展中受到严重阻碍。图4－1－4展示了3PL在供应链中开展VMI的途径。

在本篇的研究体系中，我们所关注的正是原材料VMI系统中3PL所开展的各项功能。尽管在这一体系中，近些年来已经有很多国内外的3PL企业开始涉及，比如中外运、中国物流公司、百灵顿公司等，但是，从目前的情况

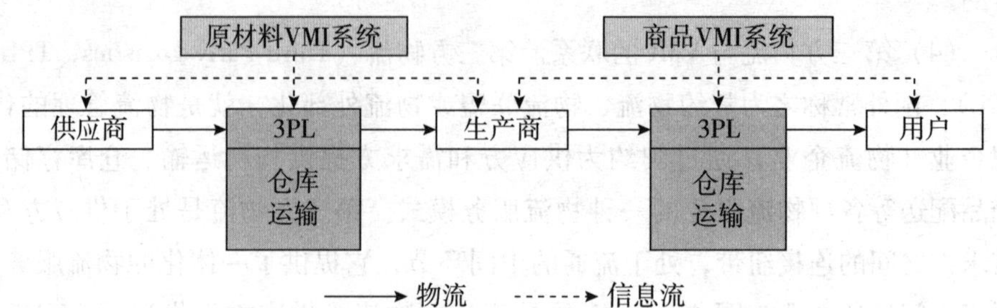

图 4-1-4 3PL 运用 VMI 在供应链中的实施模式

来看，他们还没有达到在一个供应链体系的良好运营，大多都是针对某一企业或者某一环节来涉及 VMI，属于分散式 VMI。

2　I－VMI 整合模式的提出

2.1　I－VMI 模式的产生动因

2.1.1　现代企业对库存管理提出了新的要求

存货是企业在经营过程中为销售或生产耗用而储备的资产，包括库存中、加工中和在途的各种原材料、燃料、包装物、产成品以及发出商品等。企业为了保证生产经营过程的连续性，必须有计划地购入、耗用和销售存货。存货管理的基本目的是，在对顾客承担义务的同时实现最大限度的流通量。

传统的库存管理希望解决的基本问题是：何时订货和订多少货，旨在“保障供应而储备量最小”。而现代的库存管理关注的重点则增添了“在哪里存货、存什么货、货物种类及仓库如何搭配”等新内容，其根本目标是谋求“通过适量的库存达到合理的供应，使得供应链总成本最低”。可以说，现代企业运作对库存管理提出了更高的要求，管理者必须保证企业物料的供应和产品的分配像流水线一样顺畅，使库存周转迅速。

企业经营环境的变化对业务运作产生了极大影响，库存管理也呈现出许多新特点：产品系列化、多样化导致库存水平的上升。这主要是客户对产品个性化需求的日益强烈而造成的。过去企业产品单一，根据预计的销售量，即可确定相应的周转库存和保险库存。如今，随着用户对个性化产品需求的增强，企业产品花色品种增加，为每种产品保持库存将导致企业总库存大大上升。存货形式的多样化加大了库存管理的难度。

各个企业独自为政，造成整个供应链上的库存积压和相应的资金占用。具体表现在，由于市场波动大以及供应商与客户在某些利益上的冲突，导致商品价格的不稳定。很多供应商为了以大量的订单取得谈判的优势以及赢得较大的折扣，不惜以大量的库存来换取这样的利益。但这样的做法对于供应商在只关注自己的利益时或是配套产品很畅销时或许有好处，对整个的供应链生产企业贡献不大，甚至会削减供应链利益。

2.1.2　零库存和 JIT 理论是提出 I－VMI 的理论依据

零库存理论和 JIT 的发展，为企业的生产、配送、销售以及库存模式带来了巨大的变化。也正是在这样的理论和管理模式下，支持和促进了 I－VMI 库存管理模式的提出。

（1）零库存理论。由于过量的库存被认为是掩盖企业管理中诸多问题（例如资金周转慢、产品积压等）的“万恶之首”，因此很多企业认为，如果在采购、生产、物流、销售等经营活动中达到所谓的零库存，就将解决企业管理中的大部分问题，进而零库存便成了经营管理中一个不懈追求的目标。VMI 所谓的零库存，是指物料（包括原材料、半成品和产成品等）在采购、生产、销售、配送等一个或几个经营环节中，不以仓库存储的形式存在，而均是处于周转的状态。但是，就 VMI 的实质而言，我们已经发现了 VMI 的实施并没有达到真正的零库存，针对生产企业供应链而言，我们只能从理念上姑且认为 VMI 模式的客户的库存达到了零库存，但是，其供应商，尤其是供应链的多级供应商并没有达到零库存。为此，我们迫切需要一种能够真正降低整个供应链库存的库存管理模式。

（2）JIT 采购。I－VMI 的出现和相应的管理学的发展是分不开的。其中 JIT 采购方式是其发展的积极原因之一。准时制生产方式（Just in Time，JIT）作为一种生产哲学，被证明是一种强有力的竞争手段。经过几十年的努力，丰田汽车公司把密集的工业工程与开明的人力资源政策相结合，形成和发展出了 JIT 生产方式，并在这期间脱颖而出，成为高质量、低成本的汽车产业的世界领导者。准时制生产方式的名称源自于该系统中一些最显著的特征：几乎没有库存而运转的工厂、作业经过精细的同步化使材料仅在需要的时候到达。准时制工厂运行在计划灾难的边缘。任何偏离下述公式的运行都将导致计划的中断：将必要的材料，以正确的数量和完美的质量，在必要的时间送往必要的地点。丰田生产方式的创始人大野耐一指出：企业现有生产能力＝产出＋浪费。JIT 生产哲学就是靠不断地消除浪费，使生产系统的效率和绩效最大化。JIT 生产方式的首要目标就是发现和消除浪费从而降低成本。通过发现和克服潜在的问题从根源消除库存。

JIT 采购寻求将 JIT 的基本原理扩展到与外部供应商的关系方面。JIT 采购要求高质量、小批量的准时供货。成功的 JIT 采购要求企业与供应商建立密切的互利关系。这意味着双方签订的合同往往是长期的，而不是追求最低成本的短期合同。更为重要的是，JIT 需要双方分享流程、设计和质量改进的方法。这样企业和供应商之间就形成了一种同舟共济的关系。

2.1.3　区域性供应链生产企业圈的形成是提出 I－VMI 的前提

I－VMI 模式的提出与 VMI 近些年发展所带来的新趋势有直接的关系。随着 VMI 的推广，越来越多的生产企业从地域上逐渐向其核心生产企业靠拢建厂或者建立仓储中心，以便于开展 VMI。原因不难理解，由于 VMI 的实施要求供应链上游生产企业能够做到提供商品的快速响应和更高的准确度，如此一来，便逐渐形成了供应链生产企业呈现出地域性分布的特色。例如当前全国各地正如火如荼形成的工业园（北京诺基亚兴网工业园、东莞三星工业园等）就是这一趋势的体现。正是这种趋势为 VMI 在信息流和实物流方面进一步的整合提供了空间。

2.1.4　分散式 VMI 的局限性是 I－VMI 诞生的实践需求

我们以区域性供应链生产企业二级供应链为例，说明其分散结构及存在的问题。如图 4－2－1 所示，假设在某区域内的供应链企业存在：核心生产企业 A，其上游中间产品制造商为 a、b，其中，零配件 a 企业的上游元器件供应商为 i、ii。在这种模式下，以中间产品制造商 a 为例，从信息流的角度分析，它与 b 企业共同与核心生产企业 A 开展一个 VMI－A，而它的上游元器件供应商 i 和 ii 又与其开展 VMI－a。中间产品制造商 b 的情况与 a 相似，只不过它要开展 VMI－b。

下面我们分析一下这种分散式 VMI 存在的问题：

（1）"长鞭效应"仍然明显，库存控制不良。在最近几年中，供应链上的核心企业及其供应商所面临的一个重要问题是库存的积压和不断放大的需求之间的矛盾。核心企业对原材料的需求不断被其多级供应商放大，多级供应商的库存和延期交货水平波动很大，形成了供应链上游需求变动程度增大的现象——长鞭效应。这种效应在很大程度上影响着供应商的预测和生产。要协调好供应链，消除长鞭效应尤为重要。图 4－2－2 列举了一个简单的 2 级供应链生产企业在开展 VMI 中产生的长鞭效应。

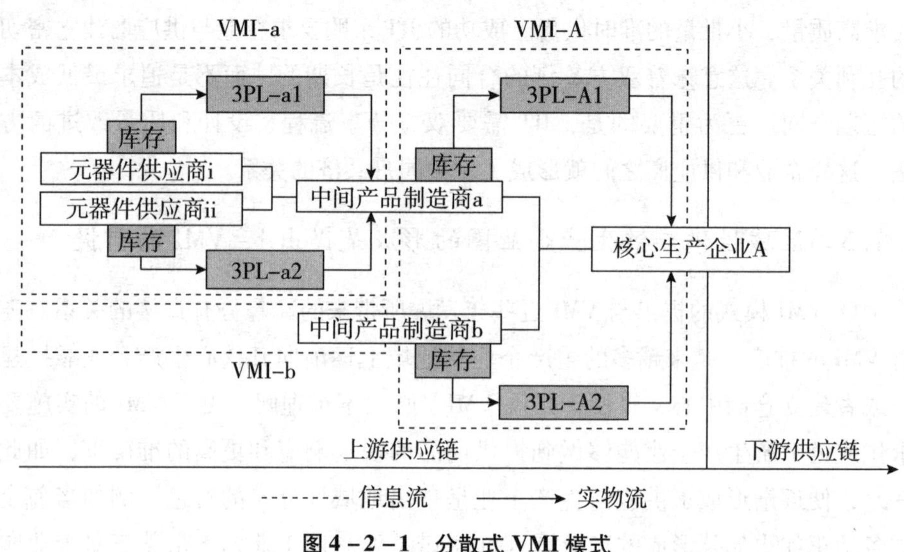

图 4-2-1　分散式 VMI 模式

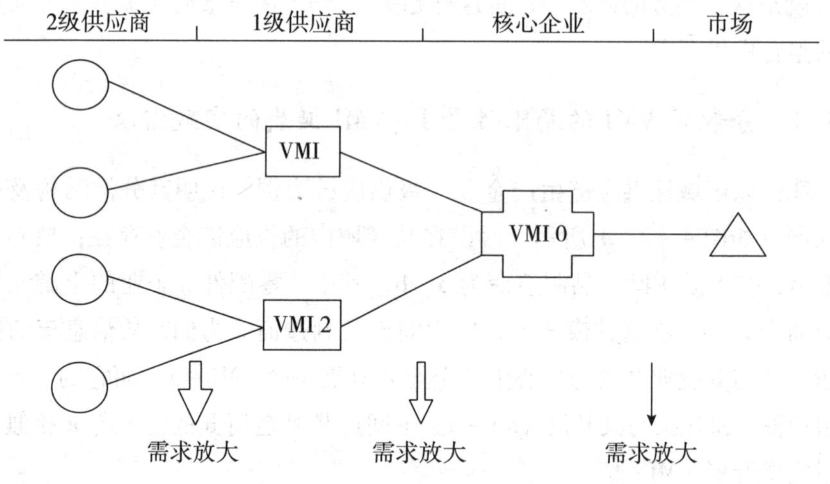

图 4-2-2　VMI 中的长鞭效应

首先，核心生产企业针对市场进行需求预测，这其中体现出了第一次需求放大；接着，当1级供应商监测到核心企业库存变化需要补货时，为了确定这些订单的订货量，1级供应商必须预测核心工厂的需求。如果1级供应商不能获知顾客的需求数据，他必须利用核心工厂已发出的订单来进行预测。因为核心工厂订单的变动性明显大于顾客需求的变动性。为了满足与核心工厂同样的服务水平，1级供应商被迫持有更多的安全库存，或者保持比核心工厂更高的生产能力，需求效应被再次放大。这种分析同样适用于2级供应商，结果导致这些供应链成员尽管采用了 VMI，但是却仍然维持较高的库存水平，从而产生更高的库存成本。

（2）仓储库分散，运行效率低。分散式 VMI 的供应商大多都建有自身仓储库，这些分散的仓储库在很多时候存在效率低下的问题，没有体现集中性的规模效应。

（3）配送主体分散，没有体现整合效应。分散式 VMI 是通过多个物流公司分别为不同的企业提供物流服务，因此无法实现运输配送的整合性策略，因此，存在很大的资源浪费。

（4）存在“信息孤岛”现象。分散式 VMI 的库存管理，由于上游的不同配套主体采用了多个 VMI 系统，因此造成了虽然各个企业都对 IT 投资，但企业 IT 技术应用不统一、标准不统一，整合性不高，存在“信息孤岛”现象。这些都延长了预测和补货的快速响应时间。

2.1.5　第三方物流的发展为 I－VMI 提供了实施保障

除了基于需求物流的拉动技术之外，第三方物流业的发展为 I－VMI 的产生提供了实施保障。在现代的竞争环境下，许多公司都将物流业务，如仓储、配送、运输外包给物流公司，利用物流公司的专业和集中化管理和配送方式，会使供应商的库存管理更加科学，也可以使供应商集中精力开展主营业务。

2.2　I－VMI 模式的含义与功能

2.2.1　I－VMI 模式的含义

I－VMI 整合模式就是在区域性供应链生产企业圈内，将核心企业与其上游诸多供应商通过一个整合的物流信息系统和一个第三方物流中心结合起来联合开展 VMI 的模式。这种模式使上游供应链生产企业的物流和信息流得到了进一步的整合。3PL 对相关供应链生产企业的原材料、零配件和产成品进行集中化仓储管理，并且以 JIT 方式为其提供配送服务，这种模式可以有效地降低供应链库存，节约供应链仓储和运输等管理费用，使供应链得到进一步的优化。I－VMI 模式图如图 4－2－3 所示。

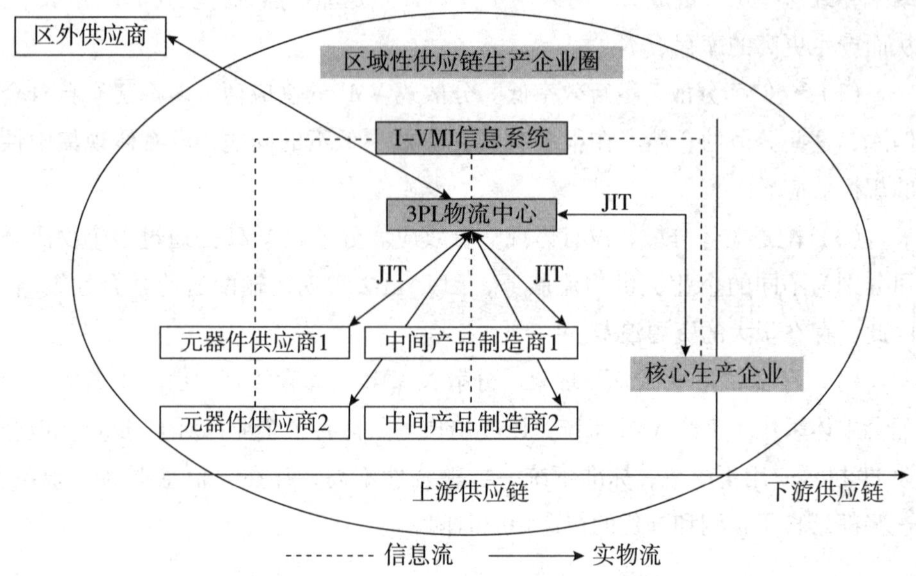

图4-2-3　区域性供应链生产企业的I-VMI模式

具体而言，在信息流方面，VMI模式实现了对以前分散式VMI的信息流的整合，分散式VMI的信息流是相互割据的，不同的供应商针对其客户采取不同的VMI信息系统，如图4-2-1所示。这就使供应链出现了一系列的问题，比如因系统参数的不统一而使系统的通用性降低、仍然存在供应链库存放大现象等。本篇提出的I-VMI系统，使整个相关供应链生产企业的信息得以快速准确的共享，克服了分散式VMI在供应链中信息的零散性，提高了预测和补货的准确性，缩短了快速响应时间，从而，使供应链得到进一步优化，使企业得到更多的利润。

在实物流方面，区域性供应链生产企业的地理位置特征决定了整合分散式VMI的可行性。由于区域性供应链生产企业在地理位置上的集中，因此我们可以通过一个3PL进行相关多级生产企业的配套配货，使装卸更加专业化、效率化；由于运输车辆在供应配套产品之后，可以将该点的产成品运返3PL的仓储中心，因此降低了运输的空载率，进而降低了运输成本；此外，3PL以JIT方式配货给区域性核心生产企业，提高了快速响应速度，使供应链相关企业的库存管理费用得到了降低，不断向零库存发展。

供应链核心生产企业和第三方物流企业是这一体系的推动者。这一点也是I－VMI与VMI不同的一个鲜明的特征。在VMI中，在激烈的供应商竞争中，供应商为了满足其客户的对快速响应的要求，会主动向其客户生产企业靠拢建厂或建仓库；在这一趋势被更广泛地推广后，为了加快供应链响应速度，核心企业将推动其相关的供应商进一步进行更深入的信息流和实物流的整合，以期达到优化整个供应链，降低供应链库存、提高快速响应速度的目的。第三方物流企业在这其中也起到了重要的推动作用。

2.2.2　I－VMI模式的功能

通过信息流的整合，I－VMI模式可以实现以下功能：

（1）增强供应链库存的透明性，提高了快速响应速度。由于整个上游供应链生产企业都通过I－VMI的信息系统实现信息共享，所以，这将很大程度上增强各个节点企业的库存透明性，减小了“长鞭效应”，从而为供应商的库存补给决策提供更为准确的依据，同时也提高了它们应对各种变化的能力，缩短了快速响应时间。

（2）减少系统建设投资。以往对实施VMI的企业来说，由于不同的供应商与其客户采用不同的VMI系统，因此，都需要投入大量的系统建设费用，可以说是耗费了大量的人力和财力。在实施了I－VMI之后，由于采用唯一的信息管理系统，很显然整个上游供应链的生产企业的信息系统建设费用将大大减少。

（3）实现了系统的标准化，提高了信息传递的准确性。以往分散的VMI系统的标准得不到统一，造成了信息传输效率低下的问题。但是，I－VMI信息系统在这方面可以使信息的标准化程度得到极大的提高，从而提高了信息传递的准确性。

（4）通过应用I－VMI，供应商能够更好地控制订货点的前置时间。因此，降低了对安全库存的需要。同时，供应商通过频繁的监控各种基数的信息，使得安全库存的数量也得到了降低。这些因素都对降低库存起到了明显的作用。

（5）减少缺货成本。供应商保持对客户库存运动的监控，并且承担着提供产品的责任，这将导致客户缺货成本的减少，从而增加了末端客户的满意度。

通过实物流的整合，I－VMI 模式可以为供应链企业带来如下效用：

（1）降低仓储保管费用。I－VMI 模式的实物流整合使原来分散的仓储业务得到了充分的整合。第三方物流的集中仓储更加专业化，它提高了整个供应链的仓储保管效率，降低了各级供应商的库存保管费用。

（2）降低了运输空载率和运输成本。I－VMI 模式中，由于运输车辆运载的都是相关产品（配件或者原材料），所以，当一种配件产品完工并要求 3PL 配送时，3PL 在来的时候将带来其所需的配件或者原材料，而返程时将会把它的产成品直接运走，这样一来，3PL 在这个运输途中将会基本保持满载，从而降低了运输的空载率，也进而降低了运输成本。

（3）提高装卸效率，使之合理化。装卸效率的提高在很大程度上也是因为运输物品的相关性。由于相关物品存在生产或组装的顺序性，因此就要考虑到装卸的顺序问题。合理的装卸顺序将大大地节省人力和物力。

（4）路线合理化。通过 I－VMI 模式的整合性运输策略，3PL 的运输路线得以合理化，从而降低了重复运输、曲线运输等运输费用。

（5）实现 JIT 配送，提高快速响应能力。实物流的整合能够使区域内配送业务的响应能力得以极大的提高，进而促进了 JIT 配送的实现。JIT 提高了整个供应链的运输效率，降低了供应链相关企业的成本。

（6）降低供应链企业的补货点，进而减少了安全库存。由于采用了第三方物流企业的专业化的 JIT 配送和合理化仓储，I－VMI 模式下的商品流动性高，因此供应商可以降低供应商品的补货点，不必如同以往那样保有大量的安全库存以备客户之需。

2.3 I－VMI 模式与其他库存管理模式的联系与区别

在供应链管理环境下，库存策略主要有合计预测与补给（Aggregate Forecasting and Replenishment，AFR），供应商管理库存（Vendor Managed Inventory，VMI），联合库存管理（Jointly Managed Inventory，JMI），多级库存控制，合作计划、预测与补给（Collaborative Planning，Forecasting and Replenishment，CPFR）等。它们之间的比较如表 4－2－1 所示。

表4－2－1　　I－VMI模式与其他库存管理模式的比较

库存策略	特　点	在我国的采用情况
AFR	贸易伙伴交互作用中应用最广泛的方法，采用制造商推动供应链的方法。缺乏集成，高库存低满足率	使用者减少
JMI	零售商与供应商指派专业小组协调补货和供应链的其他合作，强调双方同时参与、共同制订库存计划，解决需求放大现象，集中型的库存控制系统；建立和维护成本较高	我国现阶段很难开展
多级库存控制	所有库存控制点的控制参数同时决定，考虑各个库存点的相互关系，通过协调获得供应链全局性优化与控制	供应链的层次多时，在管理上协调的难度大
CPFR	最新供应链管理技术，供应链中的各方利用各自优势紧密合作以取得最佳整体供应链管理效果的方式	需要整个行业的合作，我国现阶段很难开展
VMI	是局部优化的供应链模型。应该与其他库存策略相结合。推动主体是生产企业或其客户	缺乏集成。使用者增加，但有待改善
I－VMI	针对越来越多的生产企业呈现地域性的特点，在VMI的理念基础之上，以区域性供应链生产企业为目标的一种库存管理模式。它比JMI和CPFR更容易实施，针对我国生产企业的现状效果也会是明显的。推动主体是核心生产企业	增强了系统的集成度，适应当前我国企业现状，企业正在引入

3 I－VMI 模式的方案设计

3.1 I－VMI 模式的设计原则

（1）适用性。I－VMI 模式必须符合区域性供应链企业的现实需要，满足其降低库存、提高快速响应速度等的需求，能够切实地解决企业所关心的问题。

（2）先进性。当前先进理念不断出现，信息技术更是加快更新，为此，I－VMI 的构建需要吸收当前的先进理念，并且充分应用高新技术，从而适应当前的需要。

（3）经济性。在整个 I－VMI 的建设中，尽量减少资金的投入，降低相关区域供应链生产企业的建设成本。在信息系统的建设中，需要在软硬件系统选型时，进行充分的市场调研和性能比较，采用性能/价格比较高的产品。既要注意避免盲目追求高性能而造成系统处理能力的过分冗余，又要防止系统处理能力不足、可扩展性不强而无法适应办公业务的发展。盲目追求高性能或片面追求廉价而忽视系统的可扩展性的投资，两者都将造成资源的浪费甚至影响业务的正常开展。

（4）可扩展性。整个模式，应处于开放状态，保证可以接纳新的供应链合作伙伴的加入。这一点很重要，由于 I－VMI 模式的实现是一项系统工程，所以，在建设的初期其信息系统必须为以后的新合作伙伴留有接口，具备可扩展性。

（5）可行性。方案的设计必须保证最终的可行性。在信息流的设计中，要考虑到现行的生产企业现状，比如可能有的企业已经在运用 ERP 等相关管理软件，这就要考虑 I－VMI 系统的兼容性问题，保证可行性；在实物流的设计中，第三方物流中心的运转管理更要考虑到可行性。

3.2　I-VMI 模式的流程设计

I-VMI 模式的运行流程体现在三个大方面：即核心生产企业、3PL 物流中心和各级供应商。如图 4-3-1 所示，这三个方面要分别实现以下的功能，即核心生产企业物料采购清单的确定、3PL 物流中心的仓储和运输管理、供应商的库存补给策略。下面，我们从这三个大方面分三步阐述 I-VMI 的流程。

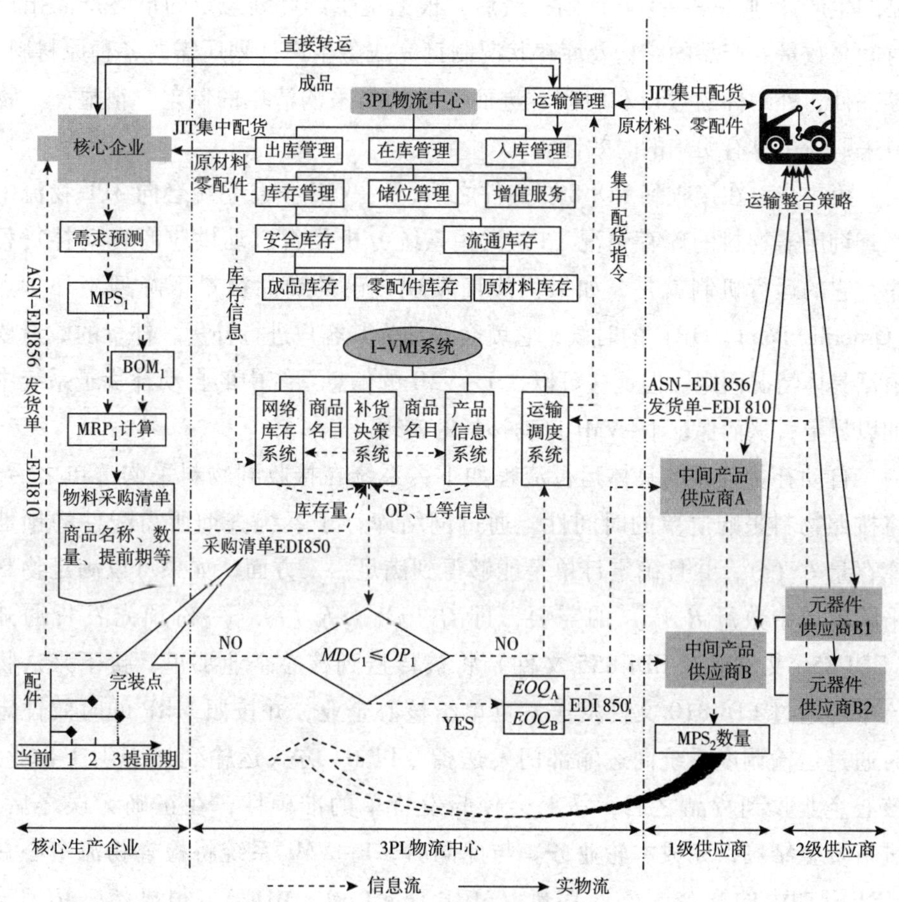

图 4-3-1　I-VMI 模式的功能与流程

第一步，核心生产企业实现物料采购清单的确定。近些年，MRP 已经在现代生产企业的生产领域得到了广泛的应用。尽管 MRP Ⅱ、ERP 甚至 ERP Ⅱ 在不断兴起，但是，它们的生产理论的核心仍然是 MRP。为了具有实践性，

I－VMI模式的核心生产企业就是要根据 MRP，根据需求预测制订出主生产计划（MPS），进而根据物料清单（BOM），到最终确定出物料采购清单。这其中，EDI 是实施 I－VMI 所不可缺少的一个重要部分，它在数据通信的过程中起到非常重要的作用，制定的这个采购订单将被通过 EDI 850 文件的形式传输给 I－VMI 信息系统。物料采购清单的确定流程如下：根据市场需求预测、已签订的订单以及相应的约束条件（如劳动力、可用原材料、现有库存、生产能力、外协能力等）制订出综合计划；然后，根据综合计划制订针对最终产品的生产计划——主生产计划；最后，根据主生产计划规定的最终产品出产时间与数量、产品的结构及库存状况制订完成主生产计划所需的各种原材料、零部件、外购件的数量和时间，进而完成物料采购清单的制定。很显然，物料采购清单具有明确的时效性。

第二步，在接收到 EDI 850 文件之后，I－VMI 信息系统会向 3PL 物流中心查询所需物料的库存情况。I－VMI 系统分析是否启动供应商自动补货程序。它的运行机制就是，如果供应商发现自己的商品数量下降到了补货点（Ordering Point，OP）的时候，它就会自动为其客户进行补货。补货的数量要根据具体情况而定。但这些可以在 I－VMI 的信息系统中的自动补货子系统中加以界定，从而保证 I－VMI 自动补货的实现。

自动补货程序的具体运行流程如下：系统在接收到物料采购清单之后，将按照物料采购清单的时间性，通过网络库存子系统查询所需配件的预期库存量 $C(t)$，并且确定订单是能够得到满足。一方面，如果可以满足物料采购清单中数量 $R(t)$ 的需要，即 $C(t) \geqslant R(t)$，一份预先发货通知（EDI 856 文件或者 EDI 855 文件）将被传送到核心企业那里。接下来，物流中心通过 EDI 810 文件发送发货单给核心企业，并按照 MRP 的时效性定时通过运输调度系统向运输部门发送指令以 JIT 方式运输到核心生产企业。核心企业收到货品之后，马上会校验发货单的准确性，在正确无误之后，进行资金结算，完成本轮业务。与此同时，I－VMI 系统将检查物流中心在 MRP 预期内的剩余配件库存量（MRP Due Cost，MDC），很显然，$MDC = C(t) - R(t)$。比如，在 MRP 的物料采购清单中提出 3 天后需要 100 个 A 配件，而系统反馈 3 天后当日物流中心的 A 配件的库存量为 120 个，那么 A 配件的 MDC 值就是 $120 - 100 = 20$ 个。接下来便是对 MDC 与 OP 的判断，若 $MDC > OP$，自动补货程序停止运行；若 $MDC \leqslant OP$，I－VMI 补货决策系统的自动补货程序将启动。

自动补货程序启动之后，系统将针对核心企业预期所缺配件的一级供应商，通过产品信息系统提供的相关产品的物料清单（BOM）、产品提前期（L）和补货点（OP）等信息，为其自动产生物料采购清单。这份物料采购清单的时间性是以一级供应商的物料采购清单为基础，但是数量是由经济订货批量模型（EOQ）确定，以确保供应商的库存量达到最低。在客户没有使用供应商产品的时候，尽管这些库存产品在第三方物流中心存放，但是其所有权仍然是供应商生产企业的，因此，保持最低的库存量是供应商的重要目标。本层次的物料采购清单确定之后，自动补货子系统将分析比较，查询是否需要启动这一层次的自动补货程序，当它们的库存也将达到订货点的时候，系统将依次激活相关补货程序，这些补货程序的步骤都如上所述，但是需要 I－VMI 系统循环调用。

另外，如果物流中心的库存量小于预期的需要，即 $C(t) < R(t)$，则 I－VMI 信息系统中的自动补货程序也将启动。只不过，此时的采购数量就不是 EOQ 了，而是 $R(t)$。这种情况一般不容易发生，在供应商备有适量库存，并且采用了订货点方法后，这种情况的概率很小，因此，在本篇中只考虑 $C(t) \geqslant R(t)$ 的情况，图 4－8 中未对 $C(t) < R(t)$ 的情况加以说明。

第三步，物流中心收到客户的确认订单后会根据各级生产企业的物料采购清单进行配送运输，在配送运输的策略中，I－VMI 将采取运输整合的策略，进行集中运输配送，进行合理装卸操作，最终达到节省运力，节约成本和 JIT 配送的目的。在这其中，当客户生产企业在紧急需要供应配件商品的时候，或者因为地理位置问题，也可能出现 3PL 采用“直接转运”的方式开展运输配送服务。

下面几节将针对 I－VMI 模式的运行流程图分别针对核心生产企业、3PL 物流中心、供应商库存策略和 IT 运作进行详细的分析设计。

3.3　I－VMI 模式的核心生产企业模块设计

在 I－VMI 模式中，核心生产企业必须明确物料采购清单，物料采购清单包含核心生产企业所需原料的供应量、供应时间和供应顺序。物料采购清单的确定是 I－VMI 模式的运行起点，它和 I－VMI 模式的补货决策紧密相连，在整个 I－VMI 模式的运行中起到至关重要的作用。但是，要确定物料采购清单，我们必须研究 MRP。因为，作为当今现代生产企业普遍采用的 MRP 是物料采购清单的确定程序，由此可见，MRP 是 I－VMI 模式应用于生产企业的重要研究一环。结合 MRP 的核心企业模块的运行流程如图 4－3－2 所示。

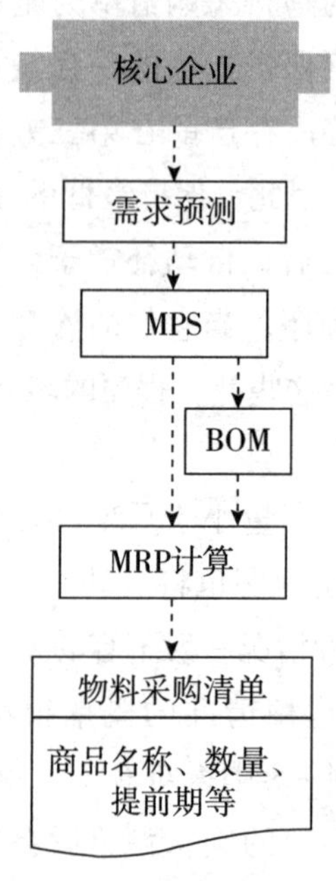

图 4－3－2　I－VMI 模式核心企业模块的运行流程

3.3.1　生产计划与 MRP 概述

生产计划是制定生产产品或服务的活动、过程的命令。在制订生产计划时要对各种生产要素进行反复的综合平衡，从时间和空间上对生产任务做出总体安排，并进一步对生产任务进行层层分解，落实到车间、班组，以保证计划任务的实现。无论是制造业还是服务业，在生产经营中都存在生产运作计划问题。但相比之下，制造企业的生产计划常常会更为复杂。制造企业的生产计划一般来说可由三部分构成：综合生产计划、主生产计划和物料需求计划。

综合生产计划（Aggregatc Production Planning，APP）是对企业未来较长一段时间内资源和需求之间的平衡所做的概括性设想，是根据企业所拥有的生产能力和需求预测对企业未来较长一段时间内的产出内容、产出量、劳动力水平、库存投资等问题做出的决策性描述。综合生产计划的重要性是不言而喻的，从企业角度看，综合生产计划决定了企业产品的交货提前期，以及企业响应市场的能力。因而，综合计划的质量对企业的竞争地位有着重要的影响。

主生产计划（Master Production Schedule，MPS）是确定每一具体的最终产品在每一具体时间段内生产数量的计划。这里的最终产品是指对于企业来说最终完成、要出厂的完成品，它要具体到产品的品种、型号。这里的具体时间段，通常是以周为单位，在有些情况下，也可以是日、旬、月。主生产计划详细规定生产什么、什么时段应该产出，它是独立需求计划。主生产计划根据客户合同和市场预测，把经营计划或生产大纲中的产品系列具体化，使之成为展开物料需求计划的主要依据，起到了从综合计划向具体计划过渡的承上启下作用。主生产计划确定后，下一步的任务是保证主生产计划所规定的最终产品所需的全部物料，以及其他资源在需要的时候得到供应。

物料需求计划（Material Requirements PLanning，MRP）是计算生产最终产品所用到的原材料、零件和组件的以计算机为基础的生产计划与控制系统。它根据总生产进度计划中规定的最终产品的交货日期，规定必须完成各项作业的时间，编制所有较低层次零部件（构成最终产品的装配件、部件、零件）的生产进度计划，对外计划各种零部件的采购时间与数量，对内确定生产部门应进行加工生产的时间和数量。当作业不能按时完成时，MRP 系统可通过重新计算，对采购和生产进度时间与数量加以调整，使各项作业的优先顺序符合实际情况。我们知道，物质资料的生产是将原材料转化为产品的过程。对于加工装配式生产来说，如果确定了产品出产数量和出产时间，就可按产品的结构确定构成产品的所有零件和部件的数量，并可按各种零件和部件的生产周期，反推出它们的出产时间和投入时间。物料在转化过程中，需要不同的制造资源（机器设备、场地、工具、工艺装备、人力和资金等），有了各种物料的投入出产时间和数量，就可以确定对这些制造资源的需要数量和需要时间，这样就可以围绕物料的转化过程来组织资源，实现按需准时生产。MRP 要求作业管理人员知道：主生产计划（生产什么、何时生产）；规格或物料清单（怎样生产）；库存的有效性（库存是哪些）；未到货的订单（订购了哪些)；确定生产周期（获得各种配料、配件所需的时间)。MRP 可有效地降低库存，提高生产效率，提高及时交货服务水平。MRP 系统在美国、日本等国家得到了成功的运用，有着独特的优点。

3.3.2 核心企业物料采购清单的制定

核心企业的物料采购清单是由一系列步骤来确定的。下面我们逐步阐述。

（1）制定 MPS。主生产计划是一个综合性计划，是 MPR 的主要输入，是 MRP 运行的驱动力量。同时，在 I－VMI 模式中，它也是核心生产企业上游供应商安排各自生产计划的基础。MPS 将确定最终产品的出产时间和出产数量。产品的需求量可以通过用户订单和需求预测得到。主生产计划在确定时，需要多种输入，如财务计划、消费需求、设备能力、劳动生产率、库存动态、供应商状态以及其他条件。主生产计划的对象是最终产品，主要指按独立需求处理的产成品。它可以是一件完整的产品，也可以是一个完整的部件，甚至是零件。

MRP 中的主生产计划所体现的产品出产进度，要求以周为计划时间单位。为了适应 MRP 的要求，产品出产进度计划也应以周为计划时间单位。MPS 中规定的出产数量可以是总需要量，也可以是净需要量。如果是总需要量，则需扣除现有库存量才能得到需要生产的数量；如果是净需要量，则可按此计算出下层零部件的总需要量。一般来说，在产品出产计划中列出的为净需要量，即需要生产的数量。因此，由顾客订货和预测得到的总需要量不能直接列入产品出产计划，还应扣除现有库存量，算出净需要量。

MPS 的计划期间即计划覆盖的时间范围，一定要比最长的产品生产周期长。否则，得到的零部件投入出产计划不可行。产品出产计划的滚动期应该同 MRP 运行周期一致。若 MRP 每周运行一次，则产品出产计划每周更新一次。

（2）制定 BOM。物料清单（Bill of Material，BOM）也称产品结构文件，它是生产某最终产品所需的零部件、辅助材料或材料的目录。它不仅说明产品的细节情况，而且也要表明产品在制造过程中经历的各个加工阶段。它按产品制造的各个层次说明产品结构，其中每一层次代表产品形成过程中的一个完整阶段。物料清单与物资消耗定额不同，它不但要反映产品生产所需各种物料的数量，还要确切地反映出产品的制造方式。

在产品结构文件中按产品制造的各个阶段将产品分解为若干个装配件。某几种零件组装在一起形成一个装配件，该装配件在更高层次上用以组装另一装配件（又称母体装配件）。我们将组成产品的所有装配件、零件及原材料统称为“零件”，而不论是外部供应的或内部制造的。物料清单列出了所有子装配件、中间件、零部件和原材料，它用来连接 MPS，以列出要发的采购需求和产品订单。

（3）MRP 运算。MRP 运算是 MRP 系统的一个重要功能。MRP 系统的基本运算主要有三个环节：一是在需求的层次上按产品结构关系分解；二是在需求的时间上按订货周期从最终产品的交货期起，一步一步向前倒推；三是在求出各零部件的总需求的基础上，根据库存状况算出净需求，决定订货日期及数量。这些环节是同时进行的。

（4）确定物料采购清单。在 BOM 确定之后，借助 MRP 计算，核心生产企业就可以结合现有的库存情况，首先计算出单个零配件的净需求量，并制订计划订货到达量和计划发出订货量。最后，汇总所有零配件的这些要素，制定出最终的物料采购清单。

3.4　I－VMI 模式的供应商模块设计

3.4.1　I－VMI 模式的供应商补货系统——定量订货自动补货系统

自动补货系统是对商品补货/订货进行辅助管理的系统。其主要目的是：通过科学订货来减少不良库存、防止商品卖丢、节省人力资源。自动补货系统可以防止不良库存产生。随着信息系统在现代商业中的广泛运用，销售数据被记录下来，自动补货成为可能。微机除了有人工所不能比拟的速度和准确率，还有根据相关参数自动分析销售数据的能力，并将其整理成可供参考的销售趋势指数，再运用到计算合理库存数量中去，对库存自动预警，高效并自动生成订单。更何况使用自动补货系统并不是完全依赖机器，特殊情况下的人工修正完全可以解决问题。而自动补货系统并不是仅仅把人工订货转换成了微机程序，它的重要意义在于可以防止这种由于人为原因造成的订货偏差。因此，作为能够防止不良库存出现的自动补货系统在 I－VMI 模式中得到了采用。

此外，库存控制的基本方式有两种，即连续观测库存控制系统（固定量系统）和定期观测库存控制系统（固定间隔期系统）。由于在 VMI 体系中，供应商需要时刻都监测其客户的库存情况，以便作出快速响应，为其提供及时快捷的商品供给，而这一理念在 I－VMI 系统中仍然需要实现，所以在 VMI 系统中采用的连续观测库存控制系统（定量订货系统）在 I－VMI 中也仍然得到了采用。

所谓定量订货法补货系统就是指当库存量下降到预定的最低库存数量（订货点）时，按规定数量（以经济批量 EOQ 为标准）进行订货补充的一种库存控制方法，如图 4－3－3 所示。

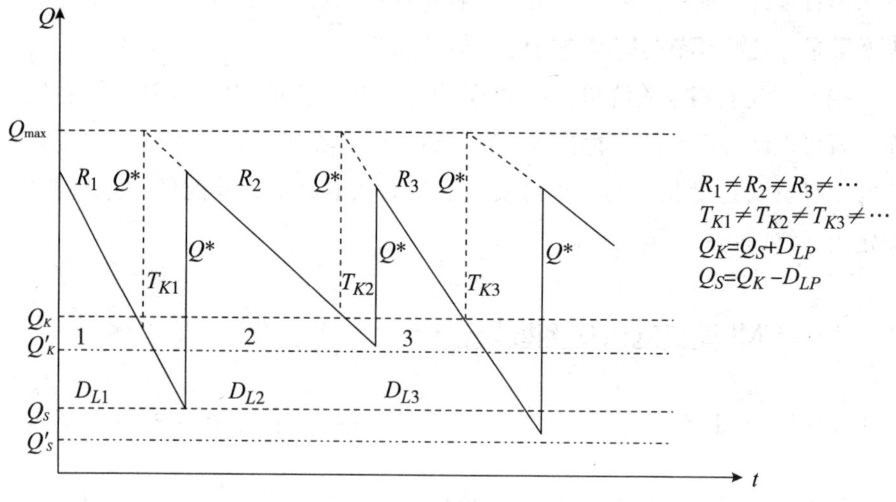

图 4－3－3　定量订货法示意

假设实施订货点控制技术之前，已确定订货点为 Q_K、订货批量为 Q^*。其中，Q_K由安全库存 Q_S和提前期平均需求量 D_{LP}两部分组成，$Q_S = Q_K - D_{LP}$。

在系统开始运转时，从零时刻开始，每天检查库存，假设在第一个周期，随着销售的进行，库存量以 R_l的速度下降，当库存下降到 Q_K时，就发出订货，订货批量为 Q^*。随后进入订货提前期 T_{K1}。提前期 T_{K1}结束时，消耗的库存商品数量为 D_{L1}，使库存水平下降到最低。这时所订商品到达，实际库存量一下上升一个订货批量 Q^*，达到高库存。然后进入第二个周期的生产。

第二个周期的消耗速率为 R_2，库存下降到 Q_K时，又发出订货，订货批量为 Q^*，随后进入第二个订货提前期 T_{K2}，提前期 T_{K2}结束时，消耗的商品数虽为 D_{L2}，使库存水平又下降到最低。这时新订的商品到达，实际库存量一下又上升一个 Q^*，又达到高库存；然后进入第三个周期的生产……不断循环下去。

这里假设的是随机型生产需求，即假设 $R_1 \neq R_2 \neq R_3 \neq \cdots$，$T_{K1} \neq T_{K2} \neq T_{K3\neq}\cdots$，因而提前期销售量 $D_{L1} \neq D_{L2} \neq D_{L3} \neq \cdots$，各个提前期需求量进行平均就是 D_{LP}。如果是确定型生产需求的情况，即 $R_1 = R_2 = R_3\cdots$，$T_{K1} = T_{K2} = T_{K3} = \cdots$，因而提前期消耗量 $D_{L1} = D_{L2} = D_{L3} = \cdots$，各个提前期需求量的平均值 D_{LP}就等于每个提前期的需求量 D_{LP}。

由于控制了订货点和订货批量，所以就控制了最高库存水平。名义最高库存（虚线表示）Q_X不会超过 $Q_K + Q^*$，实际最高库存平均不会超过 $Q_K + Q^* - D_{LP}$。系统运行对于用户需求的满足水平主要决定于安全库存量大小的设置。根据库存满足率来确定安全库存的数量。库存满足率越高，安全库存越高，则库存满足水平越高。

在 I－VMI 模式中，由于库存的透明与共享，因此，Q'_K和 Q'_S相应地也得到了减少。图 4－3－3 中 Q'_K和 Q'_S描述了变化后的补货点和安全库存的变化。

采用定量订货法必须预先确定订货点和订货批量。下面，我们将来分析这两个参数。

3.4.2　I－VMI 模式供应商的补货参数

1. I－VMI 模式供应商的补货点

在 I－VMI 模式中，供应商的补货点，也就是其客户生产企业的订货点，只不过在此时是由各级供应商来监控和自觉实施商品补货。下面，我们将研究补货点/订货点的确定。

（1）确定补货点的原则。补货点，就是发出补货的时机。在定量订货法中，是以库存水平作为参照点的。当库存下降到某个库存水平时供应商就开始补货。把发出补货时的这个库存量水平叫做补货点。补货点根据以下三个因素而确定：补货提前期时间，指从发出补货到所补货物运到并入库所需要的时间长度，这个时间期内的消耗量叫做补货提前期销售量，或称为补货提前期需求量。另外两个因素是平均需求量和安全存量。

(2) 补货点的计算。按需求和进货期时间情况的不同，补货点的计算方法可以分为需求和订货提前期时间固定不变，需求和订货提前期时间有两种变化情况。在I－VMI模式中，由于其相关企业均是供应链配套生产企业，所以，我们可以认为，需求是可能变的，但提前期由于供应链的合作性的原因，所以是基本不变的。在这种情况下，也需要考虑安全库存的问题。下面，我们将针对需求改变而订货提前期不变的情况来讨论补货点的确定。补货点见式 (1)，安全存量要用概率和统计方法计算，见式 (2)。

$$\text{补货点} = \text{平均需求量} \times \text{补货提前期时间} + \text{安全存量} \quad (1)$$

$$\text{安全存量} = \text{安全系数} \times \sqrt{\text{最大补货提前期时间}} \times \text{需求变动值} \quad (2)$$

公式中的安全系数是为了应付需求量的变动而设的一个系数，它取值的大小是根据商品的重要程度和在100次补货中存货可能短缺几次（即缺货概率）而确定。在订货中甘愿冒缺货次数多的风险（如30.6%，相当于3.3次，四舍五入为三次订货可有一次缺货，表4－3－1所列次数的尾数均已四舍五入)，安全系数就小些；反之，安全系数就大些。当缺货概率一经确定，就可查表4－3－1得到安全系数的数值。

表4－3－1　安全系数表

安全系数	0.5	0.6	0.7	0.8	0.9	1.0	1.1	1.2	1.3	1.4
缺货概率（%）	30.6	27.4	24.2	21.2	18.4	15.9	13.6	11.5	9.7	8.1
在几次订货中可能发生一次缺货（次）	3	4	4	5	5	6	7	9	10	12
安全系数	1.5	1.6	1.65	1.7	1.8	1.9	2.0	2.1	2.2	2.3
缺货概率（%）	6.7	5.5	5.0	4.5	3.6	2.9	2.3	1.8	1.4	0.8
在几次订货中可能发生一次缺货（次）	15	18	20	22	28	35	44	56	72	122

公式中的需求变动值就是各期需求量（销售量）实际（Y_i）与需求量实际平均数（$\bar{Y}$）之间的标准偏差，可以用以下两种方法计算：

第一种方法，在资料期数（n）较少的情况下，可用公式（3）计算：

$$\text{需求变动值(标准偏差)} = \sqrt{\frac{\sum\left(Y_i = \bar{Y}\right)^2}{n}} \quad (3)$$

第二种方法，在资料期数较多的情况下，可用公式（4）计算：

$$需求变动值(标准偏差) = (最大需求量 - 最小需求量) \times \frac{1}{d_2} \quad (4)$$

d_2是随资料期数多少（在统计学中是所取样本的大小）而变动的常数，可查表4－3－2而得。

表4－3－2　　随资料期数变动的d_2值

n	2	3	4	5	6	7	8	9
d_2	1.128	1.693	2.059	2.326	2.534	2.704	2.847	2.970
$1/d_2$	0.8865	0.5907	0.4857	0.4299	0.3946	0.3698	0.3512	0.3367
n	10	11	12	13	14	15	16	17
d_2	3.078	3.173	3.258	3.336	3.407	3.472	3.532	3.588
$1/d_2$	0.3249	0.3152	0.3069	0.2998	0.2935	0.2880	0.2831	0.2787
n	18	19	20	21	22	23	24	
d_2	3.640	3.689	3.735	3.778	3.820	3.858	3.896	
$1/d_2$	0.2747	0.2711	0.2677	0.2647	0.2618	0.2592	0.2567	

2. I－VMI模式供应商补货量的确定

存货的经济订货批量决策模型有很多种，比如基本的经济订货批量模型、存货陆续供应和耗用情况下的经济订货批量模型、允许缺货条件下的经济订货批量模型、有数量折扣情况下的经济订货批量决策模型、有确定性条件下的经济订货批量决策模型等。但是，针对I－VMI模式而言，由于生产企业都是长期的供应链合作伙伴，因此，基本的经济订货批量模型和存货陆续供应和耗用情况下的经济订货批量模型是其最适合、最常用的库存管理模型。下面，我们将具体分析这两个模型。

（1）基本经济批量模型。订货量通常依据经济批量方法来确定，即是以总库存成本最低时的经济批量（EOQ）为每次订货时的订货数量。

企业每次订货的数量多少直接关系到库存的水平和库存总成本的大小，因此，企业希望找到一个合适的订货数量使它的库存总成本最小。经济批量模型（Economic Order Quantity Model）能满足这一要求。经济批量模型就是通过平衡订货成本和储存成本，确定一个最佳的订货数量来实现最低总库存成本的方法。经济批量模型（见图4－3－4）根据需求和订货提前期等条件确定。

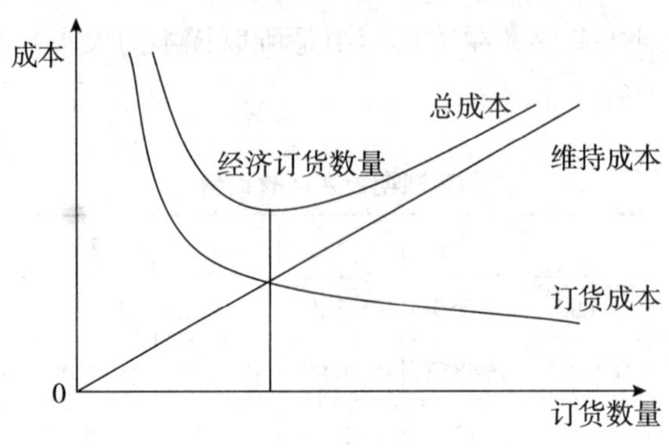

图4－3－4　经济批量模型

经济订货量基本模型需要有以下的假设条件：

①订货提前期固定。

②能集中到货，而不是陆续入库。

③不允许缺货，这是因为良好的存货管理本来就不应该出现缺货成本。

④需求量稳定，并且能预测，即 D 为已知常量。

⑤存货单价不变，不考虑现金折扣，即 U 为已知常量。

⑥企业现金充足，不会因现金短缺而影响进货。

⑦所需存货市场供应充足，不会因买不到需要的存货而影响其他。

设立了上述假设以后，存货总成本的公式可以简化为式（5）：

$$TC = F_1 + D/Q * K + DU + F_2 + Kc * Q/2 \quad (5)$$

当 F_1、K、D、U、F_2、K 为常量时，TC 的大小取决于 Q。为了求出 TC 的最小值，对其进行求导演算，可得出经济批量公式（6）：

$$Q^* = \sqrt{2KD/Kc} \quad (6)$$

这一模式为经济订货量基本模型，求出每次订货批量，可使 TC 达到最小值。F_1为固定订货成本，D 为年需要量，U 为单价，Q 为每次进货量，F_2为存储成本的固定成本，Kc 为存储成本的单位变动成本，K 为每次订货的变动成本。

（2）存货陆续供应和耗用情况下的经济订货批量模型。前面在经济订购批量控制基本模型时，是假设每次订购的材料一次全部入库，陆续耗用的。

因此，材料存货增加时，存量变化为一条垂线。但是在实际工作中，由于企业生产能力、交通运输条件、储存能力等多种原因，往往是一次订购的材料需要陆续送货入库，然后再陆续耗用，尤其是材料的大批量订购，基本上是陆续送货和陆续耗用的。这时，材料的存储量必然低于订货批量（基本模型中的最高存储量 Q）。为了便于推导陆续供应和耗用的经济订购批量控制模型，需要在基本模型原假设的基础上再补充如下假设：

设每批订货量为 Q，由于每日送货量为 P，故送货期则为：Q/P；

设存货每日耗用量为 d，故送货期内的全部耗用量为：$Q/P \cdot d$

如此一来，我们可以求得存货陆续供应和使用的经济订货量公式（7）：

$$Q^* = \sqrt{\frac{2KD}{K_C \frac{P}{P-d}}} \tag{7}$$

3.5　I－VMI 模式的物流中心（3PL）模块设计

3.5.1　I－VMI 模式对第三方物流的要求

I－VMI 模式的实物流建设对 3PL 提出了新的要求。第三方物流提供商的状况从很大程度上影响到 I－VMI 的成功实施。I－VMI 对第三方物流提供商主要提出了以下要求：

（1）拥有区域性的大型仓储中心，选址合理。

（2）拥有足够强的运输能力，保证运输的准确及时性。提供快捷准确的运输（满足 QR、JIT 需要）。

（3）拥有良好的信息系统，或者能够完善建设信息系统，从而融入到 I－VMI 的建设中。

（4）具有良好的信誉程度和商业可靠性。

3.5.2　I－VMI 模式物流中心的仓储设计

I－VMI 模式物流中心的仓储管理与通常情况下的 3PL 的功能基本相似，包括出入库管理和在库管理，如图 4－3－5 所示。

但在本节，将主要针对在 I－VMI 模式中的不同于传统 3PL 的功能加以说明。由于在出入库管理方面基本相似，所以本节将主要针对在库管理职能中

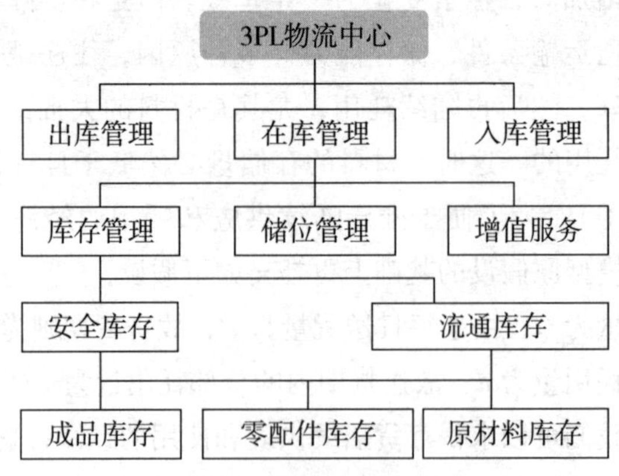

图 4－3－5　I－VMI 模式物流中心的仓储管理

的仓库存放哪些商品和如何进行储位摆放加以设计说明。

（1）I－VMI 模式物流中心存储的商品类别。I－VMI 模式物流中心存储的商品主要包括核心企业和各级供应商的原材料、零配件和产成品。此外，它们各自的安全库存也将转移到物流中心统一存放。也就是说，各级生产企业只保留了用于生产用的临时性原材料和配件，其他的所有库存统统由 3PL 来管理。3PL 的集中式库存管理大大地降低了库存管理费用，提高了库存管理效率，降低了库存管理成本。

（2）I－VMI 模式物流中心的储位设计。由于中枢型通道是目前被普遍采用的一种仓储通道设计，所以，下面我们以中枢型通道为例来论述 I－VMI 模式物流中心的储位设计。

现假设核心生产企业最终产品二级 BOM 及基于时间的组装序列组成如图 4－3－6 所示。

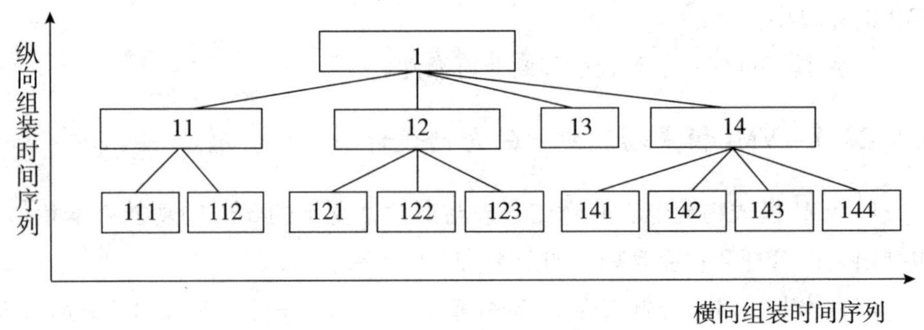

图 4－3－6　最终产品二级 BOM 及基于时间的组装序列

首先，我们需要假设基于时间组装序列的一级零配件有 11、12、13、14。从图 4-3-6 中，我们可以看到按照时间组装的优先顺序是：11→12→13→14，因此，在物流中心出库的顺序应该是：14→13→12→11。

如此一来，仓储通道的布局可能有以下两种，如图 4-3-7 和图 4-3-8 所示。现假设仓储中枢通道布局如图 4-3-7 所示，那么很显然，由于 11 货品和 12 货品需要最后出库，所以，通道最末端的 E 区和 F 区是存放 11 货品和 12 货品的地方。由于 11 货品的套件的整体占地面积比 12 货品的占地面积小，所以我们分配 E 区给 11 货品，分配 F 区给 12 货品（占地面积要考虑到货品数量和单件的占地面积）。以此类推，13 货品和 14 货品分别放在 G 区和 D 区，如图 4-3-7 所示。这其中有一个问题，那就是，11 货品和 12 货品的装车的问题，由于它们都处于通道末端，因此都是最后环节的装车，但是，考虑到 11 货品和 12 货品在最后的核心生产企业的组装顺序，显然，11 货品仍然需要在最后装车。

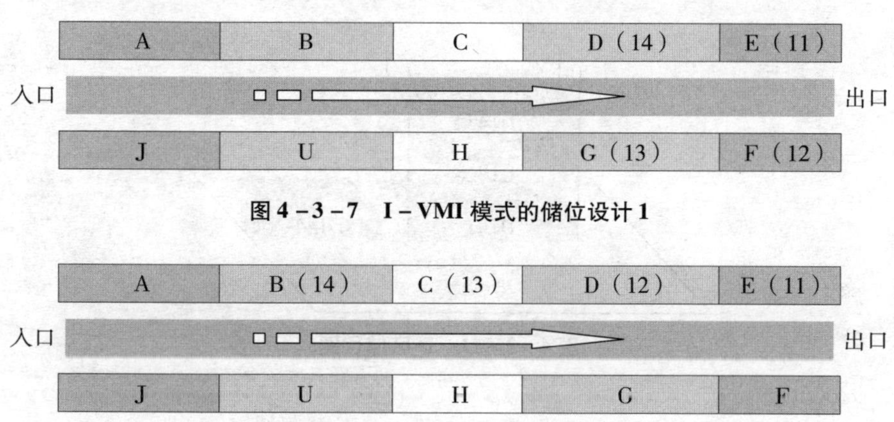

图 4-3-7　I-VMI 模式的储位设计 1

图 4-3-8　I-VMI 模式的储位设计 2

下面针对二级货品的储位问题设计了三种方案。

①水平分区方案。水平分区，就是在大分区下的小分区方案。以 11 货品在 E 区为例，我们仍然可以以类同上面的方法将 E 区再分为 E111 区和 E112 区，如图 4-3-9 所示。

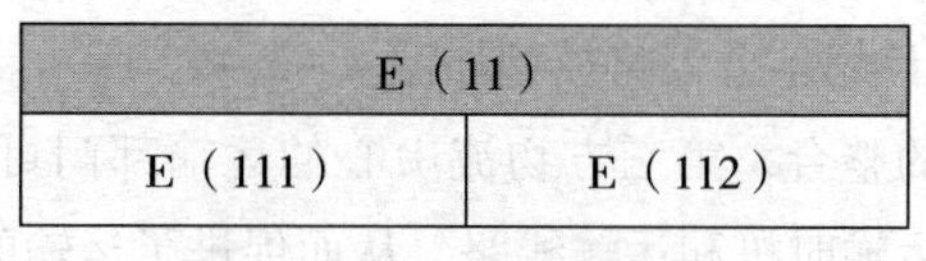

图 4-3-9　水平分区方案

②垂直分区方案。垂直分区方案就是采用垂直货架的方案将货品分开。我们以F区为例，如图4－3－10所示。至于F121、F122和F123的上下分配需要依据实际情况而定。这种分区适合小零件、重量轻、面积小的货品摆放。

③水平垂直组合方案。当所在分区零件混杂，大小、重量不一时，可以采取本方案。以D区14货品为例其储位布局如图4－3－11所示。

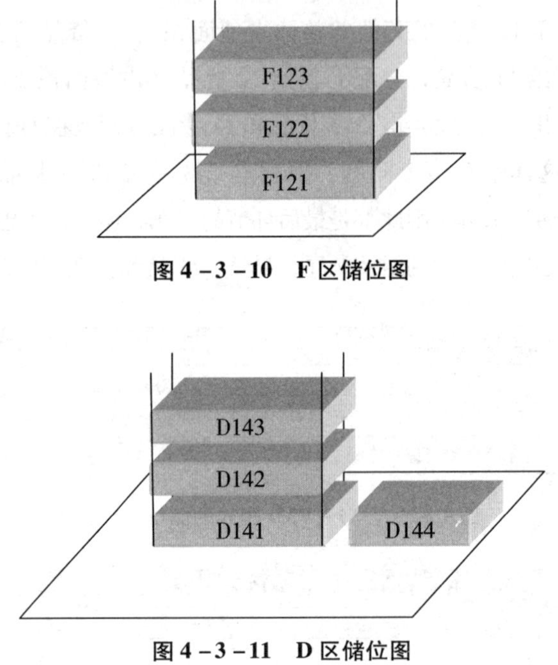

图4－3－10　F区储位图

图4－3－11　D区储位图

3.5.3　I－VMI模式物流中心的运输策略

(1) I－VMI模式的运输计划整合策略。I－VMI模式实物流的整合很大程度上受益于运输计划的整合。当I－VMI的自动补货系统发出补货指令之后，物流中心将根据这些指令重新汇总最终的补货需求，然后结合自身的运输实情和发货地的地理位置，制订出整合的发货计划，发货计划包括运输线路、运输时间、运输对象和运输量四个方面。最终，通知运输部门进行发货。I－VMI模式的运输计划整合策略模型如图4－3－12所示。

通过运输计划的整合，第三方物流中心的运输部门可以更加合理地安排运力，选择最佳的运输时机和运输线路，从而促进了运输的合理化。

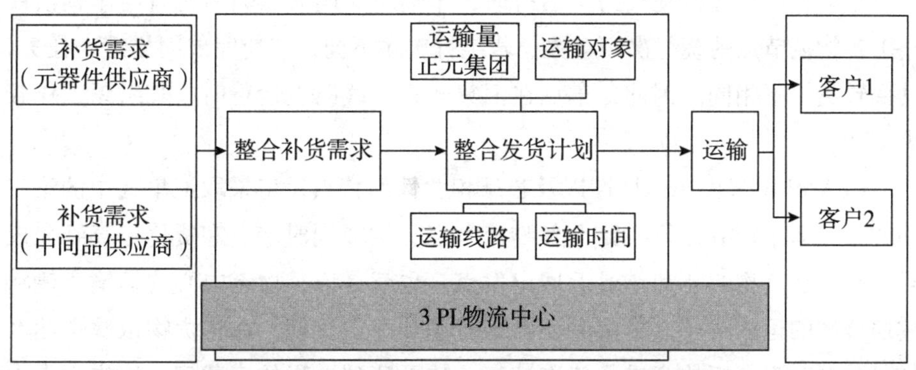

图4－3－12　I－VMI模式的运输计划整合策略模型

（2）I－VMI模式的汇集式运输线路策略。运输路线包括以下几种：往复式行驶线路、环形式行驶线路和汇集式行驶线路。往复式行驶线路是指在货物运送过程中车辆在两个物流节点之间往返运行的线路形式。环形式行驶线路是指车辆在由若干个物流节点组成的封闭回程路上作连续单向运行的行驶线路。汇集式行驶线路是指车辆沿分布于运行路线上各物流节点依次完成相应的装卸作业，且每次的货物装（卸）量均小于该车核定载货量，直到整个车辆装满（卸空）后返回出发点的行驶线路。汇集式行驶线路有环形的，也有直线形的，一般情况下为封闭路线。

这种线路主要有三种形式：分送式（如图4－3－13（a）），车辆沿运行线路上各物流节点依次卸货，直到卸完所有待卸货物返回出发点；收集式（如图4－3－13（b）），车辆沿运行线路往各物流节点依次装货，直到装完所有待装货物返回出发点；分送—收集式（如图4－3－13（c）），车辆沿运行线路上各物流节点分别或同时装、卸货物，直到完成对所有待运货物的装卸作业返回出发点。

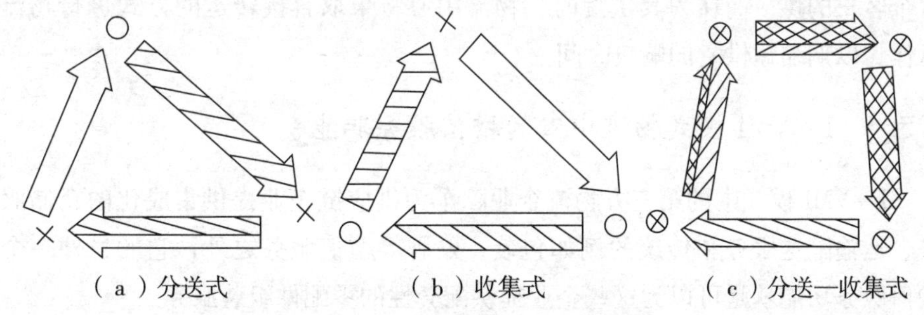

图4－3－13　汇集式运输路线线路示意

车辆在汇集式行驶线路上运行时，车辆所完成的运输周转量与车辆沿线路上各物流节点的绕行次序有关，若绕行次序不同，即使完成同样运送任务，其周转量也不相同。因此，车辆在汇集式行驶线路上运行时，其组织工作较为复杂。

I－VMI模式由于地域性以及产品相关性的特点，将采取汇集式中的第三种方案，即车辆沿运行线路上各物流节点分别或同时装、卸货物，直到完成对所有待运货物的装卸作业返回出发点。也就是说，物流中心的运输车辆将按照合理的运输路径，尽量保证出车时满载配送货物，在将货物依次送达客户时，同时将它们的产成品依次装车，从而达到返程的满载率，这样就大大地降低了运输的空载率，并且可以实现合理化的集装装卸效果，节省了运力，降低了运输成本。

（3）I－VMI模式的直接转运策略。直接转运是到达的商品在物流中心不进入存货阶段，不停留或暂短地停留，直接进行分拣，分货，装车。直接转运是现代商品快速流通的要求，直接转运具有以下优点：实现商品的快速流通，在物流中心的滞留时间最短；节省成本，商品在物流中心的存货成本最低，同时减少不必要的操作环节所带来的成本；减少商品差错，到达商品的快速分配可以最大限度地减少商品数量差异；促进物流管理的高效化，直接转运对信息传递，运作衔接等环节有着较高的要求，采用此项技术，必然对物流管理的各环节提出较高的要求。

原则上，I－VMI采用直接转运的几率比较小。因为I－VMI的物流中心为各个供应商始终是备有其客户的库存的。这样一来，当自动补货系统判定某一商品达到订货点的时候，物流中心会直接从仓库中拣货为客户发货。只有在当客户某一次的需要补货量超出物流中心的库存量时，在这种情况下，这个客户的供应商在为其供货时，物流中心将采取直接转运的方式进行物流运作，以期缩短供货的响应时间。

3.5.4 I－VMI模式物流中心的增值服务职能

I－VMI模式中的第三方物流企业除了为供应链企业提供集成化的仓储服务、运输配送服务和传统的例如包装、贴牌等增值服务之外，它的另外一个增值服务功能就是可以为这些企业提供配套性的零配件组装服务。

以往生产企业常常需要采购大量的零配件，然后在工厂内首先对其进行一次组装，然后，将组装生产后的零配件再用于下一个工序的生产。在这个过程中，零配件的一次次组装不仅浪费了其很多时间，影响了生产进度，而且其本身创造的价值也并不是很大，因此，企业急需减少这一环节。在I－VMI模式中，由于原来生产企业需要组装的零配件库存都存放在了物流中心这里，因此物流中心完全可以通过自身的优势为生产企业提供配套的零配件组装性质的流通加工服务。这将大大地加快生产企业的生产速度，提高它们的生产效率，缩短供应链快速响应时间。

3.6　实现I－VMI模式的IT运作设计

3.6.1　对I－VMI模式信息系统的要求

I－VMI模式的信息系统需要满足以下条件：

（1）具备导入/导出功能。将供应商的数据转换成制造商信息系统可以使用的格式。譬如转换成标准的EDI报表；接收制造商发给供应商的反映新的需求数量和制造要求的信息、供应商发给制造商的发运内容和发运日期的信息。这些功能应该能够触发I－VMI信息系统的动作，比如如果库存数量小于设定的自动补货点数量时自动生成补给订单等。

（2）采用统一的标准EDI报表。EDI的使用可以使信息的传输更加准确高效，标准EDI报表是I－VMI系统的通信基础。

（3）系统是基于Web的方式设计的。系统的许多功能可以通过浏览器的方式操作，如通过微软公司IE或网景公司的NETSCAPE。系统还要支持内部通信功能，最典型的是通过XML（可扩展的标识性语言）。

（4）具有应用程序接口功能。程序中使用的消息格式可以和其他的应用程序实现通信功能，这样其他软件的编程人员就很容易编写代码来共享系统的信息。

（5）具有灵活的定制功能。这样用户就可以通过配置软件来适应不同的商业流程。

（6）记录整个网络的库存情况，为商品补给提供依据。供应商可用通过EDI、EXTRANET、Web授权访问等多种形式跟客户共享信息。EXTRANET的最大优点就在于它允许供应链合作伙伴之间实时的信息交换。

（7）给客户提供发运信息，向客户表明补货商品在发运日期的可用性。

（8）由客户订单生成商品的发运计划。

（9）拥有内置的智能软件来分析数据，记录运行产生的切实成效。譬如服务水平的提高，返还率减少，库存成本的降低等。

3.6.2 I－VMI 模式信息系统的功能与组成

I－VMI 的信息系统有四大部分组成，即网络库存系统、补货决策系统、产品信息系统和运输调度系统，如图 4－3－14 所示。

图 4－3－14 I－VMI 的信息系统的组成

（1）网络库存系统。网络库存系统是记录各级企业的车间库存、在途库存和物流中心的安全库存、零配件库存和原材料库存。网络系统功能图如图 4－3－15 所示。它需要连接各个企业信息系统主体，以确保获得及时的库存信息。

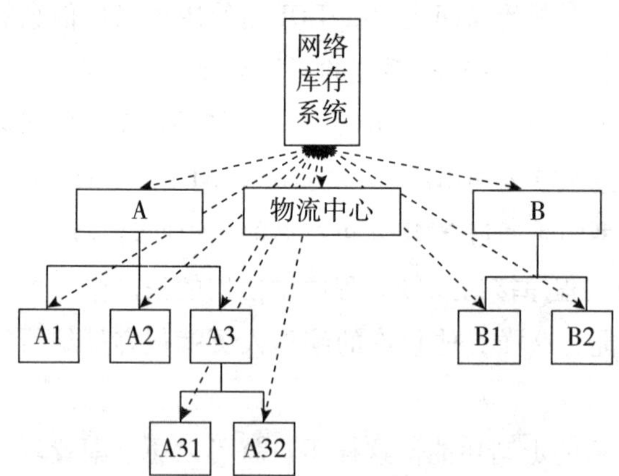

图 4－3－15 I－VMI 的网络库存系统功能

网络库存系统的主要功能就是提供各级供应链企业的库存查询，进而实现以下作用：

①为核心企业制定物料采购清单提供库存数据。

②它是供应商判断是否达到补货点的依据。

库存状态文件在 MRP 处理过程中有着重要作用。主生产计划告诉 MRP 最终产品计划出产的时间和数量，MRP 程序根据 MPS 中的产品项将 BOM 展开。确定出每一时段的各种零部件种类，进而确定为生产最终产品需要哪些零部件及需要的数量。对在任一时间需要生产的零部件来说，I－VMI 模式下的 MRP 程序首先必须确定：若零部件在库存中的可用量（现存量＋预计到达量）能满足当前时段需求，则供应商无需再在本期继续生产；若零部件的可用库存量不能满足某时段的需求，则必须按生产提前期（前置时间）发出生产指令。

（2）补货决策系统。补货决策系统是 I－VMI 各级供应商为其客户实施补货的决策依据。它最终的功能是在 MRP 的时间约束下确定供应商的补货点和补货量。

（3）产品信息系统。产品信息系统是记录产品相关信息的综合管理系统。它包括产品的生产提前期（L）、产品物料清单（BOM）等。它为补货决策系统提供决策依据。

（4）运输调度系统。I－VMI 模式的运输调度系统主要实现在区域内合理调度安排运输的功能。其运作的关键包括两方面：第一，需要合理的安排整合运输计划；第二，需要选取合理的运输线路。

3.6.3　基于 Internet/ Intranet 的 I－VMI 信息系统模型

基于 Internet/ Intranet 的 I－VMI 模型并不是一个单一的系统，而是一个将核心企业、3PL 物流中心和各级供应商等紧密联系在一起的双赢系统。这就要求 I－VMI 必须对传统的库存管理功能和模式进行拓展和延伸，以满足现代企业对库存管理的要求。不仅要对企业内部的库存进行管理，而且还应该将供应商和物流中心作为管理对象。越来越成熟的网络技术为实现这个平台提供了条件。过去许多企业自己开发和扩展信息系统（MIS）作为解决办法，直接将双方的 MIS 系统连接，也有企业将 MRPⅡ或 ERP 的功能扩展后直接互联。随着科技发展，更多专业化软件方案出现。国外常用的基于 Internet 的方案包括 i2、Manugistics 和 mySAP 技术。高露洁公司从 1999 年开始采用 mySAP R3 来实施 VMI，联想集团在 1998 年采用了 mySAP R3/ERP 系统，在 2002 年采用了 i2/SCM 系统。

对于客户生产企业而言，他们所关心的内容就是企业在生产过程中所消耗的库存、库存利润率以及应该付给供应商的货款和库存的盘盈情况。而对供应商生产企业来讲，他们必须实时了解自身的供应库存是否达到了自动补货点。3PL 物流中心存放的库存是联系两者的纽带。各级生产企业通过 MIS 系统或 ERP 系统等进行企业资源的管理将所处理的结果提交到 I－VMI 系统的 Web 服务器上。Web 服务器产生的结果将是一个针对某项配件供应商的需求结果集，这其中包括低于补货点的物资名目、补货点的物资补货数量和物资当前库存信息等。该结果集只是针对单一供应商的信息处理的结果，而不会将所有与该供应商没有关系的内容反馈出来。基于 Internet/ Intranet 的 I－VMI 信息系统模型如图 4－3－16 所示。

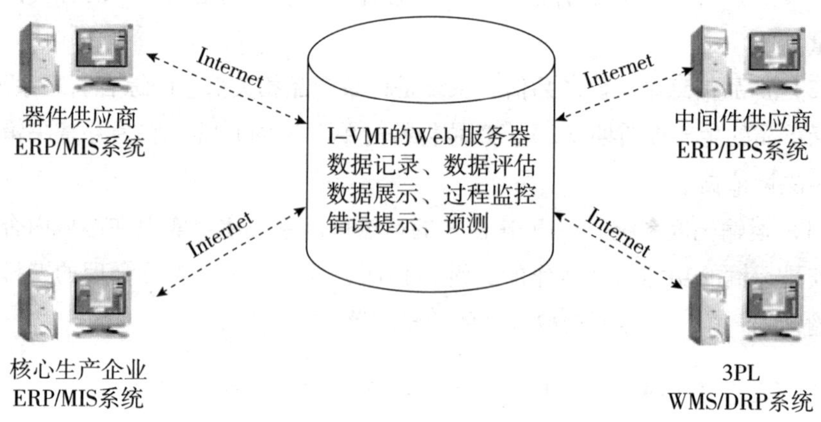

图 4－3－16　基于 Internet/ Intranet 的 I－VMI 信息系统模型

3.6.4　I－VMI 信息系统的搭建渠道——ASP

基于 Internet/ Intranet 的 I－VMI 信息系统模型固然很好，但是如何实现系统的搭建呢？

对于众多的中小企业来说，要建立一套现代化的、智能化的物流信息管理系统，在资金和技术上都存在着困难。同时对于单个中小企业来说，在物流业务量供给不足的情形下，大规模、系统投入建设一套完善的信息管理系统也是没有必要的，而且很难做到合理化和简单化。可是企业在物流管理方面对先进的信息系统的需求又是极其迫切的，因而这就迫使中小企业致力于寻找一种既能为其提供相关物流管理信息服务，又要能够做到经济效用最大化的服务系统。

应用服务提供商是指在共同签署的外包协议或合同的基础上（包括价格、服务水平、商业机密等），客户将其部分或全部与业务流程相关的应用委托给服务商，服务商将保证这些业务流程的平滑运转，即不仅要负责应用程序的建立、维护与升级，还要对应用系统进行管理，所有这些服务的交付都是基于网络，客户是通过网络远程获取这些服务。ASP 的应用服务产品被放置在 ASP 的数据中心，供客户随时调用，ASP 动态地管理、维护和更新这些服务产品，并通过将软件、硬件、网络和专业技术、管理的合理搭配，提供给客户优质、完善的服务。与传统的公司内部运作的应用软件和服务相比，ASP 有其更安全、更可靠和更大的伸缩性，这种方式使得中小企业只须配备终端、调制解调器就能够得到过去只能由大中型企业享受的专业化服务。

ASP 具有专业性、集中管理和为多家客户提供标准化封装软件的特点。ASP 的价格竞争优势以及给中小企业带来的实惠，使众多中小企业纷纷寻求与 ASP 合作，通过 ASP 为其提供物流管理方面的服务。

4 I－VMI 整合模式的实施

4.1 实施 I－VMI 模式的主要技术支持

实现 I－VMI 需要一些支持性技术。下面，将对 I－VMI 的主要支持性技术做一简要介绍。

（1）EDI（Electronic Data Interchange）。供应商要有效地对客户的库存进行管理，采用 EDI 进行供应链的商品数据交换是一种安全可靠的方法。EDI 有两种，一种是传统的 EDI，它依赖于增值网（VAN）存储、传输电子数据，其开发费用很高，只适合于大型企业；另一种是基于 Internet 的 EDI，它通过网络浏览器技术所提供的公共界面实现数据交换，其开发费用较低，能用于中、小型企业。I－VMI 模式中 EDI 文件的主要参数含义如下：850 订购单、855 订购单确认、856 预先发货通知和 810 发货清单。

（2）ID 代码。供应商要有效地管理用户的库存，必须对用户的商品进行正确识别，为此对供应链商品进行编码，通过获得商品的标识（ID）代码并与供应商的产品数据库相连，以实现对用户商品的正确识别。目前国外企业已建立了应用于供应链的 ID 代码的类标准系统，如 EAN－13、EAN－14、SSCC－18 以及位置码等，我国也建有关于物资分类编码的国家标准，届时可参考使用。

（3）无线射频技术（Radio Frequency Identification，RFID）。RFID 的特点是利用无线电波来传送识别信息，不受空间限制，可快速地进行物品追踪和数据交换。工作时，RFID 标签与“识读器”的作用距离可达数十米甚至上百米。通过对多种状态下（高速移动或静止）的远距离目标（物体、设备、车辆和人员）进行非接触式的信息采集，可对其自动识别和自动化管理。由于 RFID 技术免除了跟踪过程中的人工干预，在节省大量人力的同时可极大提高工作效率，所以对物流和供应链管理具有巨大的吸引力。

（4）自动化仓库技术。自动化仓库系统（AS/RS－Automated Storage/Retrieve System）是指能够自动储存和取出物料的系统。它使用多层货架，通过搬运车以及计算机控制和通信系统能在巷道内的任何货位储存和取出货物，可以直接与其他生产或销售系统相连。

（5）全球卫星定位系统。全球卫星定位系统（Global Positioning System, GPS），是由三大子系统构成：空间卫星系统、地面监控系统、用户接收系统。GPS 在物流中心的应用主要体现在车辆运转信息传递、业务信息传递和车辆位置信息传递方面。

（6）车载营运记录仪。车载营运记录仪可以将车辆运行的状态完整地记录下来，包括行使速度、油耗、停歇时间、紧急情况时驾驶员操作动作等，还可以根据客户需求增加车厢温度、车厢开门次数等一系列功能。当车辆回到物流中心，将车辆营运信息卡记录的信息输入计算机，进行存档处理。车载营运记录仪还可以和 GPS 连接，将车辆运转信息及时传递给物流中心管理系统。车载营运记录仪一般与车辆管理系统共同使用，可以对车辆营运表现进行管理。通过对车辆行驶是否超速，车辆维修费用、油耗等一系列指标的统计，对驾驶员的工作表现进行真实的记录和评定，作为奖惩依据。

4.2 I－VMI 模式的导入步骤

I－VMI 的导入步骤部分，建议区分为八个阶段，其中前四个阶段偏向管理层面的准备阶段。分别是企业内部评估阶段（Internal Evaluation Stage）、高阶层商谈阶段（Top－top Meeting Stage）、组织计划小组阶段（Set up Project Team Stage）和评分表建立与审视阶段（Create Scorecard/Review Cycle）。

I－VMI 的导入步骤后四个阶段则为实际系统导入阶段。分别是通过 EDI 做数据交换阶段（EDI Link）、交易双方共同管理库存阶段（CMI）、测试阶段（Testing）、上线阶段（Go live）。

4.2.1 管理层面的准备阶段

第一阶段，企业内部评估阶段。当企业要导入 I－VMI 前，供货商与客户双方都会先进行内部的评估，考虑是否要导入，导入后有什么实质的利益，又该选择哪个交易伙伴先进行导入。评估的项目包括有公司策略目标、成本效益（人力资源、时间、系统等）、外在因素（顾客要求等）等因素。而大公司大都偏向策略考虑，中小型公司则有较多层面的成本效益评估。此阶段最终是要获得主管的共识与承诺。

第二阶段，高层商谈阶段。在双方企业内部与主管有共识后，则要进一步建立双方的共识。此阶段主要就是先由双方总经理建立初步共识，再由双方部门级主管来进行讨论，以协议出共同的目标，并且再一次地取得内部共识，最后双方才会签订共同协议（Agreement/MOU），以具体承诺合作导入及遵守相关约定。协议中应建立 I－VMI 运作过程，建立起对双方都有利的库存控制系统，确定处理订单的业务流程、库存控制的参数以及库存信息的传递方式；要明确库存所有权及转移时间、订货责任等。双方在拟订协议时要注意以下内容，如表 4－4－1 所示，在实施过程中也要经常对其进行监督和修正。

表 4－4－1　　I－VMI 合作方的主要协议内容

协议项目	协议内容
安全库存量的协议	库存目标值是双方所追求的库存量是要做到每个品项有不同的依据，还是只要分到品类就可以了，另外预测的计算方式上，是要以过去的平均值计算，还是依系统预估出的未来需求
前置时间的协议	前置时间是依据订单确认后的几天内要送达产品，如果未能收到库存信息或确认订单时应如何处理，如自动延后一天出货等
最小订货量的协议	双方所考虑的经济规模为何，基本订货单位是什么，栈板、箱还是单一品项，如不足一基本单位或经济规模时是决定要以基本单位出货或者不出货，双方必须在缺货与库存上做一抉择
存货所有权问题	所有权转移时间及双方责任范围的拟订
资金流问题	付款条款的拟订，包括付款方式、有关文件准备等
绩效评估标准制定	合理的评估指标是全面评价供应链运营绩效的基础，管理会计为此提供了可行思路，例如 ABC（作业成本管理）和 BSC（平衡计分卡）等
保密问题	双方在多大程度上共享信息必须先明确，并且要明确相应的责任
技术支持问题	就现有的信息技术改造还是投资引进专业解决系统的问题进行协商
物流中心的运输方式选择和仓库建立	物流中心将如何满足所有参与者的送货时间、送货地点、仓库的位置和面积，要考虑不断增长的产品需求

续 表

协议项目	协议内容
存货安全的保证	结合存货所有权的转移时间明确划分对方责任，从而有效保证存货的安全
退货条款制定	包括退货提前期，退货的运费支付等
例外条款拟订	意外事件的防范措施、报告及处理制度
罚款条约拟订	罚款条约制订是为了明确双方在一些具体情况下的责任范围。例如3PL装重了货或者装了空箱，他将承担哪些额外的费用；如果用户取消了订购产品但是由于信息渠道或其他原因供应商已经送货，谁将对这批货负责
组织结构调整	供应商和用户组建多功能小组来辅助I－VMI的实施；全体员工必须理解并接受I－VMI，才能保证顺利实施
其他的协议内容	参与I－VMI的供应商资格认定标准、潜在的供应商选择、供应商培训和退出计划
	订一份存货品种和补充计划，开始包含哪些存货品种，何时增加新产品
	代表供应商管理存货的机构其能力、声誉、财务状况等需要达到的标准
	合约中所涉及的专门术语的定义
	合约的生效日期及期限
	运作方式的具体描述
	生产预测信息及形式订单条款
	交货期的规定
	送货与发票条款
	产品有效期条款
	买卖双方的责任条款
	合约终止方式
	不可抗力条款
	适用法律及纠纷处理方式
	合约的附件部分。通常会列出实施VMI的物料清单，每个物料的最小包装量，库存补充的周期等

第三阶段，组织计划小组阶段。此阶段进一步要建立一个执行计划的小组。双方要建立有相对的沟通窗口，并分别设立项目小组及负责人，最后再形成整个跨公司的项目小组。实际执行上，小组成员是由跨部门成员组成，体制上仍属于各自的部门，所以一般而言项目负责人很难掌控所有成员，需通过主管间沟通来要求小组成员，故有导入经验的公司建议，可将项目计划列入项目成员的年终绩效考核中，才可顺利执行计划。

第四阶段，评分表建立与审视阶段。为了能做导入前与导入后的比较，以及做持续性的改进，故要有一个评估的衡量表以及制定审视的时间或周期。双方要有一致的计算标准、方式及单位的认知，才可确保有一致的衡量基准。审视的时间部分则依双方的约定，通常初期会有较高的频率做审视，如每星期一次，并且要在问题发生时做记录，审视时才可找出影响分数的真正原因。在四个准备的阶段结束后，通常导入的公司双方会签订一个合约，做一个正式开始导入的形式。

4.2.2 实际系统的导入阶段

第一阶段，建立双方电子数据传输。建议一定要用电子的方式直接连接双方的系统，如此才可因应大量数据与高传输频率的要求及确保数据的正确性。如果双方原来就有用电子方式在做传输，只需增加所需的数据格式，即可略过此一阶段。

第二阶段，双方开始试行合作式的管理库存方式（Co - managed Inventory，CMI）。CMI 与 I - VMI 最大的不同在于供货商所决定的订货量仍会以建议订单的方式回传给客户做确认后才定案，而在 I - VMI 中则不再有此一程序，供货商直接依自动补货订单进行出货。此阶段双方决定了执行细节与系统架构则可进行实际上线测试。

第三阶段，测试阶段。双方不断调整彼此的作业方式与流程，以配合实际的运作，所以会有较频繁的沟通会议，双方也必须在问题发生时记录问题的主要原因，在沟通会议时才能得到具体的解决。系统与作业方式趋于稳定时即可正式上线。

第四阶段，正式上线阶段。此阶段要依据双方的信赖程度与约定情况而定，双方可能会决定部分的量或品项先来进行 I - VMI，即部分的量或品项约定不再修改，而逐步迈向完整 I - VMI 的方式运作。

4.3　实施 I－VMI 的注意要点

在实施 I－VMI 的过程中，除了要按照正常的步骤导入企业之外，还需要注意以下几个要点：

（1）共同利益基础上的相互信任是 I－VMI 成功的基础，良好的沟通是 I－VMI 成功的保证。上、下游企业建立和维护战略伙伴关系，供应链才能达到信息共享，实现更好的供应链库存控制效果。

（2）注重 IT 团队的建设。在实施的过程中，IT 团队的建设必须得到重视。首先，保持企业内部资源的责任感将成为一个企业在成功道路上的最大的保障。失去了责任感的企业也就失去了生命力。其次，在正式运行系统之前，必须开展一系列的测试从而确保系统的正确运行。这些测试必须包括以下全部的因素：软件、程序、人员、样机试验以及试车运行。这些测试的目的便是发现存在于设计、工具或者运行过程的缺陷。然后，采取最恰当的措施去纠正这些不足。

（3）开展必要的企业流程重组。为了成功实施 I－VMI，相关供应链生产企业以前的内外部流程必须进行重组。从整体出发，废除或调整以前不合理的流程，使之适应供应链合作性的作业流程，打造强势价值链。不合理的企业流程将加剧 I－VMI 成功实施的难度，严重影响 I－VMI 的实施效果。

（4）强化对员工的培训。企业相关人员必须熟悉企业的计算机的应用，并且对库存保持不断的掌握。除了有限的人工干预之外，相应岗位的员工必须拥有基本的岗位常识，这样才能解决每天随时有可能出现的新问题。因此，对公司员工的培训是企业的一项重要的活动。此外，为了保证 I－VMI 的成功实施，企业应该拥有一位 I－VMI 方面的专家，他能够随时指导和解决突发问题。尽管供应商能够从事大多数的工作，但是应用、监控以及按日程完成企业内部所需要的资源仍然是十分必要的。也就是说，企业不能只依靠 I－VMI 的建设指望解决所有的问题，必须采取一些措施缩小被误导的内部资源普通化的趋势。

在实际的运行当中，如果存在运算超支的情况，或者项目遇到时间上的约束，那么一个非常重要的因素——对所有的员工进行训练，就必须得到重视。运行系统的工作人员应该始终是整个执行团队的一部分，并且得到充分的训练。但是，另外一些处在次要地位的人员，比如说，采购员、企划人员和质量技术监督人员，他们则需要进行精简。在培训的过程中，另外一个非常重要的步骤是，必须制定出明确的规章制度，让员工充分了解：“在什么情况下，你必须要离开这个团队。”这样，能够使整个团队始终保持一种竞争和进取的战斗力。

(5) 明晰责任和风险的分担。从 I－VMI 的运作模式图上，我们可以看出货物产权及风险的划分以客户从仓储中心将货物提出时才发生转移。表面看来，与传统的库存模式相比，客户减少了较多的风险，但这只是问题的一个方面。在实际操作中，供需双方会在签订 I－VMI 协议时就双方的责任和风险分担进行协商。虽然 I－VMI 对双方都有利，但实施 I－VMI 需要支出一定的费用及承担不可预见的风险。

实施 I－VMI 所产生的费用、风险应由买卖双方共同来承担。任何一方的吃亏都可能导致 I－VMI 过早夭折，甚至可能会影响双方进一步的合作关系。买卖双方在协商 I－VMI 时一定要保持战略合作的姿态来进行协商，争取双赢的局面，不要留下后遗症。

另外，作为 I－VMI 项目的核心企业要加强自身的风险管理。核心企业应该利用先进工具来建立有效的风险管理系统，并每周对 I－VMI 所产生的风险进行追踪统计，取得供应商的确认，同时采取各种措施来降低运行中的风险。

在 I－VMI 风险的分担中，合约是十分重要的。合约在推行 I－VMI 时担任了重要的角色。即使是战略伙伴关系的合作双方，合约也是必不可少的。明确细致地规定双方的责任是 I－VMI 合约的核心内容之一，这往往也是 I－VMI 合约谈判中最重要的部分。

5　小结

通过本篇的研究，我们可以得出以下结论：

（1）I－VMI模式在第三方物流的参与下，实现了区域性供应链生产企业的信息流和实物流的整合，能够满足区域性供应链生产企业的整合供应链、降低供应链成本的要求。通过实物流的整合，I－VMI模式有效地降低了运输成本和仓储成本；提高了快速响应能力，实现了JIT配送。通过信息流的整合，I－VMI模式增强了供应链库存的透明性；系统的标准化提高了信息传递的准确性；供应商能够更好地控制订货点，从而减少缺货成本，降低了安全库存量。

（2）到目前为止，区域性供应链生产企业圈的形成导致的库存管理问题在企业界还没有得到良好的解决，以往的学者对这一问题的探讨也并不多。在我国，北京诺基亚兴网工业园的库存管理模式可以说是运行得比较成功的案例。但是，这种模式所采用的统一生产计划要求核心生产企业的相关供应链生产企业与其必须保持高度的组织紧密性和流程相关性，所以，限制了它的适用广泛度。I－VMI模式中的自动补货系统降低了对供应链相关企业的要求，但仍然能够取得较好的效果，是适合目前我国生产企业供应链库存管理现状的较好选择。

（3）I－VMI模式中的第三方物流企业呈现出专业化和集成化的特色。与传统的第三方物流企业相比，I－VMI模式中第三方物流企业服务的对象和目标更加明确，即以集成化的角色开展专业化的服务。

（4）集成的供应链管理思想取代了传统的分散的供应链思想，只有通过供应链上各个成员的充分合作才能最终增加本企业的核心竞争力，才能有效消除需求的不真实信息，减小长鞭效应。

（5）企业需要加快信息化建设。I－VMI模式对信息流的要求使我们认识到信息化建设的重要性。这与我国企业普遍信息化程度低形成了巨大的反差。因此，加快信息化建设是我国企业自身建设的首要任务。

(6) 企业需要增强合作意识。I－VMI 模式要求供应链企业间能够达到信息共享，如果没有合作意识作保障，以双赢乃至多赢为目标，那么，I－VMI 模式将很难实现。

本篇的研究使我们认识到，I－VMI 是一种有效的供应链库存管理模式。但是，本篇对 I－VMI 模式研究主要集中在以一个核心生产企业为中心的区域性供应链生产企业圈的库存管理。然而，在实际中会出现几个核心生产企业的企业集群，比如汽车产业集群就存在多个核心生产企业，这种情况下如何更有效地开展协作型的库存管理是下一步需要研究的重要内容。

第五篇

供应链物流网络多方联动网络平台设计

——以辽宁省钢铁物流业为例

1 引言

1.1 研究背景

现代物流业是降低企业成本的重要途径，同时也是当今全球大气污染的重要源头之一。

近些年，随着我国国民经济的快速发展，物流业已经成为了制约我国经济快速发展的绊脚石，这一点，从物流业成为我国未来“十大产业振兴规划”之一即可窥见一斑。那么，作为物流产业范围内的我国钢铁物流业（由钢铁企业物流部门、第三方物流企业、社会闲散的物流资源、钢材批发商、钢材零售商等共同形成的一种以钢铁产品为经营对象的物流网络）又发展得如何呢？答案是空载率高，交叉运输、迂回运输明显，相关物流成本居高不下；同时，钢铁物流中的生态环境问题更是鲜有问津！上述两项问题已经影响到了我国钢铁物流业的健康和快速发展。近几年，我国钢铁企业由于在铁矿石采购中定价权的丧失，他们的原材料成本直线上升，利润空间也不断缩小。截至 2010 年 11 月国内进口铁矿石同比减少 600 多万吨，然而国内进口铁矿石花费同比增加 257 亿美元，中国钢铁业利润率仅为 3.5%！那么到哪里寻找替代利润呢？物流——现代企业的第三利润源，自然成为我国钢铁企业的重要关注领域。关注物流一方面是因为我国钢铁企业产品成本 50% ~70% 是由原燃料采购费和运输费组成，钢铁物流成本占到产品总成本的 20% ~30%，甚至更多，而世界发达国家钢铁物流成本只占其产品总成本的 8% ~10%，因此，我国钢铁企业可以通过降低物流成本进而增加可观的利润；另一个原因就是我们的钢铁企业在物流这一点具有话语权和活动空间。然而，钢铁企业真正通过物流来降低自身成本又谈何容易？毕竟，我国现阶段的物流资源布局分散化、信息封闭化、机构独立化，在物流资源的整合和协调优化过程中还存在诸多问题。但是，有问题不怕，毕竟这条路是正确的，是具有可行性的。为此，钢铁企业在不断寻求解决钢铁物流业问题的途径。从实质上讲，钢铁物流业的发展，对我国而言绝不是几个钢铁企业、几个钢铁经销商的问题，由于我国是世界第一大钢铁生产大国（2008 年，中国钢产量为 5.02 亿吨，连续 12 年保持世界第一，是日本和美国的 5 倍左右，已相当于世界前十大国的钢铁产量的总和），同时我国钢铁物流吞吐量也是世界第一（涵盖铁矿石、煤炭等主要原材料的采购物流量——其中，2010 年铁矿石进口物流量 6.186 亿吨、国内产量达到 10.7 亿吨，2011 年钢铁行业焦炭消费量预计将达到 3 亿吨左右，炼焦煤需求量 4.2 亿吨，加之钢铁成品物流量 5 亿吨——实际物流量要远大于此，那么上述各项物流吞吐量的总和将远远大于 30 亿吨。大概估算，产成品产能与物流量之比 1∶6）。所以，钢铁物流业的经济发展及其对环境的影响已经关乎到了我国整个国民经济的发展和人民生态环境生活质量的提高。

辽宁省，作为钢铁大省，钢铁物流业也难逃此类问题的纠结。辽宁省钢铁物流的生产企业主要是鞍本集团，集团“十二五”规划显示将在 2015 年使钢产能达到 6000 万吨/年，预计将成为国内最大的钢铁航母；届时，涵盖产成品物流量、原材料采购物流量在内的全省物流流通量按照上述分析产成品产能与物流量之比 1∶6 计算的话，辽宁省全省钢铁物流量将高达 3 亿吨！这样一个巨大的物流吞吐量，不仅关乎辽宁省钢铁企业的效益问题，也将直接关乎到全省经济的发展状况，其物流环节对环境的污染问题更将直接对全省的生态环境产生重大影响！

近年来，一些专家或学者从宏观角度研究论述过我国钢铁物流业的整体现状，讨论了完善我国钢铁物流业的必要性，比如，贾宝军（2006）论述了我国现代钢铁物流业的发展概况，王光辉（2010）分析了我国钢铁物流业的现状、问题及科技对策。上述研究都是从我国钢铁物流业的整体角度阐述概况和宏观发展举措，但是未能从根本上解剖我国钢铁物流业的本质问题，未能定量建模分析和解决问题，更不是针对辽宁省的实际情况开展的研究。因此，上述研究对本部分研究有借鉴价值，但是对辽宁省实际情况而言直接应用价值不高；此外，与本篇最相似的研究是王涛等（2010）研究了河北省钢铁物流业网络化模式，但是该研究只是泛泛地提出了河北省钢铁物流业网络化模式概念，到底如何架构平台，如何运营，如何对各方进行激励等问题根本没有得到解决，更没有将低碳化纳入到物流网络体系规划中，况且其研究对象是河北省，而不是辽宁省。尽管河北省与辽宁省都是钢铁大省，但是从产业布局、物流网络特征都存在着很大的不同点。当然了，该项研究的部分内容可以作为本项研究的参考，综上所述，针对辽宁省钢铁物流业的物流网络多方联动平台的研究前景广阔。

1.2　研究意义

本篇内容针对辽宁省钢铁物流业的全局进行供应链物流网络联动平台的设计，旨在通过该模式有效整合全省物流资源，搭建钢铁物流运营平台，进而降低全省的钢铁物流成本，控制由其产生的环境污染问题，最终实现经济效益和环境效益的双丰收，其实践价值不言而喻。在理论价值方面，本项研究所提出的“钢铁物流业的供应链物流网络多方联动平台”将现行辽宁省钢铁物流业的参与各方有机整合，通过平台搭建，构建了全新的钢铁物流业运行模式。

1.3　研究目标

（1）打造“低成本、资源节约型”的钢铁物流联动网络

通过物流网络联动模型，优化辽宁省沈阳、大连、鞍山、本溪、抚顺等多地区、分散型的钢铁物流网络，形成钢铁企业物流部门、第三方物流企业、钢材产品经销商、社会个人物流资源等多方参与的钢铁物流联动网络。进而降低运输的空载率，优化运输路径，减少对燃油等资源的耗用，最终实现“有效降低全省钢铁物流业运营成本”和“资源节约”的目标。

（2）打造“环境友好型”的钢铁物流联动网络

本篇研究试图通过对辽宁省物流网络的多方联动优化缩短物流运输路径，进而降低钢铁物流（尤其是运输环节）对环境的污染排放，创造生态环境效益。在“后京都时代”，环境污染问题已经成为了全世界范围内普遍关注的议题。那么，到底全球的污染源主要来自哪里呢？数据显示，物流业中的运输环节是世界上排名第二大的污染创造者和二氧化碳排放者。在上文的分析中我们已经得知，辽宁省在未来可能伴随着“鞍本集团”成为钢铁航母而一举

成为钢铁物流世界级大省，与之相伴的就是辽宁省也会成为钢铁物流环境污染大省！本篇研究充分将辽宁省钢铁物流与环境治理统筹耦合考虑，最终将把辽宁省打造成为一个“环境友好型”的钢铁物流经济效益与环境效益双赢的强省。

2　辽宁省钢铁物流业现状

2.1　钢铁物流与钢铁物流业概述

钢铁物流指的是与“钢铁”相关联的原料采购、生产和销售在内的物流活动总称。钢铁物流业是由钢铁原料供应商、钢铁生产企业、第三方物流企业（Third Party Logistics，3PL）和社会分散物流个体（Social Private Logistics，SPL）共同形成的一种特定领域的物流产业。钢铁物流业物流量的主要组成部分如下：原材料采购物流（主要为铁矿石和能源）、生产各环节产生的生产物流（主要为生铁和粗钢）、钢材产成品销售物流，如图5－2－1所示。

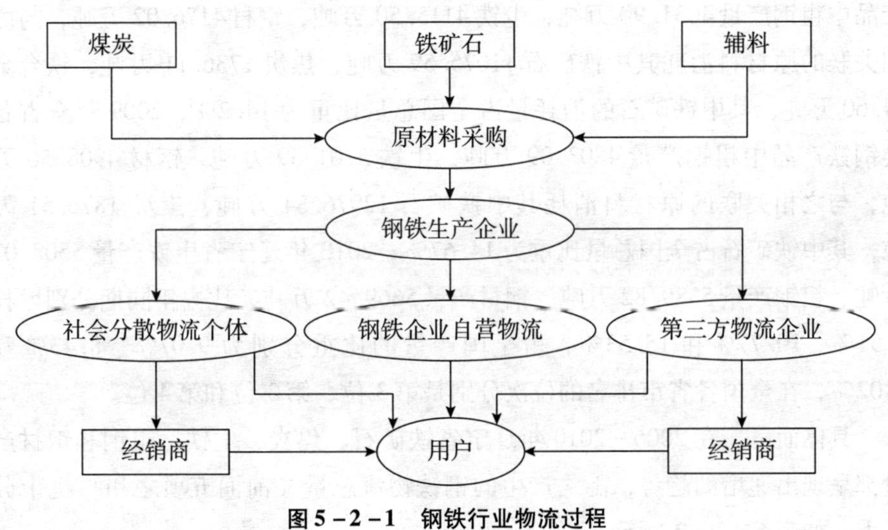

图5－2－1　钢铁行业物流过程

2.2　辽宁省钢铁物流量概况

辽宁省工业基础雄厚，是中国的重工业基地之一，其中钢铁产业是全省主导产业之一。近年各类钢铁产成品在全国稳居前位（见表5－2－1）。

表 5－2－1　中国粗钢产量居前 5 位的省市统计（2005—2009 年）　单位：万吨

年份	第 1 位	第 2 位	第 3 位	第 4 位	第 5 位
2005	河北	江苏	山东	辽宁	上海
	7425	3301	3188	3059	1928
2006	河北	江苏	山东	辽宁	山西
	9096	4205	3715	3687	1949
2007	河北	江苏	山东	辽宁	山西
	11047	4862	4394	4141	2515
2008	河北	江苏	山东	辽宁	山西
	11523	4861	4458	4056	2346
2009	河北	江苏	山东	辽宁	山西
	13536	5490	4857	4783	2649

数据来源：中国钢铁工业协会《中国钢铁工业统计月报》、《中国钢铁工业统计年报（摘要）》。

2007 年辽宁省钢铁年交易量达到了 4000 万吨，生产各种钢板材 940 万吨，其中 580 万吨销往省外，交易额在 1200 亿元左右；2008 年全省各类钢铁产品中粗钢产量 4031. 90 万吨，生铁 4115. 50 万吨，钢材 4176. 02 万吨，与之相关联的原材料消耗其中铁矿石 11075. 59 万吨，焦炭 1736. 11 万吨，铁合金 74. 60 万吨，其中铁矿石的消耗量占全国总量比重为 14. 2%；2009 年全省各类钢铁产品中粗钢产量 4803. 09 万吨，生铁 5101. 39 万吨，钢材 4908. 56 万吨，与之相关联的原材料消耗其中铁矿石 12976. 84 万吨，焦炭 1876. 51 万吨，其中铁矿石占全国总量比重为 14. 67%；2010 年辽宁省生铁产量 5508. 07 万吨、粗钢产量 5389. 82 万吨、钢材产量 5669. 42 万吨，比去年同期分别增长 9. 51%、10. 77% 和 15. 53%，占全国产量的比重分别为 9. 07%、8. 43% 和 7. 02%，在全国各省市排名的位次分别是第 3 位、第 3 位和第 4 位。

具体而言，在 2006—2010 年辽宁省铁矿石、焦炭、生铁、粗钢和钢材产量都呈现出递增的趋势，随之产生的钢铁物流总量（前面五项之和）也十分巨大，如表 5－2－2 所示。

表 5－2－2　辽宁省钢铁原料、产成品及钢铁物流总量（2006—2010 年）　单位：万吨

年份	铁矿石	焦炭	生铁	粗钢	钢材	物流总量
2006	10137	1625	3746. 29	3687. 14	3793. 54	22988. 97
2007	10861. 46	1625. 40	3963. 51	4140. 17	4338. 64	24929. 18

续　表

年份	铁矿石	焦炭	生铁	粗钢	钢材	物流总量
2008	11075.59	1736.11	4115.50	4031.90	4176.02	25135.12
2009	12976.84	1876.51	5101.39	4803.09	4908.56	29666.39
2010	13107	1898.62	5508.07	5389.82	5669.42	31572.93

数据来源：摘编自《中国钢铁统计2007》至《中国钢铁统计2010》、《中国经济贸易年鉴2009》、《中国钢铁工业年鉴2010》、《中国经济贸易年鉴2010》、《中国统计年鉴2011》。注：上表中2010年铁矿石和焦炭的量为约值。

众所周知，钢铁产业是典型的资源消耗型产业，对原料、燃料以及能源动力的消耗十分巨大，由此也必将带来不可估量的物流市场。上述数据则显示了辽宁省钢铁行业雄厚的原材料供应和钢铁产品产量所蕴含的巨大的物流吞吐量：铁矿石由产地调配至钢铁生产企业，然后再将各类钢材产品，由生产线配送至钢铁消费企业或者流通市场，这期间所产生的物流量极其庞大！据测算，国内钢产量与物流量之比为1∶5，即每生产1吨钢，需要5吨物流量。以2008年辽宁省粗钢产品产量为4031.90万吨为例来计算，其产生的物流量高达2亿多吨。

辽宁省的物流量在东北三省和全国的比例如图5－2－2所示。

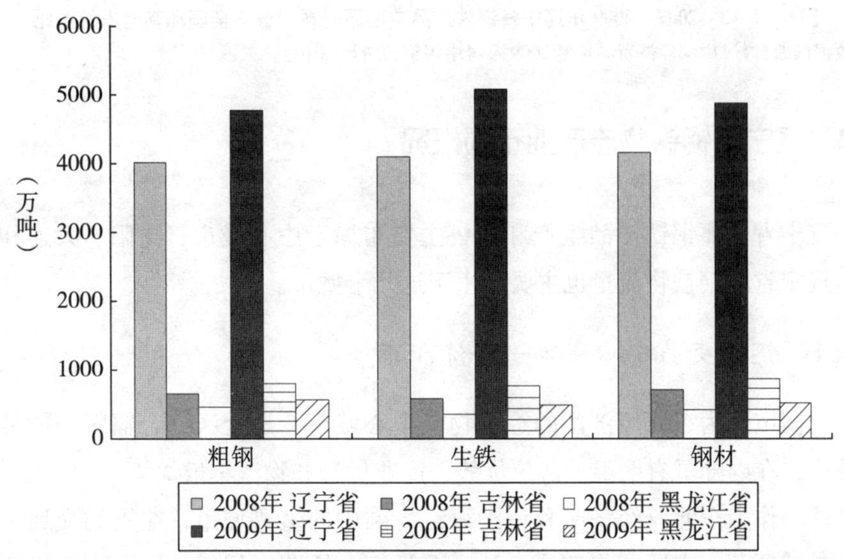

图5－2－2　2008—2009年东北三省的钢产品产量对比

数据摘编自：《中国经济贸易年鉴2009》、《中国钢铁统计2010》。

从图 5－2－2 可以看出，2008 年和 2009 年辽宁省的钢铁产品产量在东北三省居于首位。这些钢铁产品的产量只是其巨大吞吐量的一部分，制成钢铁产品的主要钢材料的吞吐量才占据了重要的地位。从图 5－2－3 可以看出，虽然辽宁省与全国相比，其消耗的主要钢材料较少，但是在东北三省中却占据了核心的地位。

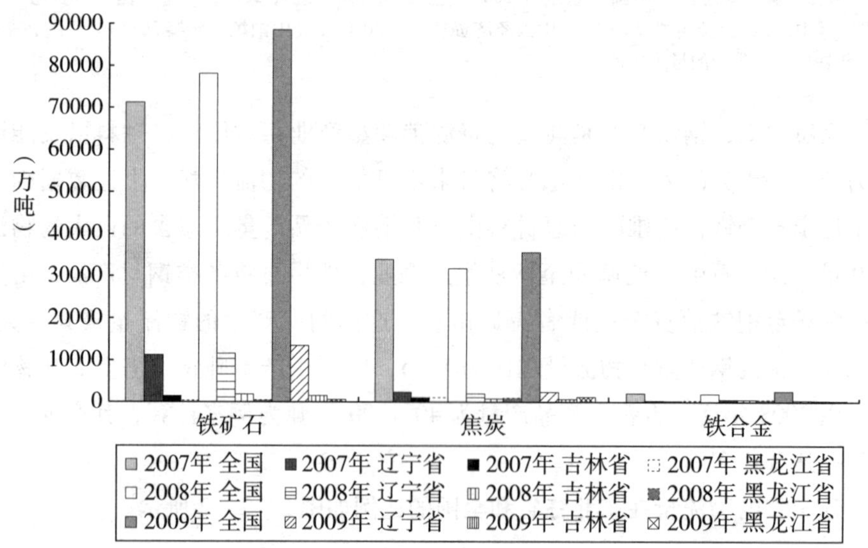

图 5－2－3　2007—2009 年辽宁省钢铁产品主要原材料产量与全国和其他省份对比

数据摘编自：《中国经济贸易年鉴 2009》、《中国钢铁统计 2010》。

2.3　辽宁省钢铁物流产业布局概况

辽宁省主要钢铁产品生产和销售主要布局于中心城市：沈阳、大连和鞍山。辽宁省的钢铁物流量也主要产生于这几个城市。

2.3.1　钢铁交易中心城市——沈阳市

沈阳市作为东北经济区的综合物流中心城市，是全区综合辐射功能最强的城市，在内陆具有明显的区位优势、产业优势和物流集散优势。

沈阳作为东北亚经济圈和环渤海经济圈中的重要城市，沈阳的交通条件也非常的便利，交通网络四通八达，而且拥有铁路专用线，还有京沈高速公路、沈大高速公路、沈丹高速公路、沈抚高速公路、沈哈高速公路等专线。

其距大连港385千米、营口新港183千米、丹东港251千米、锦州港271千米。以沈阳为中心，半径150千米的范围内，集中了以基础工业和加工工业为主的抚顺、辽阳、本溪、铁岭、营口、鞍山、丹东等八大城市，构建了辽宁中部城市群，按照现代物流产业的发展趋势，沈阳的区位优势完全可以发展成为全国以及东北亚和环渤海经济圈钢铁物流供应链中的重要枢纽和节点。此外，东北三省的汽车制造业、装备制造业、仪器仪表生产、高中低压容器制造、建筑构件生产业较为发达，对相应的钢铁材料的需求也非常大。因此，辽宁省立足于沈阳、服务东北、辐射全国的市场定位是符合钢铁物流的要求的。

沈阳也建立了最大的钢材现货交易中心网——钢企网。该网络能够实现“钢铁交易的B2B在线支付”、“钢铁流通行业票据打印管理”等以及利用电子商务交易实现快速交易的功能。

沈阳市具有代表性的钢厂主要有坐落在沈阳铁西区不锈钢无缝管的领军企业——沈阳宏泰不锈钢产业有限公司、位于沈阳市于洪区北方不锈钢市场的沈阳巨泰不锈钢有限公司以及位于大东区的沈阳市工具模具钢厂等。这些企业的规模比较大，尤其是沈阳巨泰不锈钢有限公司到目前为止年产钢能力达到了20万吨，而沈阳市大东区的年产钢能力已经达到了540万吨。如此巨大的钢铁产量势必使钢铁物流业出现快速的发展。

沈阳市的钢铁物流企业主要有百科（沈阳）钢铁物流信息中心、沈阳运输集团物流中心、百科（沈阳）钢材加工配送中心等。其中百科集团2000年在沈阳建立了东北第一家钢铁交易电子商务网站，2003年百科又与中国工商银行合作，开通了B2B网上交易系统，成为全国钢铁物流行业第一家拥有此项功能的网站；而沈阳运输集团物流中心位于沈阳经济技术开发区物流园区内，占地面积10万平方米。公司主要经营范围为仓储、运输、配送、分拨、倒运、装卸、包装、信息配载（中国交通网、华夏信息网）等。2007年沈阳钢铁物流交易中心成立，是辽宁中部城市群体的核心区域，是东北地区规模最大，以现代钢铁物流为主导，集规模仓储、运输配送、物流交易、货运代理、加工制造、金融质押监管、集装箱中转、保税仓储等多种功能服务于一体，利用现代电子商务技术手段来实现的系统化综合型电子商务信息物流交易平台。

而在2011年沈阳陆港钢铁物流园区也正处于建设阶段。项目分为两期：

一期为钢铁物流交易中心，配备销售管理、金融管理、信息管理、配送管理、仓储管理和生活服务中心；二期为现代化物流基地，引进钢铁生产厂家 8 家、大型经销商 40 家、商业银行 6 家和运输企业 6 家。该项目将与业内知名网站“我的钢铁”、“钢之家”建立信息共享关系，与中钢、中铁、厦门建发、中国五矿等公司建立合作关系，以装备制造业、汽车制造业和建筑业为目标，打造“中国钢铁沃尔玛”。

2.3.2 钢铁交易中心城市——大连市

大连市比较大型的钢厂主要有位于登沙河新厂区的中国特殊钢行业龙头企业——大连特钢即东北特钢集团、位于大连甘井子区的大连弘泰钢铁有限公司以及位于大连市中山区的大连威胜钢铁贸易有限公司等。其中的东北特钢集团以生产经营高质量、高档次、高附加值的特殊钢为主营业务。

大连重点的钢铁物流企业主要有大连连宝钢铁物流有限公司、大连东展集团有限公司等。其中，在 2010 年东展集团完成铁矿石运量 600 万吨、钢材运量 300 万吨。东展集团已成为辐射全国 15 个省市 34 个城市的国内贸易市场网络。截至 2006 年，大连全市共有钢材交易市场 12 个，市场经营规模为 33.86 万平方米，年总交易量 430.6 万吨。到 2011 年为止，大连的钢材市场数量大小约为 20 家，仅市区就有 14 家左右，虽然比 2006 年的钢材市场数量增加了，但普遍规模较小、需要亟待整合。

2.3.3 钢铁交易中心城市——鞍山市

鞍山市重点的钢厂主要有东北地区最大的钢铁企业——鞍山钢铁集团公司、国内大型钢材生产企业—— 鞍钢股份有限公司、引领世界钢铁工业发展的绿色样板工厂——鲅鱼圈钢铁新区等。其中，鞍山钢铁集团公司是我国特大型国有钢铁联合企业，其钢产量占东北三省总量的 50% 以上，2010 年，鞍钢集团公司铁、钢产量双超 3000 万吨；鞍钢股份有限公司目前能够生产 16 大类品种、600 个牌号、42000 个规格的钢材产品，2010 年，鞍钢股份有限公司生产铁 2212 万吨、钢 2165 万吨、钢材 2087 万吨；鲅鱼圈钢铁新区位于辽宁省营口市鲅鱼圈区，是鞍钢全流程自主设计、集成、施工建设的一座现代化精品钢材生产基地。具备年产 650 万吨铁、650 万吨钢、200 万吨宽厚板和 450 万吨热轧板等系列钢铁产品的生产能力。并且在生产中实现了从传统制造向低碳绿色制造的转变。

鞍山早在2009年时钢铁物流企业达到了500多家，比较典型的钢铁物流企业主要有鞍山恒江钢铁物流有限公司、鞍山市永乐钢铁物流有限公司等。鞍山市的物流中心主要包括已经运行的鞍山金恒物流中心、鞍山宝马钢铁物流中心以及鞍山（香港）物流中心。此外还包括鞍钢集团国际经济贸易公司（简称鞍钢国贸），该公司属于钢铁行业中第三方物流企业。鞍钢国贸是鞍钢集团旗下的一名全资子公司，本身是为了适应物流的需要而从鞍钢国贸的功能上分离出来的，是一家专业的钢铁物流公司。鞍山金恒物流中心是由鞍山金恒物流有限公司筹建，现占地10.8万平方米，现有库房1.8万平方米（20世纪70年代建），有铁路专用线600余米长，年吞吐量40万吨，主要存储：煤炭、铁红、锌锭、新闻纸等，现已经建成了现代化的物流中心。鞍山宝马钢铁物流中心于2000年年初投资，占地10万余平方米，截至2011年，场区内有52000平方米钢材仓库，年钢材仓储及加工配送量300万吨。主要经销“H”型钢（马钢、莱钢、东北总代理）大、中、小型材、板材及建筑用钢材，主要销售区域为东北、华北、华东等省区，年销售钢材为15万吨。鞍山（香港）物流中心仓储面积为5万平方米，可为客户提供仓库出租、代管及产品、货物一体化服务，可随时满足客户市场的需要。该物流中心建成了仓储服务及配送的内部管理网络化信息平台，将使订车、派车、查询形成网络一体化并且形成网上车辆运输交易平台。

2.4　辽宁省钢铁物流业存在的问题分析

2.4.1　钢铁物流成本居高不下

钢铁产量的不断扩大以及由此带来的原材料消耗的逐年增加，为辽宁省钢铁物流业的发展提供了极大的市场机遇，但由于目前其钢铁物流业整体上看还处在初级阶段，没能形成现代化的物流平台，普遍存在着物流资源布局分散化、信息封闭化、机构独立化，尤其在物流资源的整合和协调优化方面还存在诸多问题，使得物流成本一直是居高不下。

2.4.2　企业对钢铁物流缺乏整体规划

整个钢铁物流链的相关企业对钢铁物流缺乏整体规划，其中对运输、仓储、加工、配送等环节缺乏有效衔接和协调，布局不合理，物流成本很高而且方式单一，而且钢铁物流市场无序竞争，导致整体效益不佳。

2.4.3 钢铁物流行业信息平台搭建不完善

辽宁省（乃至全国）钢铁物流行业整体上还处于发展的初级阶段，鉴于行业发展时间较短的原因，能够参考借鉴的经验不多。有数据显示：钢铁物流业中60% ~70%成本来自于原燃料采购费和运输费，钢铁物流成本占到产品总成本的20% ~30%，甚至更多，其原因是我国钢铁行业的运营平台搭建不完善，由此带来了信息闭塞、沟通不畅，使得整个钢铁物流链的上下游信息可视度较低。而目前整个辽宁省钢铁物流信息平台（由钢铁企业物流部门、第三方物流企业、社会闲散的物流资源、钢材批发商、钢材零售商等共同形成的一种以钢铁产品为经营对象的物流网络）尚未很好的建立，直接导致运输网络不完善，运输手段单一，于是空载率高，交叉运输、迂回运输等现象频繁出现，导致了物流成本大增。

2.4.4 企业之间缺乏有效的沟通与合作

全省现有的钢铁物流企业缺乏有效的沟通和合作，各钢铁物流企业各自为政，以辽宁省三大主要钢铁交易中心城市（沈阳、大连、鞍山）为例，各自都有独特的钢铁物流交易方式，但互相之间信息共享程度较低甚至缺乏，使得整体物流资源如同一盘散沙，不能够集中整合，因而无法实现物流资源在全省范围内的优化配置，导致物流资源的大量浪费，提高了相关物流成本。

2.4.5 辽宁省钢铁物流业产生的环境问题

由于钢铁行业消耗能源主要是炼焦煤、动力煤、电力、重油和天然气等，因此钢铁行业自然也就成为了辽宁省二氧化碳的主要排放行业之一。有数据统计，早在2004年辽宁省钢铁行业二氧化碳的排放量约为2.997万吨，占辽宁省总排放量的8.6%。由此可见，钢铁物流产生的环境问题甚为严重。自20世纪90年代以来，全球气候变化问题已经得到国际会议的广泛关注。政府间气候变化专业委员会（IPCC）指出，近一百年全球气温升高了0.3℃ ~0.6℃。在导致气候变暖的各种温室气体中，二氧化碳的贡献率占50%以上，据统计其中全球4% ~5%的二氧化碳排放量来自钢铁行业。而辽宁省是我国东北的老工业地，能源消耗大，二氧化碳的排放量大，当然来自钢铁生产、运输过程中的部分比重也很大。

所以，在未来，如何把钢铁物流与低碳化相结合实现“环境友好”的目标，同时实现全省钢铁物流可持续发展，将与搭建完善的钢铁物流运营平台一起成为辽宁省钢铁物流行业面临的两大核心问题。

3 辽宁省钢铁物流业供应链物流多方联动网络平台设计

3.1 需求描述

通过对钢铁物流供应链运营模型的分析，目标系统应包含的功能需求如下：

3.1.1 网上交易管理

整个信息平台中涉及的角色主要包括原材料供应商、钢铁生产企业、钢铁产品经销商、钢铁产品消费者等，他们都需要在网上进行交易。原材料供应商为钢铁企业提供生产钢铁产品的主要原材料，原材料的买卖需要在网上进行交易；钢铁企业生产的钢铁产品通过网上交易平台供钢铁产品经销商或者钢铁产品消费者进行选购。

网上交易管理功能提供原材料商品、钢铁产品基本信息的查询与浏览、网上下单结算、订单管理、退货管理等。

3.1.2 物流配送与跟踪

交易产生后，需要由第三方物流、钢铁企业自营物流、社会个人物流资源负责将商品（原材料、钢铁产品等）送达目的地。用户（原材料供应商、钢铁企业、经销商、消费者）在网上下单后，可以选择物流方式（第三方物流、钢铁企业自营物流、社会个人物流资源），物流服务提供者（第三方物流、钢铁企业自营物流、社会个人物流资源）可以随时在网上查询接到物流订单的状况，根据物流订单取件、送货。同时，为在途物品提供物品的状态跟踪与查询功能。

物流配送与跟踪功能主要提供网上接单、物品状态跟踪和查询等功能。

3.1.3　决策支持与管理

在商品配送过程中，为了达到绿色环保、节约能源、节省费用的目标，应按照物品的体积、重量、位置，根据配送车辆的载重、位置等信息适当地选择配送方式和配送路径。在选择组合托运时同样需要决策支持系统的智能支撑，使组合配送方式较优，从而达到节约的目标。在商品进行入库时，应根据商品（原材料、辅料、成品、半成品等）的体积、重量适当选择存储的位置。当入库商品、出库商品的数量在库存水平之外时，需要决策支持系统给予指导性的建议，进而达到更快、更好、更佳的配送、仓储。

3.1.4 库存管理与控制

围绕钢铁企业的原材料、半成品、成品、设备等的存放与流通需要在钢铁企业内部进行仓储管理；对原材料、半成品、成品、设备等进行入库管理、出库管理、库存控制。

3.1.5　生产计划管理

钢铁企业中负责生产的生产调度部门根据生产状况、市场需求状况、订单状况等因素制订生产计划，通过生产计划组织生成、调配库存存货、采购原材料、设备等。

3.1.6　社会个人物流资源入网通知

社会个人物流资源进入到某个城市 GPRS 服务范围内，可以使用手机接入到本信息服务平台中来，同时，可以使用手机请求组合托运、查询订单等服务。

3.1.7　GPS 导航

无论是第三方物流企业还是钢铁企业物流部门或者是社会个人物流资源都可以在各自的运输工作上安装 GPS 终端，通过这种方式能清楚地了解车辆具体信息，便于货品的跟踪及车辆的组织调配。

3.1.8 组合托运组织与管理

如果有社会个人物流资源请求组合托运时，需要由信息服务中心管理人员对请求进行处理，当有钢铁生产企业、钢铁产品经销商或者钢铁产品消费者提出的配送方式可以是其他或者指定为组合托运时就可以机动灵活地采用社会个人物流资源进行运输。这种运输方式具有灵活、轻量、快捷、费用低等特点。

3.1.9 基本信息管理

在整个信息平台中，涉及的信息量巨大，包括企业（供应商、生产商、经销商等）的组织与管理、车辆信息的组织与管理、商品（各种原材料、钢铁产品、半成品）信息的组织与管理、商品配送方式的组织与管理、钢铁企业内部部门员工的信息管理等。这些信息都需要由不同的企业、部门、人员来有效地管理和组织，这样才能让整个系统有效的运作。

3.2 需求分析

经过对需求的讨论和分析，在整个钢铁物流业供应链物流网络平台中，比较重要的参与者包括：原材料（铁矿石、煤炭、辅料）供应商、钢铁企业、第三方物流企业、社会个人物流资源、钢材产品经销商等。其中，钢铁企业这个参与者可以进一步地细化为企业内部物流中心、生产调度中心、库存管理员、系统管理员、物流信息服务中心等几个参与者，如图 5-3-1 所示。

下面对参与者使用的功能进一步进行分析。

3.2.1 原材料供应商

原材料（铁矿石、煤炭、辅料）供应商作为整个供应链网络的源头是非常重要的，其使用的主要功能为配送原材料，目的就是将其原材料商品送达钢铁企业。即在网上查看订单，然后配送原材料。这里我们作为订单管理用例的部分。同时，供应商还有对个人企业的原材料相关的信息进行维护，如图 5-3-2 所示。

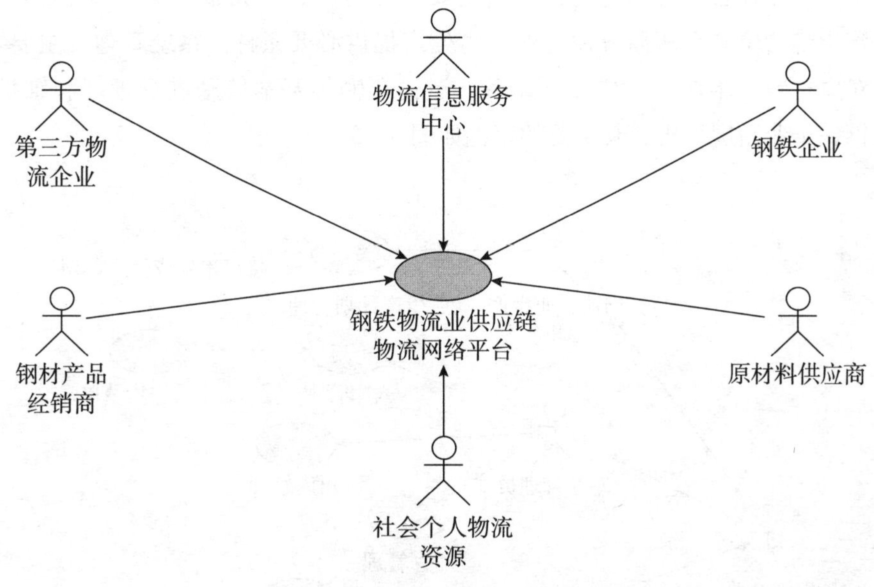

图 5－3－1　总体需求分析

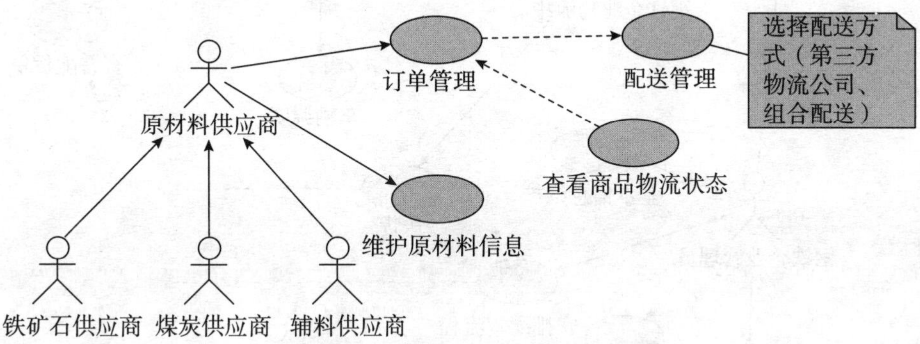

图 5－3－2　原材料供应商的需求分析

3.2.2　钢铁企业

钢铁企业是整个物流网络平台中功能的主要服务对象，因此需要对其进行进一步的细化和展开。主要包括企业内部物流中心、库存管理部门、生产调度部门、系统管理员。其中企业内部物流中心负责对原材料、半成品、成品、生产设备等物品进行运输；库存管理部门负责对暂时不需要使用的原材料、半成品、成品、设备等进行保存，其中包括入库管理、出库管理、库存管理等具体功能；生产调度中心负责产生生产计划并按照生产计划需要由物流中心和库存管理部门进行配合将需要的原材料、半成品、成品、设备等运送到指定的位置，从而方便生产，为生产提供必要条件。系统管理员主要负责对原材料、半成品、成品、设备、运输车辆等基本信息进行管理和维护。从钢铁企业角度分析，其主要的用例如图5－3－3所示。

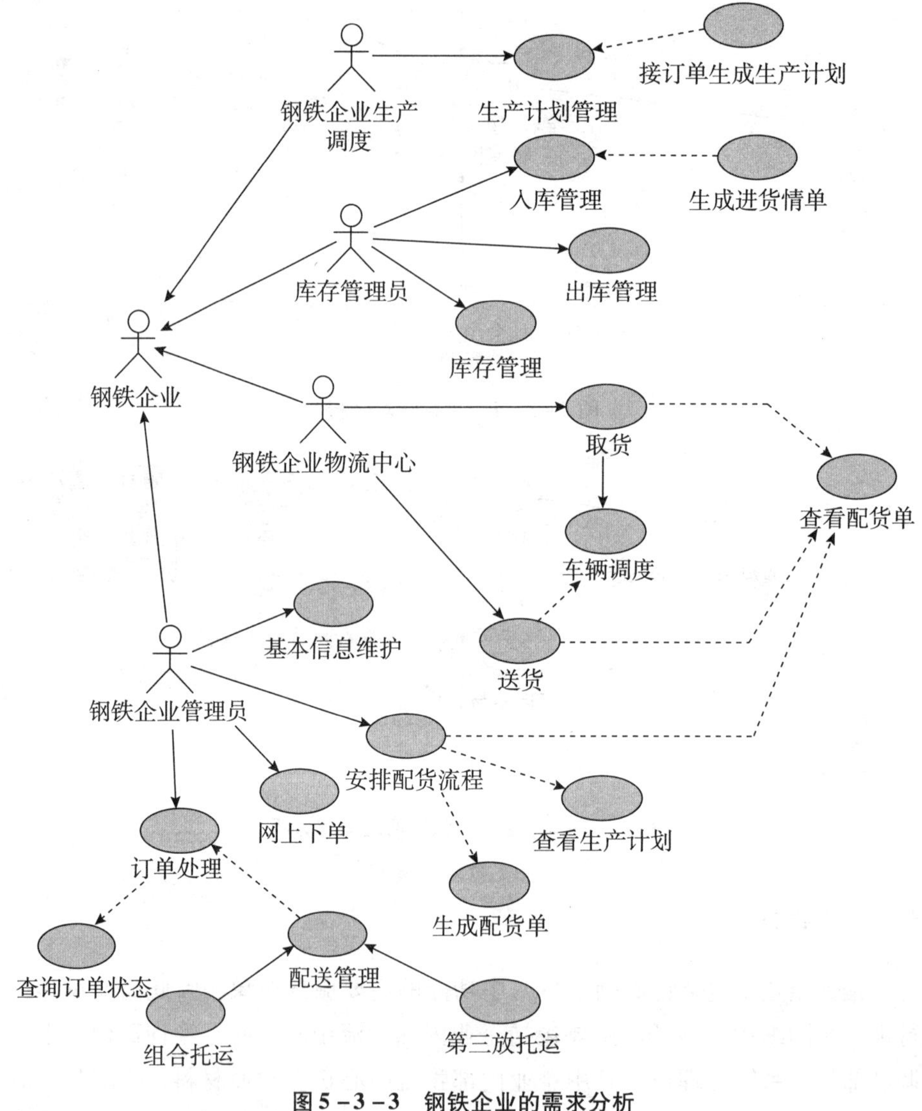

图5－3－3　钢铁企业的需求分析

3.2.3　第三方物流

第三方物流主要为原料供应商、钢铁企业、钢铁产品销售商提供取货、送货服务，同时，需要对包裹的基本信息进行管理和维护。第三方物流企业根据供应商、钢铁企业、经销商在网上对于物流配送方式选择的订单情况，进行取件、送件。这是一种全新的不同于现在网上配货的形式，如图 5－3－4 所示。

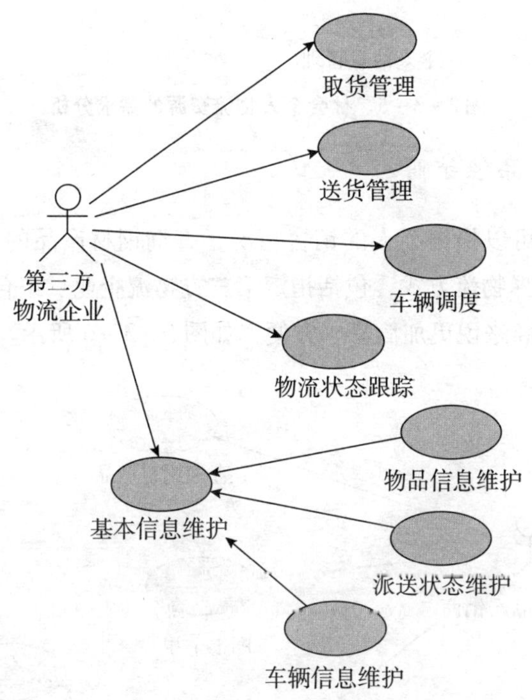

图 5－3－4　第三方物流的需求分析

3.2.4　社会个人物流资源

社会个人物流资源在派货后返程前，可以向网络平台发送组合托运请求，这样可以避免空车返回的情况，进一步提升物流效率，减少不必要的物流成本，如图 5－3－5 所示。

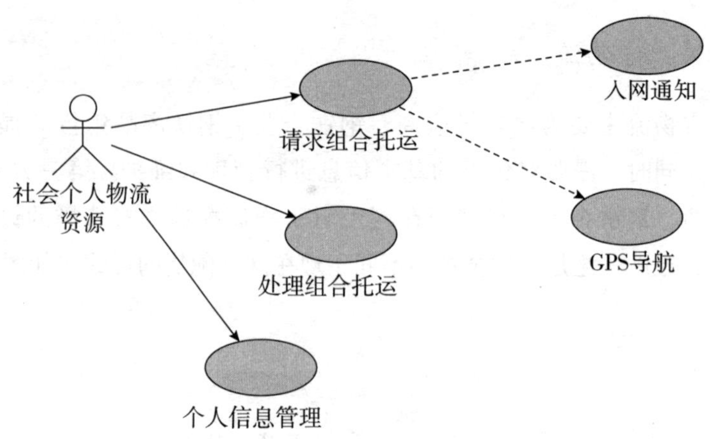

图5-3-5 社会个人物流资源的需求分析

3.2.5 钢材产品经销商

钢材经销商可以根据个人的销售情况，查询钢材产品的详细信息、在网上直接下单（选择物流方式，包括指定第三方物流企业、组合配货等），使发货过程对于销售商来说更加简易、方便，如图5-3-6所示。

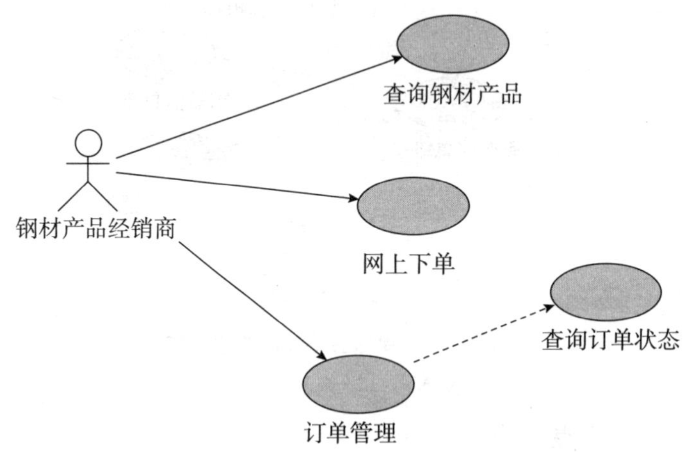

图5-3-6 钢材产品经销商的需求分析

3.2.6 物流信息服务中心

物流信息服务中心，作为整合整个信息平台的枢纽，对于供应商、钢铁企业、第三方物流企业、个人物流资源等信息进行维护、审核、管理。同时，对组合配货请求处理，如图5-3-7所示。

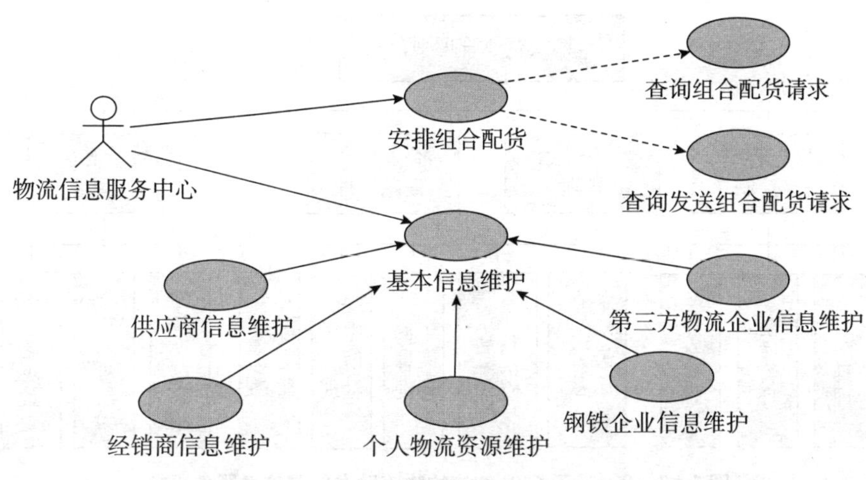

图 5－3－7　物流信息服务中心的需求分析

3.3　信息平台设计

3.3.1　系统功能结构设计

整个物流动态联盟的信息平台，可以分成两个大的组成部分，一部分处于钢铁企业外围为第三方物流企业、原材料供应商、钢铁产品销售商、社会个人物流资源服务的基于 B/S 结构的物流信息服务平台，其主要的功能模型如图 5－3－8 所示。另一部分是对钢铁企业关于采购、生产、仓储、物流、信息管理的企业内部的基于 C/S 结构的管理系统平台，其主要的功能模型如图 5－3－9 所示。

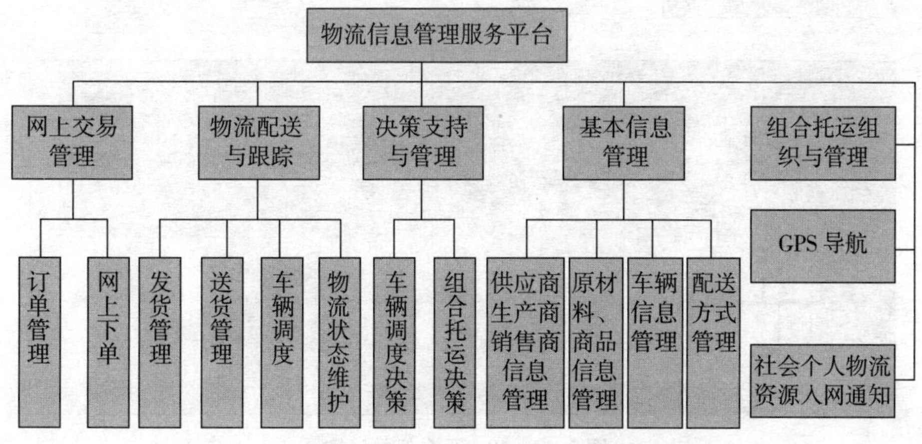

图 5－3－8　基于 B/S 结构的物流动态联盟信息服务平台

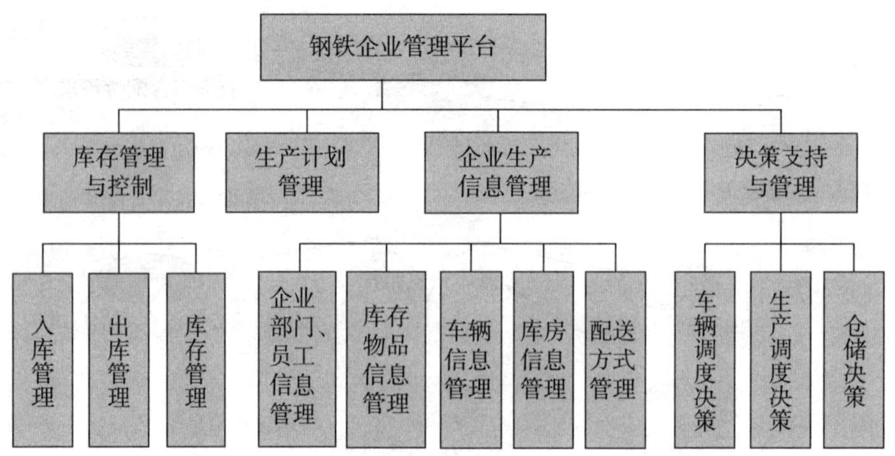

图5-3-9　基于C/S结构的物流动态联盟信息服务平台

3.3.2　系统拓扑结构设计（见图5-3-10）

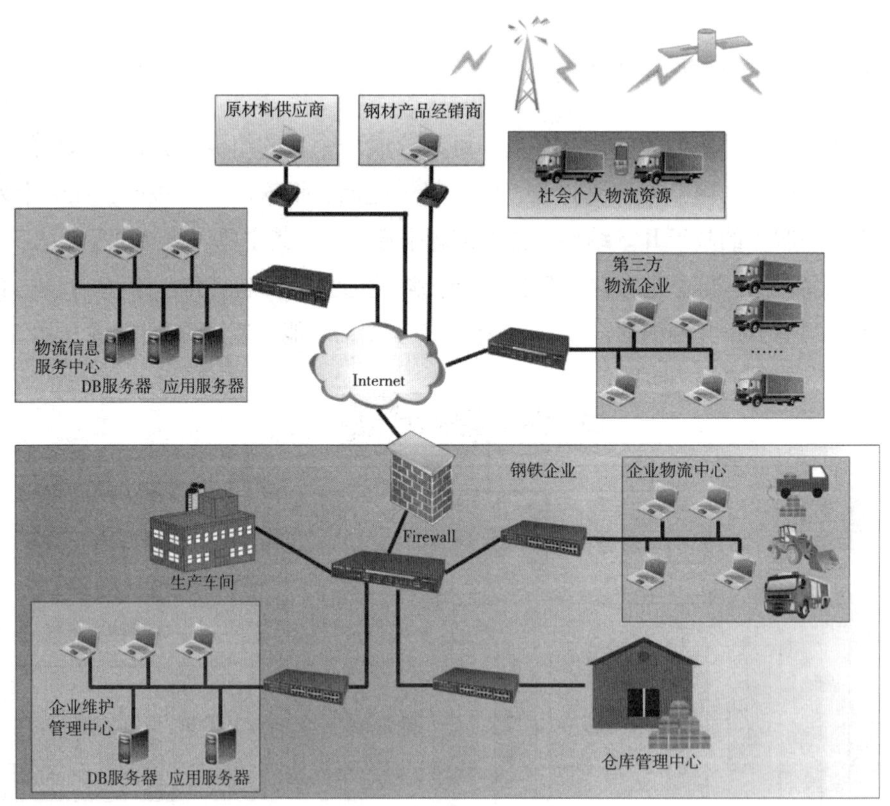

图5-3-10　平台拓扑结构

4　辽宁省钢铁物流业供应链物流多方联动网络平台实施对策

4.1　企业对策

4.1.1　树立合作意识，加大联合运输比例

联合运输是降低物流成本的一种有效方式。以往之所以很难实现，就是因为各类物流组织各自为政，谋取私利。在当前的新形势下，这种战略必须进行修正，取而代之的是推行合作战略，加大企业主体联合运输、多种运输方式联合运输比例，实现共赢之目标。

4.1.2　打造战略联盟，健全激励机制

钢铁贸易企业与钢铁生产企业结成战略联盟将成为辽宁省钢铁物流业的生存之道。在全球经济低迷之际，辽宁省钢铁产业将面临极大挑战！离开了钢贸企业的高效运营，钢铁生产企业的生存将更加举步维艰；同时，没有了钢铁企业的产品销售量，也就没有钢贸企业的生存之基。为此，辽宁省的钢铁物流业各方，包括钢铁生产企业、钢铁物流企业等主体必须打造战略联盟，共同迎接挑战。当然在这个过程中，各方企业就需要建立风险共担、利益共享管理机制，建立真正的战略伙伴关系，共同开拓钢铁物流市场。

4.1.3　加强企业自身信息化建设，快速融入钢铁物流网

MLNMSCL 模式的建设离不开信息系统的支撑。辽宁省钢铁物流企业如果需要通过 MLNMSCL 模式提高企业竞争力，降低物流成本，就必须要加强自身的信息化建设。只有这样，才能达到企业信息互通、传递迅速和决策共享。

4.1.4　树立低碳减排意识，实施绿色物流

低碳对钢铁物流企业而言，已经不仅仅是社会责任的问题了，因为这还

将涉及到企业的利润问题。钢铁物流的特性决定了其物流量之巨大，其碳排放之剧烈。如果不能有效通过物流优化来降低碳排放，那么，我们的钢铁物流企业将面临更多的碳税惩罚。为此，发展绿色物流已经成为辽宁省钢铁物流企业的顶层战略。

4.1.5 注重物流运筹优化，降低物流系统成本

企业要善于运用先进的、前沿的物流优化理论和模型开展物流运筹规划。企业要长期保持与高校、科研院所等的沟通，这将有利于科研难题的攻关，将极大地提高企业决策实力，有利于降低物流成本。

4.2 政府对策

4.2.1 建立全省统一的开放市场

通过建立全省统一的开放市场，推进现代物流、电子商务、连锁经营等现代流通方式，促进商品和各种要素自由流动和充分竞争，从而降低物流成本。

4.2.2 强化钢铁物流网络系统建设

通过在全省搭建完善的钢铁物流运营平台，优化辽宁省沈阳、大连、鞍山、本溪、抚顺等多地区、分散型的钢铁物流网络，形成钢铁企业物流部门、第三方物流企业、钢材产品经销商、社会个人物流资源等多方参与的钢铁物流联动网络。实现商流、物流、信息流、资金流有效整合，建立由“钢厂——地区分销商——加工配送——钢铁终端用户”构成的业务协同全程式供应链，从而形成“大型仓储 + 剪切仓储 + 快速配送 + 电子商务 + 金融服务”的现代化的运营模式，最大限度上对各个物流节点进行协调统一，优化资源配置，进而降低运输的空载率，优化运输路径，减少对燃油等资源的耗用，大幅提高钢铁物流产业链上各方的经济效益。

4.2.3 培养专业的第三方钢铁销售物流服务提供商

加快钢铁销售物流产业兼并重组步伐，培养一批现代化大型龙头钢铁销

售物流企业。目前，辽宁省基本没有一家物流企业能独家承接大型钢厂全部销售物流业务能力，导致辽宁省钢铁产成品物流流通环节多、集中度低、成本居高不下。政府应鼓励钢铁销售物流企业通过参股、控股、兼并、联合、合资、合作等形式进行资产重组，培养一批现代化大型钢铁销售物流企业，不仅提高钢铁销售物流环节产业集中度、促进产业健康发展，而且与钢铁行业兼并重组步伐相适应，有利于钢铁产业发展的良性循环。

4.2.4　完善钢铁产品销售的电子商务市场

运用第三方物流方式解决交通运输和相关业务，达成由生产企业、销售企业直至消费者的供应链整体化和系统化，是目前电子商务领域中普遍提倡的一种模式。政府部门要推动整合钢材市场，完成大信息流、大物流、大资金流的有效整合，并且借助钢铁交易平台搭建的机遇，融合大的钢材市场，建立现代化钢铁物流交易系统，实现方便、快捷交易。

4.2.5　鼓励低碳化的物流模式

“环境友好的低碳钢铁物流”已经成为历史发展的必然。政府在完善钢铁物流网络平台建设的基础上，必须加大宣传力度和政策支持力度，鼓励钢铁物流企业采用先进技术、更新管理理念，进而降低运输环节对环境造成的污染，创造最佳的生态环境效益，实现钢铁行业和钢铁物流业的可持续发展。

4.2.6　加大金融财政支持

发挥政府部门对行业发展的引导作用。鼓励具有一定产业基础和发展后劲的钢铁销售物流企业融入钢铁物流网络运营平台，并给予资金、税收、用地等政策上支持和优惠，鼓励钢铁销售物流企业间兼并重组，培养一批钢铁销售物流龙头企业。

此外，政府还要推动钢铁销售物流企业与金融、担保机构合作，促进相互之间信息交流，建立和完善担保机制，鼓励金融机构开发适宜钢铁销售物流企业特点的金融产品，解决钢铁销售物流行业的融资难题。

5 小结

辽宁省钢铁物流业的发展在迎接庞大的市场机会之际，也面临巨大的挑战，本部分提出的网络平台的构建和实现需要辽宁省政府部门多管齐下，采取顶层设计思想，力推信息系统建设，结合多种策略鼓励他们积极融入多方协作模式，相信本模式可以为辽宁省钢铁物流业的健康快速发展提供重要的借鉴价值！

第六篇

供应链逆向物流模式设计

——以电子产品为例

1　引言

随着科学技术的进步和人们生活水平的提高，电子产品使用越来越广泛，而电子产品不断地快速更新，特别是消费者越来越追求商品的个性化、时尚化和现代化，这更增加了电子产品的消耗量，相应的就有大量的电子产品废弃物产生，这些电子产品废弃物蕴藏着巨大的回收利用价值，通常电子产品本身及其大量电子元器件中，都含有多种贵重金属，如果直接作为垃圾进行简单填埋或者焚烧处理，除大量有用元素的浪费以外，电子产品本身所含得多种重金属不慎泄漏，则会对环境造成严重污染，解决这些问题的一个有效途径就是对电子产品进行回收和再生利用，通过这一途径消除其对于环境的压力，同时获得二次资源。我国目前电子产品回收企业主要是一些规模较小的回收公司，没有形成规模，而且处理工艺落后，对环境污染存在着很大的隐患。本篇就解决废旧电子产品的回收问题进行分析，并讨论建立适合电子产品的回收模型。

2 逆向物流的含义及特点

人们通常所讲的物流是正向物流（Forward Logistics），美国物流管理委员会（Council of Logistics Management，CLM）将其定义为“为满足消费者需求，对原材料、在制品库存、产成品及相关信息从生产地到消费地的有效率和有效益的流动进行计划、管理和控制的过程”。事实上，一个完整的闭环供应链（Closed - loop Supply Chain）系统不仅包括正向物流，还包括逆向物流，它是指为了恢复价值或合理处置，而对原材料、中间库存、最终商品及相关信息，从消费地到起始地的高效、低成本流动所进行的计划、管理和控制过程。简单说，逆向物流就是使物品自最终目的地回流的过程，其目的是对回流的物品进行适当的处理并获取价值和利润。其主要过程包括：回收、检验与处理决策、重新制造、整修，再分销、捐赠和报废处理。

逆向物流作为企业价值链中特殊的一环，与正向物流相比，有着明显的不同。第一，需要回收物品的准确地理位置、时间和数量是难以预见的。第二，物品回流的地点较为分散、无序，不可能集中一次向接收点转移。第三，回流物品目前的使用状况差异较大。逆向物流的这些特征给计划、控制收集和处理造成了很大的困难。同时，不同物品的逆向物流处理系统与方式复杂多样，不同处理手段对恢复资源价值的差异也较大。

3　研究意义

3.1　废旧电子产品对环境污染严重

电子产品，包括通信设备、广播电视设备、电子计算机及其配套产品、家电、电子专用设备、仪器、仪表、电子元器件和专用材料等。废旧的电子产品中的大部分电子元器件含有如砷、镉、铅和阻热化学物等有毒材料，而阴极射线管（CRT－显示器、显像管等）、电路板、电池、水银开关等产品，比较集中地含有包括铅、汞、镉和铬等有毒元素。这些废旧电子产品不经过适当的处理就掩埋或焚烧，会对环境造成严重的污染，而且这种污染将是长期难以解决的，为此欧美等发达国家纷纷制定相应的法规对废旧电子产品的处理进行严格的管理，1997 年德国规定制造商必须免费回收、再生和处置废旧电池。荷兰也制定了法规要求消费者在购买电子产品的时候必须交付一定比例的回收处理费用。1997 年英国制定《垃圾掩埋税收法案》（Landfill Tax）使得处理固体废品的成本比以前更加昂贵，而且对掩埋的废品品种作了要求。这些都毫无疑问会使企业与消费者提高再生循环利用的意识。

我国目前已经越来越重视废旧电子产品的处理问题。信息产业部经济运行司要求，“电子信息产品制造者应当保证，自 2003 年 7 月 1 日起实行有毒有害物质的减量化生产措施；自 2006 年 7 月 1 日起投放市场的国家重点监管目录内的电子信息产品不能含有铅、汞、镉、六价铬、聚合溴化联苯（PBB）或者聚合溴化联苯乙醚（PBDE）等”。正在拟订中的《电子信息产品生产污染防治管理办法》中已出现此规定。目前，这个《管理办法》已处在征求意见阶段，经各生产企业研究后将确定草案提交人大讨论。可以预见未来电子产品生产企业必须对其产品全生命周期负责。

3.2 废旧电子产品仍有价值

有一部分产品可以恢复价值重新利用。一些电子产品淘汰并非因为不能继续使用，可能是消费者对生活质量的要求提高，或希望使用功能更强的产品（在计算机产品和手机产品中非常广泛），而不再使用这类产品，所以这类产品可以继续使用。还有一类是，部分零件出现损坏，而其他部分功能仍然完好，经过更换或修理仍然可以继续使用。

报废的电子产品中也蕴藏着较高的价值，废旧电子产品中含有多种贵金属，经过对电子产品的分拆和提炼处理，可以回收金银铜阳极泥。加拿大诺兰达公司近年来非常重视从废弃电子产品中回收铜、银、铂、钯等贵金属。2000 年该公司 70 亿加元（1 美元约合 1.57 加元）的营业额中，有 4 亿加元来自回收业，而回收业的货源中有 3/4 是电子产品。在诺兰达公司眼中，使用过的电子产品具有极大价值，因为从废弃电子产品中提炼出来的金属数量高于从同等数量的矿石中提炼出来的金属数量。目前该公司在美国设有 4 个回收厂，回收项目包括电脑、打印机、电话、寻呼机和音响设备等。目前诺兰达公司掌握着北美回收市场的 3/4，该公司预计今后 5 年金属回收的数量将至少增长 1 倍。IBM 是发现逆向物流价值较早的电子企业之一，多年来对逆向物流进行深度挖掘，系统控制和强化管理，获得了成本下降、客户满意度提高、环保等多方面的间接经济效益和社会效益。

4　传统废旧产品逆向物流的模式

目前，世界上各国的企业流行三种对废旧产品回收的逆向物流模式，分别是逆向物流的自营方式、逆向物流的联合经营方式和逆向物流的外包方式。

4.1　逆向物流自营方式

逆向物流的自营方式就是指生产企业建立独立的逆向物流体系，自己管理废旧物品的回收处理业务。在逆向物流自营方式下，企业不但重视产品的生产销售和售后服务，还重视产品在消费之后的废旧物品以及包装材料的回收和处理。企业建立了遍及所有本企业产品销售区域的逆向物流网络，以便回收各种回流物品，并将其送到企业的回流物品处理中心进行集中处理。在政府管制的条件下，生产企业建立自己的逆向物流系统，这是外部社会成本的内部化，是生产者责任延伸制度的主要形式（见图6－4－1）。

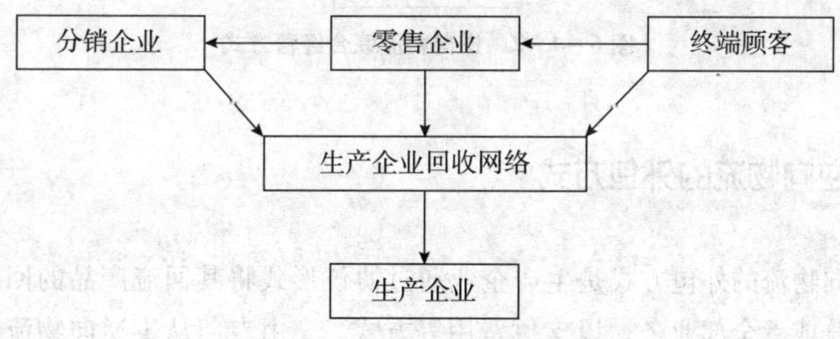

图6－4－1　逆向物流自营方式

对生产企业来讲，实施逆向物流，不仅仅是一种应对环境管制的策略和有利可图的业务，更是一种有力的竞争武器。实施逆向物流，可以节约资源，降低原材料的成本；可以了解本企业产品的缺陷，不断提高产品质量；可以解除顾客的后顾之忧，增加顾客忠诚度；还可以塑造良好的企业形象，增强企业的竞争优势。

4.2 逆向物流的联合经营方式

逆向物流的联合经营方式是指生产相同产品或者相似产品的同行业企业进行合作，以合资等形式建立共同的逆向物流系统（包括回收网络和处理企业），为各合作企业甚至包括非合作企业提供逆向物流（见图6－4－2）。

在政府管制的条件下，建立联合的逆向物流系统，不仅可以减轻单个企业在建立逆向物流系统上的投资压力，具有专业技术优势，容易实现规模经营，还可以为各合作企业提供廉价的原材料，保证企业运作过程中的原材料来源，实现企业间合作共赢。

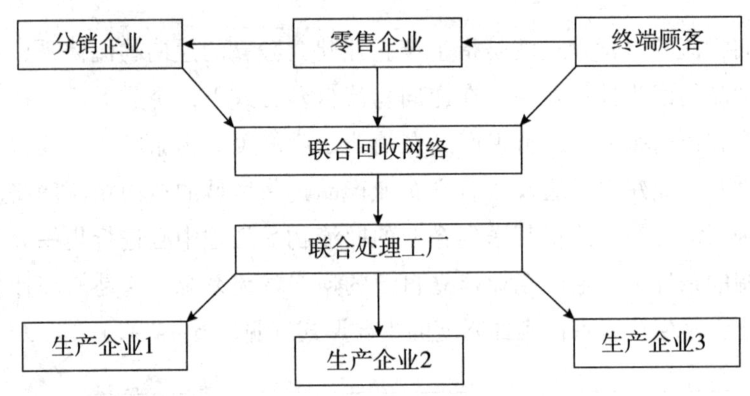

图6－4－2　逆向物流联合经营方式

4.3 逆向物流的外包方式

逆向物流的外包方式是生产企业通过协议形式将其回流产品的回收处理中的部分或者全部业务，以支付费用等方式，交由专门从事逆向物流服务的企业负责实施（见图6－4－3）。

企业将逆向物流外包，可以减少企业在逆向物流设施和人力资源方面的投资，将巨大的固定成本转变为可变成本，降低逆向物流管理的成本；由于外包服务的专业化运作，可以提供更高的服务质量，此外，逆向物流外包之后，企业可以将精力集中在自己的核心业务上，更利于提高企业的竞争实力。

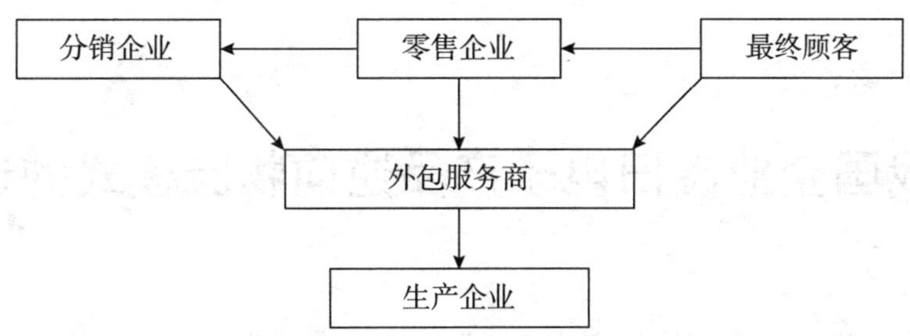

图 6 -4 -3　逆向物流的外包方式

4.4　三者比较

自营方式，联合经营方式，外包方式的比较如表 6 -4 -1 所示。

表 6 -4 -1　　逆向物流自营、外包与联合方式的比较

方式	适用产品范围	适用的企业
自营方式	回收再利用价值比较高，或专业性比较高，或法律规定必须处理或召回的产品	能够独立建立回收物流系统，经济技术实力比较强大，废旧物品的产量较大且回收价值高或污染严重
联合经营方式	生产或消费之后的废旧物品，如废旧家电、电子产品、生产中报废的产品	生产相同或相似产品的诸多企业，通过合资方式，建立面向各企业的从事逆向物流特别是回收处理废旧物品的企业
外包方式	适用于绝大多数逆向物流的产品	技术和经济实力较弱的中小企业，专注于核心业务的大企业

5 我国企业废旧电子产品逆向物流模式的选择

企业在逆向物流的运作方式选择时，要充分考虑企业现有资源和条件，以及未来这一行业的前景，所以在选择逆向物流的方式时，应该从经济、管理、技术多个角度来综合考虑。

5.1 废旧电子产品逆向物流模式影响因素

5.1.1 经济性因素

反映逆向物流经济性的指标主要包括：投资额、盈利性和成本等。

（1）投资额。从事逆向物流通常需要进行投资，特别是回收物流系统，需要在回收处理的设施设备以及人力资源等方面投入较多的资金。由于许多产品含有有毒有害物质和不易处理的材料，企业要对其进行适当的回收处理需要有专门的设施设备，并进行严格的环境管理，以确保整个过程不会对环境产生危害。此外，其中一些技术性较强的工作还需要对操作人员进行专门的培训。但是对于不同的运作方式，企业在逆向物流方面所需的投资额是不相同的。在自营条件下，逆向物流方面的投资主要由企业自身来承担；而在联合经营或者外包方式下，企业自身只需承担建立逆向物流系统的部分投资或者基本上不需要承担，而完全由合作企业来承担。

（2）盈利性。对企业而言，盈利性是企业必然要考虑的因素。在自营方式下，盈利性主要表现为将废旧物品转变为再生资源，能为企业带来的原材料成本节约，以及逆向物流管理带来的顾客服务水平、产品质量的提高和企业形象的改善等。而在联合经营或者外包方式下，企业在上述几方面所获得的收益可能较少，或者仅仅避免法律法规的惩罚。

（3）成本。成本是逆向物流管理中一个不可忽视的因素。当企业采用自营方式时，需要为逆向物流业务支付较高的成本，这主要是因为这些商品通常缺少规范的包装，又具有不确定性，难以充分利用运输和仓储的规模效益；另一个重要原因在于许多商品需要人工的分类、检测、判断和处理，不可避免地增加了人工费用。而在采用外包方式和联合经营方式时，企业也需要向合作方支付一定的回收处理费用，此外，还有企业之间合作时的“交易成本”。

5.1.2　管理性因素

逆向物流管理是指生产企业对逆向物流各种运作方式的运用和管理能力。反映逆向物流管理性的指标主要有以下几个：

（1）设施设备管理能力。逆向物流的运作过程中通常需要许多设施设备，包括回收处理设施、检验检测设备、修理设备以及运输车辆等，对这些设施设备的维护保养及管理能力是企业需要考虑的一个重要因素。在采用自营方式的条件下，这些设施设备完全需要企业自己维修保养和管理；而在联合经营或者外包方式下，这些工作主要由合作企业来承担。

（2）人员管理与沟通能力。企业现有员工的业务知识和技术水平能否满足逆向物流的要求，是否需要招聘新员工，是否需要对员工进行培训，以及如何加强企业内部员工的交流与沟通，这是企业在采用自营方式时必须考虑的问题。而在联合经营和外包方式下，企业还需要加强与外部合作企业员工的交流和沟通，以保证良好的合作关系。因此，在不同方式下的人员管理和沟通能力是企业需要考虑的重要因素。

（3）信息管理能力。在采用自营方式的条件下，企业可以通过加强企业内部的逆向物流信息的管理，实现信息共享，不断提高产品和服务质量；而在采用联合经营与外包方式的情况下，企业还需要加强与合作伙伴的信息交流与沟通。因此，逆向物流信息的管理能力同样是企业逆向物流决策中要考虑的因素之一。

5.1.3　技术性因素

逆向物流的技术性是指逆向物流对技术水平的要求。在逆向物流的某些环节尤其是废旧物品处理环节，通常需要专门的技术设备，需要技术工人，才能实现废旧物品的再生利用或者无害化处理。

5.2 我国企业废旧电子产品的逆向物流模式

在此一些学者用层次分析法定量求解，但本书认为还应该考虑我国的发展现状，在这里有两点值得多加考虑，第一是外包的局限性，第二是逆向物流系统的战略重要性。

从我国的物流发展水平来说，我国的逆向物流市场还处在刚刚起步阶段，缺少能进行全程回收处理的专业第三方企业，现有的企业或是规模较小，或是回收处理技术落后对环境污染严重。如果企业将逆向物流活动外包，可能会有废旧产品回收处理工作不能按期完成以及以企业利益为先不惜以环境为代价的不良结果，再有我国在这方面缺少相关法规和行规进行规范，企业与合作方的信息有被泄露的风险，进而可能造成企业的核心技术和关键信息泄露的严重后果。

逆向物流的战略重要性对企业进行逆向物流模式的选择起着至关重要的作用。企业构建逆向物流系统解决废旧电子产品的回收处理问题，是为了满足国家法规要求，还是将来要涉足回收处理废旧电子产品这个行业，企业是否将其视为未来的利润源，站在战略角度重视这一问题。因此，如果企业视逆向物流系统为未来的利润源，从而具有战略意义，则要考虑采取自营方式或联合经营的方式。如果仅是未来满足国家法律法规要求则要首要考虑外包，把精力放在核心竞争力上。

我们把企业的管理能力和技术能力看做是企业的作业能力，根据战略的重要性和经济性，可以简单地将决策过程描述如图6－5－1所示。

我们将管理因素和技术因素看成是作业层面的因素，它和经济因素、战略重要性构成了选择逆向物流模式的三个重要因素，如图6－5－2所示。我们可以根据这三个因素条件的高低建立一个直观的八个分区的三维立体图，对于经过决策过程图仍然有一定困难决策的企业可以按照三个方面因素综合考虑，从下面的立体图形（见图6－5－2）中，参考选择逆向物流的模式。

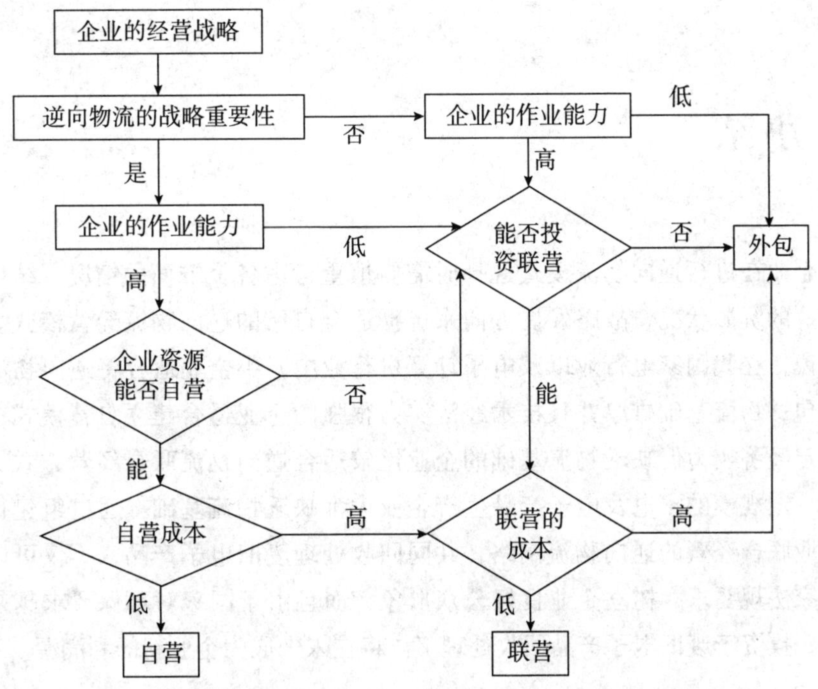

图 6-5-1　废旧电子产品的逆向物流模式

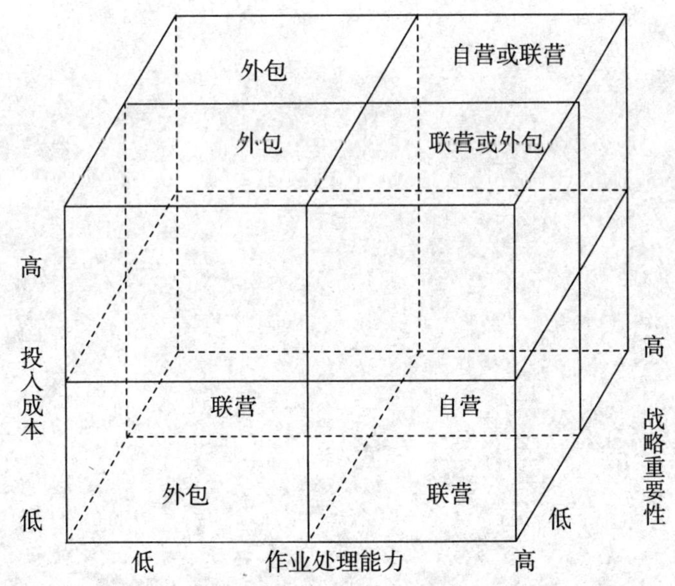

图 6-5-2　废旧电子产品的逆向物流模式选择

6 小结

企业在进行逆向物流模式选择时需要慎重考虑各个方面的情况，结合各自企业的资源状况、战略发展方向来选择适合自己的逆向物流经营模式。总体来说，在我国家电行业以及电子计算机行业中，小企业适合将逆向物流业务外包；物流基础雄厚并且技术经济实力很强的企业适合建立自营模式；而有一定经济实力但缺乏物流基础的企业比较适合逆向物流联合经营方式。我国有一定规模的家电及电子产品生产企业大都缺乏物流基础，通过组建行业内企业联合经营的逆向物流网络，共同回收处理废旧电子产品，不仅可以完成国家法规要求，树立企业良好公众形象，而且由于国家对环保要求越来越严格，投资于废旧电子产品回收处理工作将在未来成为企业新的利润源。

第七篇

绿色供应链激励模型设计

——以钢铁企业为例

1　引言

实施绿色供应链管理是当今我国钢铁企业应对环境恶化、能源危机的有效途径，而绿色供应链构建的基础是供应链中所有成员能够自觉依据供应链整体的绿色战略目标安排其活动，并做到从供应链整体利益出发，从环保的角度出发，与其他成员活动相互协调、一致。如果做不到这一点，那么绿色供应链的构建就只能是空谈。在绿色供应链的实施过程中，遇到的最多的问题主要是成员间的利益冲突、目标不一致，特别是对于污染比较严重的钢铁企业来说，由于环保这一目标所造成的额外成本，往往是供应链中各成员企业所不愿负担的。因而，如何使成员企业把环保作为企业的共同目标，如何使成员的各项活动均能考虑环境因素，以整体效益最优为标准，已经成为了我国钢铁企业绿色供应链实施所要解决的难题之一。

2 绿色供应链激励模型描述

我国的钢铁企业供应链管理形式主要有两种，一种是通过企业自行出资设立供应链中的上下游企业，或通过兼并、控股的方式吸纳成员企业，变外部问题为内部问题，并通过总公司整体控制和协调实现供应链管理，即一体化的管理模式；另一种是通过企业在供应链条中的领导地位，对供应链中的成员企业进行控制和协调，但各成员仍有完全的经营自主权，即相互独立的管理模式。

不论采取何种方式，其控制均以契约和规则为基础，钢铁企业若要减少污染，实施绿色供应链管理，就有必要建立供应链条中的绿色环保规则和契约，以实现对其他成员的控制和协调，以及实现环保的整体目标。本节依据经济学中的委托—代理理论及契约理论，建立了钢铁企业绿色供应链激励模型，现将模型描述如下：

（1）假设整个供应链条中有 n 个分属于两个不同类型的独立的钢材分销商，一类分销商管理效率较高、富有环保意识，能够主动响应绿色供应链的环保要求进行“绿色化”改造；另外一类分销商管理效率较低、缺乏环保意识，没能根据“绿色化”要求进行改造。在此，用 i 表示分销商的类型，$i=1$，2，其中，1 表示已进行“绿色化”改造的分销商，2 表示没有按要求进行“绿色化”改造的分销商。

（2）钢材供应商只知道这些分销商中有 $100\theta_1\%$ 属于类型 1，其余 $100\theta_2\%$ 属于类型 2，且 $\theta_1+\theta_2=1$，而对于分销商所属类型，是分销商的私人信息，钢材供应商无从得知。

（3）设 x 表示分销商在“绿色化”改造方面的投入强度，它是从钢材使用者的角度对分销商“绿化”投入的评价。由于现代消费者对钢材是否绿色、环保十分重视，因而分销商所面临的需求可以视为是 x 的增函数，为研究方便，假设需求函数为一线性确定性随机需求函数 $Q=qx+\xi$，其中：q 为常数，表示“绿化”投入对需求的影响系数，$q>0$；ξ 表示其他不确定性因素引起的随机需求，均值为 0，方差为 σ^2。

（4）“绿化”成本与分销商的类型和投入强度有关。相同类型的分销商，其“绿化”投入强度越大，“绿化”成本越高；为实现相同的“绿化”投入强度，或是达到相同的“绿化”投入效果，类型 1 的分销商比类型 2 的分销商成本低，即已经根据供应链要求进行“绿化”改造的钢材分销商由于管理效率较高，故其单位成本较低。该条件又称为斯宾塞—莫里斯条件（Spence - Mirrlees Condition）或分离条件，是进行有效信息甄别的关键条件。为分析方便，假定分销商“绿化”成本函数为 $C(i, x) = k_i x^2$，其中：k_i 表示成本系数，$i = 1, 2$，$k_1 < k_2$。

（5）用 r 表示生产“绿色”钢材的分销价格，它由钢铁供应商确定；用 c 表示钢材供应商生产“绿色”钢材的单位成本；用 w 表示钢材分销商的批发价格；且 $r > w > c$。

（6）为研究方便，假设钢材供应商和分销商都为风险中性。

（7）钢材供应商在契约制定上占主导地位，分销商只能选择接受或拒绝。

（8）分销商保留利润为$\prod_b^+$，表示分销商接受契约的机会成本。

（9）对于主动执行“绿化”改造，配合供应链整体管理的分销商，钢材供应商应给予一定的补偿和激励。假定供应商采用线性转移支付契约（a_i，Q_{0i}）对分销商进行激励和补偿，即 $T_i = a_i(Q - Q_{0i})$，其中：T_i 表示钢材供应商给予类型 i 的分销商的转移支付总额；Q_{0i}表示类型 i 分销商要想获得正的转移支付的最低销量；a_i 表示钢材供应商对大于 Q_{0i}的销量的单位转移支付（若销量小于 Q_{0i}则表示负的转移支付，即对未进行“绿化”改造的分销商的惩罚）；$i = 1, 2$。

3 一体化管理模式下的绿色供应链激励模型

此种管理模式的供应链中，往往以钢材供应商为控制核心，在整个链条中进行集中协调、控制。在模型中假定由钢材供应商统一对链条进行控制。此时分销商类型为内部信息，不存在信息不对称问题，则供应链利润为：

$$\prod_{sc,j} = n\theta_1[(r-c)Q - k_1x_1^2] + n\theta_2[(r-c)Q + k_2x_2^2]$$

其期望利润为：

$$E\prod_{sc,j} = n\theta_1[(r-c)q - k_1x_1^2] + n\theta_2[(r-c)q + k_2x_2^2]$$

由：$\partial E\prod_{sc,j}/\partial x_i = 0$ 可得，供应链最优“绿化”投入强度为：$x_{i,j} = (r-c)q/2k_i$，$i=1$，2，供应链期望利润为：$E\prod_{sc,j} = n\sum_{i=1}^{2}\theta_i[(r-c)^2q^2/4k_i]$

4　独立式的绿色供应链激励模型设计

4.1　信息对称

信息对称时，钢材供应商知道分销商的所有信息。分销商类型 i 为一已知常数，i 是1或2。此时钢材供应商利润函数为：

$$\prod_{s,f} = n\sum_{i=1}^{2}\theta_i[(w-c)^2Q - T_i]$$

类型 i 的分销商利润函数为：

$$\prod_{bi,f} = (r-w)Q - k_i x_i^2 + T_i$$

因此，钢材供应商和分销商的期望利润分别为：

$$E\prod_{s,f} = n\sum_{i=1}^{2}\theta_i[(w-c)qx_{i,f} - a_i(qx_{i,f} - Q_{0i})] \tag{1}$$

$$E\prod_{bi,f} = (r-w)qx_{i,f} - k_i x_i^2 + a_i(qx_{i,f} - Q_{0i}) \tag{2}$$

为实现效益最大化，由 $\partial E\prod_{bi,f}/\partial x_{i,f}=0$ 可得，类型 i 的分销商最优“绿化”投入强度应满足以下条件，即激励相容约束：

$$(\mathrm{IC})\, x_{i,f} = \frac{r-w+a_i}{2k_i}q \quad i = 1,2 \tag{3}$$

从式（3）可以看出，分销商的最优“绿化”投入强度与“绿化”投入影响系数和单位转移成正比，而与环保成本系数则成反比。

为保证分销商愿意接受该契约，则接受该契约后分销商的利润水平至少不低于其保留利润 $\prod_b^+$，即其个人理性约束：

$$(\mathrm{IR})(r-w)qx_{i,f} - k_i x_{i,f}^2 + a_i(qx_{i,f} - Q_{0i}) \geqslant \prod{}_b^+,\ i = 1,2 \tag{4}$$

此时，钢材供应商面临的问题是在同时满足（IC）和（IR）约束的前提下，使期望利润最大化，即式（1）的值最大化。解之得：

$$a_i = w - c$$

$$Q_{0i} = \frac{[(r-c)^2q^2 - 4k_i\prod_b^+]}{4k_i(w-c)}$$

在上述规则下，类型 i 的分销商的最优“绿化”投入强度为 $x_{i,f}=(r-c)q/2k_i$，期望利润为 $\prod_b^+$，钢材供应商期望利润为 $E\prod_{sc,f}=n\sum_{i=1}^{2}\theta_i[(r-c)^2q^2/4k_i-\prod_b^+]$，整个供应链期望利润为 $E\prod_{sc,f}=n\sum_{i=1}^{2}\theta_i[(r-c)^2q^2/4k_i]$，$i=1, 2$。说明在信息对称条件下，无论分销商属于什么类型，都只能得到保留利润，供应链协调所增加的利润全部由属于供应链领导者的钢材供应商获得。

4.2 信息不对称

在现实经营活动中，钢材供应商往往并不知道分销商的类型，即存在信息不对称。为分辨分销商的真实类型，钢材供应商可以设计一系列协调契约 (a_1, Q_{01})、(a_2, Q_{02})、(a_3, Q_{03}) ……本研究只有两种类型的分销商，其类型空间为（1，2），根据梅叶森（Myerson）显示原理，信号空间可以与类型空间相同，即（1，2），配置函数为 (a_1, Q_{01}) 和 (a_2, Q_{02})，即可诱使分销商主动说出其真实类型，下面求解配置函数的具体形式。

假定在上述供应链契约下，类型 i 的分销商的“绿化”投入强度为 $x_{i,a}$，则钢材供应商期望利润函数为：

$$E\prod_{s,a} = n\sum_{i=1}^{2}\theta_i[(w-c)qx_{i,a} - a_i(qx_{i,a} - Q_{0i})]$$

类型 i 的分销商的期望利润为：

$$E\prod_{bi,a} = (r-w)qx_{i,a} - k_ix_{i,a}^2 + a_i(qx_{i,a} - Q_{0i}), i = 1,2$$

分销商独立于供应商，故该契约必须满足激励相容约束，类似式（3）可求得：

$$(\mathrm{IC}_i)\,x_{i,a} = \frac{r-w+a_i}{2k_i}q, i = 1,2$$

类似式（4），为保证分销商愿意接受该契约，必须满足分销商的个人理性约束，即：

$$(\mathrm{IR}_i)(r-w)qx_{i,a}-k_ix_{i,a}^2+a_i(qx_{i,a}-Q_{0i})\geqslant\prod\nolimits_b^+,i=1,2$$

为保证分销商不会谎报自己的类型，该契约还必须满足分离均衡条件，即激励相容约束：

$$(\mathrm{IC}_3)(r-w)qx_{1,a}-k_1x_{1,a}^2+a_1(qx_{1,a}-Q_{01})\geqslant(r-w)q^2\cdot$$
$$\frac{r-w+a_2}{2k_1}-k_1(\frac{r-w+a_2}{2k_1}q)^2+a_2(q^2\frac{r-w+a_2}{2k_1}-Q_{02})$$

$$(\mathrm{IC}_4)(r-w)qx_{2,a}-k_2x_{2,a}^2+a_2(qx_{2,a}-Q_{02})\geqslant(r-w)q^2\cdot$$
$$\frac{r-w+a_1}{2k_2}-k_2(\frac{r-w+a_1}{2k_2}q)^2+a_1(q^2\frac{r-w+a_1}{2k_2}-Q_{01})$$

（IC_3）保证类型 1 的分销商没有积极性谎报自己是类型 2，而（IC_4）保证类型 2 的分销商没有积极性谎报自己是类型 1。

为激励分销商积极根据供应链要求进行“绿化”改造，提高供应链竞争力，重组后的分销商期望利润应大于没有重组的分销商期望利润，即：

$$(\mathrm{IC}_5)(r-w)qx_{1,a}-k_1x_{1,a}^2+a_1(qx_{1,a}-Q_{01})\geqslant$$
$$(r-w)qx_{2,a}-k_2x_{2,a}^2+a_2(qx_{2,a}-Q_{02})$$

故钢材供应商面临的问题是在满足约束（IR_1）、（IR_2）、（IC_1）、（IC_2）、（IC_3）、（IC_4）、（IC_5）的前提下使其期望利润 $E\prod_{s,a}$ 最大化。求解该模型得：

$$a_1=w-c$$

$$a_2=\frac{(k_1-k_2)\theta_1r+(k_1\theta_2-k_1\theta_1+k_2\theta_1)w-k_1\theta_2c}{(k_2-k_1)\theta_1+k_1\theta_2}$$

$$Q_{01}=\frac{q^2(r-c)}{4k_2(w-c)}-(\frac{1}{k_1}-\frac{1}{k_2})\frac{q^2(r-c)^2}{4(w-c)}[\frac{k_1\theta_2}{(k_2-k_1)\theta_1+k_1\theta_2}]^2-\frac{\prod_b^+}{(w-c)}$$

$$Q_{02}=\frac{(k_2-k_1)\theta_1+k_1\theta_2}{(k_1-k_2)\theta_1r+(k_1\theta_2-k_1\theta_1+k_2\theta_1)w-k_1\theta_2c}\cdot$$
$$\{\frac{q^2(r-c)^2}{4k_2}[\frac{k_1\theta_2}{(k_2-k_1)\theta_1+k_1\theta_2}]^2-\prod\nolimits_b^+\}$$

在上述供应链契约下，分销商最优“绿化”投入强度为：

类型 1：

$$x_{1,a}=\frac{r-c}{2k_1}q$$

类型 2：

$$x_{2,a} = \frac{(r-c)q}{2k_2} \cdot \frac{k_1\theta_2}{(k_2-k_1)\theta_1 + k_1\theta_2}$$

供应商期望利润：

$$E\prod_{s,a} = n\theta_1 E\prod_{s1,a} + n\theta_2 E\prod_{s2,a}$$

其中：

$$E\prod_{s1,a} = \frac{q^2(r-c)^2}{4k_1} - \frac{q^2(r-c)^2}{4}\left(\frac{1}{k_1} - \frac{1}{k_2}\right) \cdot \left[\frac{k_1\theta_2}{(k_2-k_1)\theta_1 + k_1\theta_2}\right]^2 - \prod_b^+$$

$$E\prod_{s2,a} = \frac{q^2(r-c)^2}{4k_2} - \frac{[2k_1k_2\theta_1\theta_2 + k_1^2\theta_2(\theta_2 - 2\theta_1)]}{[(k_2-k_1)\theta_1 + k_1\theta_2]^2} - \prod_b^+$$

分销商期望利润为：

类型1：

$$E\prod_{b1,a} = \frac{q^2(r-c)^2}{4k_1}\left(\frac{1}{k_1} - \frac{1}{k_2}\right)\left[\frac{k_1\theta_2}{(k_2-k_1)\theta_1 + k_1\theta_2}\right]^2 + \prod_b^+$$

类型2：

$$E\prod_{b2,a} = \prod_b^+$$

供应链期望利润为：

$$E\prod_{sc,a} = n\theta_1 E\prod_{sc1,a} + n\theta_2 E\prod_{sc2,a}$$

其中：

$$E\prod_{sc1,a} = (r-c)^2 q^2 / 4k_1$$

$$E\prod_{sc2,a} = \frac{q^2(r-c)^2[2k_1k_2\theta_1\theta_2 + k_1^2\theta_2(\theta_2 - 2\theta_1)]}{4k_2[(k_2-k_1)\theta_1 + k_1\theta_2]^2}$$

5　模型分析

根据以上分析结果，对比信息对称和信息不对称条件下的供应链情况得：

（1）分销商在信息不对称条件下，并不愿意自觉履行环保契约，而使自己的成本增加，为了使分销商能够自觉履行契约，就必须采取必要的激励手段。在模型中体现为：$x_{i,a}(k_i) \leqslant x_{i,f}(k_i)$，$\forall i=1, 2$，即在信息不对称下分销商的“绿化”投入强度低于信息对称下的“绿化”投入强度。

（2）在信息不对称条件下，由于：一方面分销商不愿意主动履行环保契约，而致使不能取得最优的供应链利润；另一方面，为了让分销商能够主动履行契约，就必须让渡一部分利润给分销商，作为激励和补偿。因而，钢材供应商的期望利润必然减少。在模型中表现为：$E\prod_{s,a} < E\prod_{s,f}$，说明在信息不对称下钢材供应商期望利润要低于在信息对称下的期望利润。

（3）在信息不对称条件下，尽管分销商主动执行契约会导致其有更多的投入，但由于得到了充分的补偿和奖励，因而不但不会使分销商的期望利润减少，反而会使分销商的利润增加，使分销商自己成为实施“绿色”管理的最大受益者。在模型中表现为：$E\prod_{bi,a} \geqslant \prod_b^+$，$\forall i=1, 2$，说明在信息不对称下分销商期望利润要高于在信息对称下的期望利润。我们从 $E\prod_{s1,a}$ 可以看出，类型 1 的分销商的信息租金为：$\frac{q^2(r-c)^2}{4k_1}\left(\frac{1}{k_1}-\frac{1}{k_2}\right)\left[\frac{k_1\theta_2}{(k_2-k_1)\theta_1+k_1\theta_2}\right]^2$，该值为调动其说真话，钢材供应商必须让渡给他的利润。

（4）对于供应链中的尚未履行契约的分销商，在经过比较分析后，会发现执行契约的分销商的利润更高，也会在后面的计划中采取执行契约的决定，谋求更高的利润。这就使激励机制发生了效用，促进分销商加强“绿化”、树立环保意识、积极根据供应链要求进行“绿化”改造，从而提高整个供应链的竞争力。在模型中表现为：$E\prod_{b1,a} > E\prod_{b2,a}$。

（5）$E\prod_{sc,a} < E\prod_{sc,f} = E\prod_{sc,j}$，说明在信息对称下供应链期望利润等于系统最优期望利润。在信息不对称下整个供应链存在效率损失，其供应链期望利润低于系统最优或在信息对称下的供应链期望利润。

6　小结

本研究说明，钢铁企业为了保证绿色供应链管理的有效实施，可以以一部分利润为代价，以线性转移支付契约作为激励手段，使分销商在进行“绿化”改造后不但可以获得自身效率上的提高，还可以得到相应的奖励和补偿。这不仅可以帮助促进成员企业积极按照供应链整体要求进行“绿化”改造，而且能够对成员企业是否执行了“绿色”管理进行有效的甄别。但与信息对称情况相比，分销商环保投入强度将低于系统最优环保投入强度，而且钢材供应商期望利润及整个供应链效率都将降低。实质上这是钢铁企业主动承担社会责任的成本，对于钢铁企业来说，执行绿色供应链管理在短期内会使得企业的利润减少，整体供应链效率受损，但从长期看，执行绿色供应链管理有助于企业长期效率的提高，有效地减少环境污染，降低环境成本，于社会发展有益。因而，为防止钢铁企业采取短期获利行为，而主动采取绿色供应链管理模式，主动承担社会和环境责任，就有必要对钢铁企业的供应链效率损失进行激励和补偿，而激励和补偿的最佳主体应该是政府。所以，政府应考虑建立针对钢铁企业的环保改造激励和补偿机制，从而使主动执行绿色供应链管理模式的钢铁企业无论在短期还是长期都可以获益。

第八篇

绿色供应链绩效评价体系设计

——以服装行业为例

1　引言

随着人们绿色环保意识的增强以及“低碳经济”理念的迅速发展，通过供应链的整合能力来大力发展低碳经济进而实现社会可持续发展已成为当今时代的主题。服装行业作为有力竞争的产业之一，更有许多世界知名企业在低碳经济下掀起了环保服装的热潮，如 GUESS 推出了环保男女牛仔裤系列，GIORGIO ARMAMI 推出了环保型牛仔系列，ZARA 鼓励设计师使用环保或天然材料，鼓励可持续的时装设计，李宁公司推出 ECOCIRCLETM 环保服装系列“低碳装”等。我国作为服装第一大生产国和出口国，在碳关税和低碳绿色壁垒越来越严格的形势下，要想在这种低碳经济中取得更大的竞争优势，就一定要加强服装行业绿色供应链管理，进而提高企业的核心竞争能力，推动企业的可持续发展。作为发展中国家，我国在碳排放控制和绿色供应链管理方面还比较薄弱，因而加强服装行业整体的绿色化，实现经济效益、社会效益和环境效益的和谐统一刻不容缓。

国内外多数学者对绿色供应链进行过研究，国外学者如 Joseph Sarkis（2003）对绿色供应链管理的战略框架进行了研究，国内学者如刘卫华、焦合军（2011）对绿色供应链的绩效评价进行过研究，也有部分学者对服装行业的供应链进行过研究，如 Bair J.（2002）对墨西哥服装行业的供应链进行了理论研究，Eryuruk S. H.（2012）对纺织业与制衣业的绿色化进行了研究；国内学者如刘其军（2006）对浙江服装企业的绿色供应链管理进行了研究，主要指出了在服装企业的绿色供应链管理中出现的问题以及解决的对策等，邵争艳（2008）对纺织服装行业绿色供应链分析与整体绩效评价进行了研究，主要提出了采用加权综合评价方法对企业业绩水平、客户服务水平、供应链管理水平、供应链环保水平组成的绿色供应链指标体系进行了评价，但是该方法的主观性很强并且环境绩效方面评价所占的比重较小，对环境绩效方面的评价注重程度相对于其他指标而言较低，陆倩琳，姚卫新（2009）主要研究了中小服装企业绿色供应链管理模式，即委托加工与来料加工两种模式，白玉苓（2012）主要对我国低碳纺织服装的发展现状与策略选择进行了研究。综上所述，国内外学者对服装行业的研究大部分是从理论方面对环境绿化问题进行的阐述并未构建相应的模型进行定量研究，而本篇研究在总结前人研究的基础上，提出了利用模糊综合评价方法对服装行业的绿色供应链绩效评价指标体系（服装行业业务流程、财务价值、可持续发展、客户服务和环境绩效）进行研究，尤其是在环境绩效方面提倡实行低碳指标，该方法比较客观、直接。通过对服装行业绿色供应链的绩效评价，能够更好地把握绿色供应链的整体运作系统并及时发现绿色供应链中存在的问题，对服装绿色供应链管理的改善和促进行业的可持续发展以及提高行业的整体竞争力具有重要的作用。

2　服装行业的绿色供应链结构

低碳经济是未来经济发展的必然趋势，服装行业作为我国低碳发展规划中的重要行业，低碳经济已经成为了服装行业产业结构调整的新主题，我国的服装行业无论是在生产环节还是流通环节都存在着数量可观的碳排放问题，而要实现低碳目的就要推行“绿色供应链管理”，即服装绿色供应链。所谓服装绿色供应链（Clothing Green Supply Chain）是指在服装生产的整个生命周期中，通过对信息流、物流和资金流的控制达到对环境的污染最小、资源和能源利用率最高的目的，与此同时把供应商、制造商、分销商、零售商和消费者连成一个整体的功能型网络结构。服装绿色供应链包括了原始材料获取、布料加工、辅料生产、服装生产、销售和废弃物资回收利用等多个环节，每个环节中都会产生相应的废弃物资和其他有害的物质，尤其在布料生产环节和成品流通环节中二氧化碳的产生量尤为严重，因此，从布料生产一直到服装产成品完成的整个过程中要注重废料、废丝以及废品的回收处理过程，销售环节中尤其要加强对二氧化碳的控制等。由此可以得到如图 8－2－1 所示的服装绿色供应链结构图。

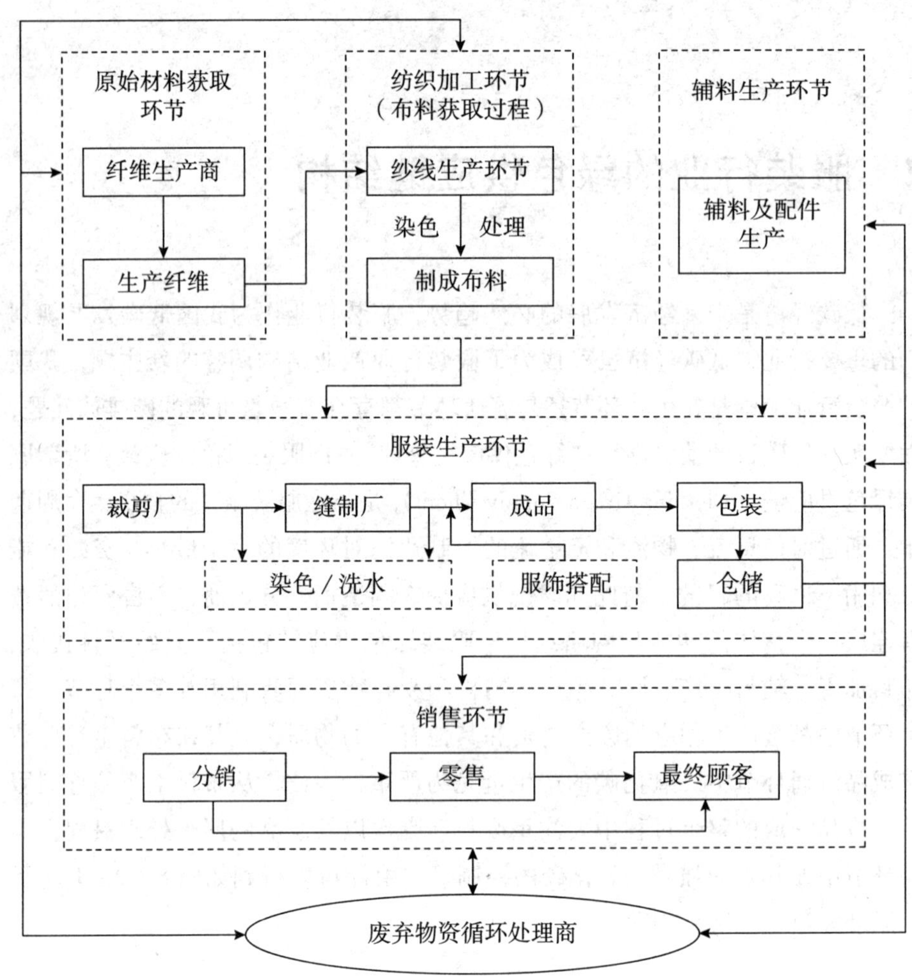

图 8－2－1　服装绿色供应链结构

3　服装绿色供应链绩效评价指标体系构建

在低碳经济条件下，服装行业要想有效实施绿色供应链管理，就必须对服装绿色供应链的整体进行科学、客观、合理的评价。本节结合服装行业绿色供应链的结构图，针对服装行业绿色供应链中碳排放量这个监管重点，争取做到对环境的负面影响最小，达到环境效益与生态效益和经济效益的和谐统一。因此，构建了适合服装绿色供应链整体绩效评价的指标体系，该体系由 5 个一级指标和 23 个二级指标构成。分别是服装业业务流程、财务价值、可持续发展、客户服务、环境绩效，5 个一级指标又可细分为 23 个二级指标，如表 8－3－1 所示。

表 8－3－1　　服装绿色供应链绩效评价指标体系

目标层	一级指标	二级指标
服装绿色供应链整体绩效评价	服装业业务流程	生产能力
		运行效率
		信息速率
		产品质量
		运输率
	财务价值	利润增长率
		总资产周转率
		净资产收益率
		销售利润率
		速动比率
	可持续发展	市场预测准确率
		研发投资率
		设计人员比重
		新产品收益率

续 表

目标层	一级指标	二级指标
服装绿色供应链整体绩效评价	客户服务	客户满意度
		客户保有率
		新客户增长率
		客户订单实现率
		产品市场占有率
	环境绩效	碳排放量
		原材料及资源利用率
		废旧产品回收利用率
		其他有毒废弃物的排放

表8－3－1中业务流程指标反映了服装绿色供应链整体的运作效率，它又细分为生产能力、运行效率、信息速率、产品质量、运输率5个指标。在这些指标中产品质量和信息速率是相对重要的指标。其中信息速率的快慢直接影响着品牌服装企业的服装设计问题，关乎品牌服装企业未来的生存情况，所以信息速率是服装企业在业务流程中首先应该注重的指标，之后就是产品质量指标，这个指标决定了服装企业是否能够走向国际化。生产能力指标、运行效率指标以及运输率指标影响着整个供应链中生产环节以及销售环节能否高效率的进行。

财务价值指标是从财务的角度反映了服装行业实施绿色供应链后给行业带来的核心利益，其中速动比率保持在1∶1的水平，说明服装企业能够与绿色供应链上的节点企业保持良好的贸易关系，服装企业的资产管理水平很高。

可持续发展指标反映的是服装行业在现有发展状况的基础上保持常盛不衰，长足进步的趋势，这个指标细分为市场预测准确率、研发投资率、设计人员比重、新产品收益率4个二级指标，其中市场预测准确率指标在这些指标中相对重要一些，它反映的是设计团队对市场的洞察力和判断力，准确率越高，说明绿色供应链的研发能力越强，设计人员比重指标和研发投资率指标反映了服装企业研发团队对创新能力的重视程度，创新能力强则服装行业的竞争能力就会加强。

客户服务指标是绿色供应链绩效的主要驱动源，是服装企业主要的利润来源，它是服装绿色供应链整体绩效的外部表现，它主要分为五个方面：客户满意度、客户保有率、新客户增长率、客户订单实现率、产品市场占有率。其中客户满意度指标是服装企业生产服装最终要实现的价值也是服装企业获得长远绩效的有力保证，其余的指标主要体现了服装企业整个供应链的市场导向情况。

环境绩效指标是评价服装行业整个绿色供应链的重要方面，该指标反映了服装绿色供应链的环境保护水平，可以从碳排放量、原材料及资源利用率、废旧产品回收利用率、其他有毒废弃物的排放四个方面进行评价，服装绿色供应链对环境的污染主要来自碳的排放方面，所以碳排放量指标可以有效地衡量服装绿色供应链对环境的影响程度，利用碳足迹计算器可以测量碳的排放情况，并且还可以通过碳的重新利用和碳交易进行控制，从而使碳的排放对环境的影响达到最小，而对原材料及资源利用率指标、废旧产品回收利用率指标、其他有毒废弃物的排放指标的评价是对环境绩效的直接衡量。

4 服装绿色供应链绩效评价算法

4.1 评价方法的选取

本节对服装绿色供应链的绩效评价主要是采用了层次分析法和模糊综合评价法，通过层次分析法确定指标的权重，利用模糊综合评价方法对服装绿色供应链的整体绩效进行评价，从而得出服装行业整体绿色供应链的运行效率和服装行业的竞争能力情况。

4.2 服装绿色供应链绩效评价模型的建立

4.2.1 层次分析法建立层次结构得出评价指标集，确定相对权重

（1）建立层次结构模型确定评价指标集

服装行业绿色供应链的绩效评价体系具有多层次的特点，主要包括了三个层次，即目标层、准则层（评价层）、指标层。根据服装行业绿色供应链绩效评价的现状，可以从服装业业务流程、财务价值、可持续发展、客户服务和环境绩效这五个方面来考虑，其层次模型为：

第一层：目标层——$T=$ {服装绿色供应链整体绩效评价}；

第二层：评价层——$T=\{T_1, T_2, T_3, T_4, T_5\}$ = {服装业业务流程，财务价值，可持续发展，客户服务，环境绩效}；

第三层：指标层

$$T_1=\begin{cases}\text{生产能力}\\\text{运行效率}\\\text{信息速率}\\\text{产品质量}\\\text{运输率}\end{cases}\quad T_2=\begin{cases}\text{利润增长率}\\\text{总资产周转率}\\\text{净资产收益率}\\\text{销售利润率}\\\text{速动比率}\end{cases}\quad T_3=\begin{cases}\text{市场预测准确率}\\\text{研发投资率}\\\text{设计人员比重}\\\text{新产品收益率}\end{cases}$$

$$T_4=\begin{cases}\text{客户满意度}\\ \text{客户保有率}\\ \text{新客户增长率}\\ \text{客户订单实现率}\\ \text{产品市场占有率}\end{cases}\qquad T_5=\begin{cases}\text{碳排放量}\\ \text{原材料及资源利用率}\\ \text{废旧产品回收利用率}\\ \text{其他有毒废弃物的排放}\end{cases}$$

所以相应的指标集有:

$T=\{T_1,T_2,T_3,T_4,T_5\}$;$T_1=\{t_{11},t_{12},t_{13},t_{14},t_{15}\}$;$T_2=\{t_{21},t_{22},t_{23},t_{24},t_{25}\}$;

$T_3=\{t_{31},t_{32},t_{33},t_{34}\}$;$T_4=\{t_{41},t_{42},t_{43},t_{44},t_{45}\}$;$T_5=\{t_{51},t_{52},t_{53},t_{54}\}$

(2) 确定各个指标的权重

设 T_i 对 T 的权重分别为 w_1, w_2, w_3, w_4, w_5,则相对应的权重矩阵为 $W=[w_1, w_2, w_3, w_4, w_5]$,同样可设 t_{ij} 对 T_i 的权重矩阵分别为:

$W_1=[w_{11}, w_{12}, w_{13}, w_{14}, w_{15}]$;$W_2=[w_{21}, w_{22}, w_{23}, w_{24}, w_{25}]$;

$W_3=[w_{31}, w_{32}, w_{33}, w_{34}]$;$W_4=[w_{41}, w_{42}, w_{43}, w_{44}, w_{45}]$;

$W_5=[w_{51}, w_{52}, w_{53}, w_{54}]$;

4.2.2　确定评价集合

对于评价体系可以组成 10~15 人的专家评价小组,根据评价的内容对各个因素进行评议,并且组成评价集 $V=\{v_1, v_2, v_3, v_4, v_5\}$ = {优,良,中,差,劣} = {100,80,70,60,40}。

4.2.3　计算过程

模糊评价法是由最底层开始逐层向上做出多层次综合评价,直到目标层的评价结果。

(1) 确定 T_i 的模糊评价判断矩阵 R_i,单独考虑二级指标隶属于各个评语的程度,利用专家评分法或者模糊统计的方法,得到相应的数值为:

$$R_1=\begin{bmatrix} r_{111} & r_{112} & r_{113} & r_{114} & r_{115}\\ r_{121} & r_{122} & r_{123} & r_{124} & r_{125}\\ r_{131} & r_{132} & r_{133} & r_{134} & r_{135}\\ r_{141} & r_{142} & r_{143} & r_{144} & r_{145}\\ r_{151} & r_{152} & r_{153} & r_{154} & r_{155}\end{bmatrix}\qquad R_2=\begin{bmatrix} r_{211} & r_{212} & r_{213} & r_{214} & r_{215}\\ r_{221} & r_{222} & r_{223} & r_{224} & r_{225}\\ r_{231} & r_{232} & r_{233} & r_{234} & r_{235}\\ r_{241} & r_{242} & r_{243} & r_{244} & r_{245}\\ r_{251} & r_{252} & r_{253} & r_{254} & r_{255}\end{bmatrix}$$

$$R_3 = \begin{bmatrix} r_{311} & r_{312} & r_{313} & r_{314} & r_{315} \\ r_{321} & r_{322} & r_{323} & r_{324} & r_{325} \\ r_{331} & r_{332} & r_{333} & r_{334} & r_{335} \\ r_{341} & r_{342} & r_{343} & r_{344} & r_{345} \end{bmatrix} \quad R_4 = \begin{bmatrix} r_{411} & r_{412} & r_{413} & r_{414} & r_{415} \\ r_{421} & r_{422} & r_{423} & r_{424} & r_{425} \\ r_{431} & r_{432} & r_{433} & r_{434} & r_{435} \\ r_{441} & r_{442} & r_{443} & r_{444} & r_{445} \\ r_{451} & r_{452} & r_{453} & r_{454} & r_{455} \end{bmatrix}$$

$$R_5 = \begin{bmatrix} r_{511} & r_{512} & r_{513} & r_{514} & r_{515} \\ r_{521} & r_{522} & r_{523} & r_{524} & r_{525} \\ r_{531} & r_{532} & r_{533} & r_{534} & r_{535} \\ r_{541} & r_{542} & r_{543} & r_{544} & r_{545} \end{bmatrix}$$

（2）确定一级指标的模糊综合评判集 C_i，由 $C_i = W_i R_i$ 得到一级指标的模糊综合评判集合为：

$$C_i = [c_{i1}, c_{i2}, c_{i3}, c_{i4}, c_{i5}]; C = [C_1, C_2, C_3, C_4, C_5]^{\mathrm{T}}$$

$$C_1 = W_1 R_1 = [c_{11}, c_{12}, c_{13}, c_{14}, c_{15}]; C_2 = W_2 R_2 = [c_{21}, c_{22}, c_{23}, c_{24}, c_{25}];$$

$$C_3 = W_3 R_3 = [c_{31}, c_{32}, c_{33}, c_{34}, c_{35}]; C_4 = W_4 R_4 = [c_{41}, c_{42}, c_{43}, c_{44}, c_{45}];$$

$$C_5 = W_5 R_5 = [c_{51}, c_{52}, c_{53}, c_{54}, c_{55}];$$

（3）最终确定目标层的模糊评价矩阵 P 为：

$$P = W \times C = [w_1, w_2, w_3, w_4, w_5] \times \begin{bmatrix} c_{11} & c_{12} & c_{13} & c_{14} & c_{15} \\ c_{21} & c_{22} & c_{23} & c_{24} & c_{25} \\ c_{31} & c_{32} & c_{33} & c_{34} & c_{35} \\ c_{41} & c_{42} & c_{43} & c_{44} & c_{45} \\ c_{51} & c_{52} & c_{53} & c_{54} & c_{55} \end{bmatrix} = [p_1, p_2, p_3, p_4, p_5]$$

（4）由于所有 p_i 的和不等于 1，所以需要进行归一化处理，即 $p'_i = p_i / \sum p_i$ 得到 $P' = [p'_1, p'_2, p'_3, p'_4, p'_5]$。$p'_i$ 对应评语要素 v_i，所以从数学概率角度来说，对服装绿色供应链整体的绩效评价隶属度 v_i 的可能性是 p'_i。因此，最后计算服装绿色供应链整体绩效的综合评分为：$S = P' \cdot V^{\mathrm{T}}$。该公式计算出的服装绿色供应链的绩效评价综合值反映的是服装企业实施绿色供应链后的运营情况。参照《国有资本金绩效评价规则》，结合给定的评价等级分数，我们认为：

①如果 SCORE >70，说明服装行业实施绿色供应链能够明显提高服装企业的绩效。

②如果 SCORE <70，说明：服装行业实施绿色供应链没有明显提高服装企业的绩效，应该具体分析哪些因素得分低，进而从哪些方面进行改进。

4.3　算例

以某服装企业为例，得到表 8－1 所对应的各个指标的数据值并且运用层次分析法计算出各个指标的权重：

①一级指标权重系数矩阵为：$W=(0.2, 0.3, 0.1, 0.15, 0.25)$；

②二级指标权重系数矩阵为：

$W_1=[0.25, 0.1, 0.4, 0.15, 0.1]$；$W_2=[0.25, 0.2, 0.15, 0.2, 0.2]$；

$W_3=[0.25, 0.3, 0.2, 0.25]$；$W_4=[0.25, 0.15, 0.2, 0.25, 0.15]$；

$W_5=[0.4, 0.25, 0.15, 0.2]$；

③模糊关系矩阵（二级指标的隶属度矩阵）R_i如下：

$$R_1=\begin{bmatrix}0.4 & 0.3 & 0.2 & 0.1 & 0.0\\ 0.3 & 0.15 & 0.3 & 0.25 & 0.0\\ 0.3 & 0.4 & 0.05 & 0.25 & 0.0\\ 0.2 & 0.1 & 0.25 & 0.25 & 0.1\\ 0.2 & 0.2 & 0.25 & 0.1 & 0.25\end{bmatrix}\quad R_2=\begin{bmatrix}0.5 & 0.25 & 0.15 & 0.1 & 0.0\\ 0.15 & 0.2 & 0.3 & 0.15 & 0.2\\ 0.2 & 0.1 & 0.25 & 0.2 & 0.25\\ 0.35 & 0.15 & 0.15 & 0.15 & 0.2\\ 0.4 & 0.1 & 0.3 & 0.2 & 0.0\end{bmatrix}$$

$$R_3=\begin{bmatrix}0.2 & 0.1 & 0.25 & 0.15 & 0.3\\ 0.1 & 0.15 & 0.1 & 0.45 & 0.2\\ 0.3 & 0.1 & 0.4 & 0.2 & 0.0\\ 0.1 & 0.15 & 0.25 & 0.2 & 0.3\end{bmatrix}\quad R_4=\begin{bmatrix}0.25 & 0.3 & 0.2 & 0.25 & 0.0\\ 0.2 & 0.15 & 0.3 & 0.1 & 0.25\\ 0.25 & 0.3 & 0.2 & 0.1 & 0.15\\ 0.2 & 0.3 & 0.2 & 0.1 & 0.2\\ 0.25 & 0.1 & 0.2 & 0.1 & 0.35\end{bmatrix}$$

$$R_5=\begin{bmatrix}0.2 & 0.1 & 0.25 & 0.35 & 0.1\\ 0.1 & 0.3 & 0.1 & 0.2 & 0.3\\ 0.1 & 0.1 & 0.3 & 0.2 & 0.3\\ 0.2 & 0.15 & 0.25 & 0.1 & 0.3\end{bmatrix}$$

④由 $C_i=W_iR_i$可以得出：

$C_1=[0.315, 0.485, 0.165, 0.21, 0.04]$；$C_2=[0.335, 0.1675, 0.225, 0.155, 0.1175]$；$C_3=[0.165, 0.1275, 0.235, 0.2625, 0.21]$；$C_4=[0.23, 0.2475, 0.215, 0.1375, 0.17]$；$C_5=[0.16, 0.16, 0.22,

0.24，0.22]；

即

$$C=\begin{bmatrix} 0.315 & 0.485 & 0.165 & 0.21 & 0.04 \\ 0.335 & 0.1675 & 0.225 & 0.155 & 0.1175 \\ 0.165 & 0.1275 & 0.235 & 0.2625 & 0.21 \\ 0.23 & 0.2475 & 0.215 & 0.1375 & 0.17 \\ 0.16 & 0.16 & 0.22 & 0.24 & 0.22 \end{bmatrix}$$

又因为 $W=[0.2, 0.3, 0.1, 0.15, 0.25]$；得到 $P=W\times C=[0.25, 0.24, 0.21, 0.2, 0.14]$，归一化后得到 $P'=[0.24, 0.23, 0.2, 0.19, 0.13]$。评价等级分行向量 $V=[100, 80, 70, 60, 40]$。最后计算得到的综合评价值为 $S=P'\times V^{T}=73>70$，所以，该服装企业实施绿色供应链管理带来的绩效基本评定为中等偏上同时也说明了这个服装企业实施绿色供应链管理能够提高企业的绩效。

5　小结

发展低碳经济，注重绿色清洁生产是我国服装行业适应国际竞争的必然需要，也是服装行业不断提升竞争力的必然选择。我国作为世界服装的第一大生产国和出口国，尤其应该注重服装产品的质量认证和环境认证并且建立相应的认证体系，减少进出口时遇到的贸易壁垒，争取生产出符合国际服装生产标准的产品，在未来的国际服装市场竞争中立于不败之地。

本篇对服装绿色供应链绩效评价体系的研究是一个连续动态的过程，随着服装行业不同品牌企业的发展，其运作模式会随时发生变化，因此在以后的研究中应该实施动态性的方法来确定评价指标体系，并且在建立服装绿色供应链绩效评价体系的过程中，利用层次分析法确定指标权重受主观因素影响比较严重，所以在今后的研究中可以采用其他方法对指标权重的确定进行改进，以更加客观地对服装行业绿色供应链绩效进行评价。

第九篇

供应链战略展望

1　环境经济与绿色物流

1.1　环境经济概述

造成环境的污染和破坏，除了人们未能认识自然生态规律外，从经济原因上分析，主要是人们没有全面权衡经济发展和环境保护之间的关系，只考虑近期的直接的经济效果，忽视了经济发展给自然和社会带来的长远的影响。到了20世纪50年代，社会生产规模急剧扩大，人口迅速增加，经济密度不断提高，从自然界获取的资源大大超过自然界的再生增殖能力，排入环境的废弃物大大超过环境容量，出现了全球性的资源耗竭和严重的环境污染与破坏问题。近年来，这种趋势更加明显。以我国为例，城市大气环境污染相当严重，据对73个城市的调查显示，超过限额的城市已占70%左右；我国水资源匮乏及水污染问题日趋严重，全国有300多个城市缺水，每年因供水不足影响工业产值1200亿元以上；我国城市道路噪声14年来居高不下，全国有47%的城市区域受到噪声的污染；我国每年的生活垃圾污染产量在1亿吨以上。因此，许多经济学家和自然科学家意识到了要实现社会经济的可持续发展，就必须将环境保护与经济发展协调起来，二者缺一不可。可以说，环境经济的重要性在世界各国正日趋凸显。

1.2　绿色物流的提出及其在环境经济发展中的作用

现代物流的飞速发展为社会经济的发展做出了巨大贡献，但同时也带来了一系列的社会问题，如运输车辆的燃油消耗所造成的空气污染，包装所带来的废弃物污染，运输和流通加工所带来的噪音污染、资源浪费、城市交通堵塞等。基于物流对环境造成的破坏，绿色物流概念应运而生。

所谓绿色物流（Environmental Logistics）是指在物流过程中抑制物流对环境造成损害的同时，实现物流环境的净化，使物流资源得到最充分的利用。

它要求从环境的角度对物流体系进行改进，形成一个环境共生型的物流系统。这种物流系统建立在维护地球环境和可持续发展的基础上，改变原来经济发展与物流、消费生活与物流的单向作用关系，在抑制传统直线型物流对环境造成危害的同时，采取与环境和谐相处的态度和全新理念，去设计和建立一个环形的、循环的物流系统，使达到传统物流末端的废旧物质能回流到正常的物流过程中来。现代绿色物流强调了全局和长远的利益，强调了全方位对环境的关注，体现了企业的绿色形象，是一种全新的物流形态，形成了一种能促进经济和环境保护协调发展的物流系统。图 9－1－1 体现了绿色物流在环境经济发展中的运行模式。

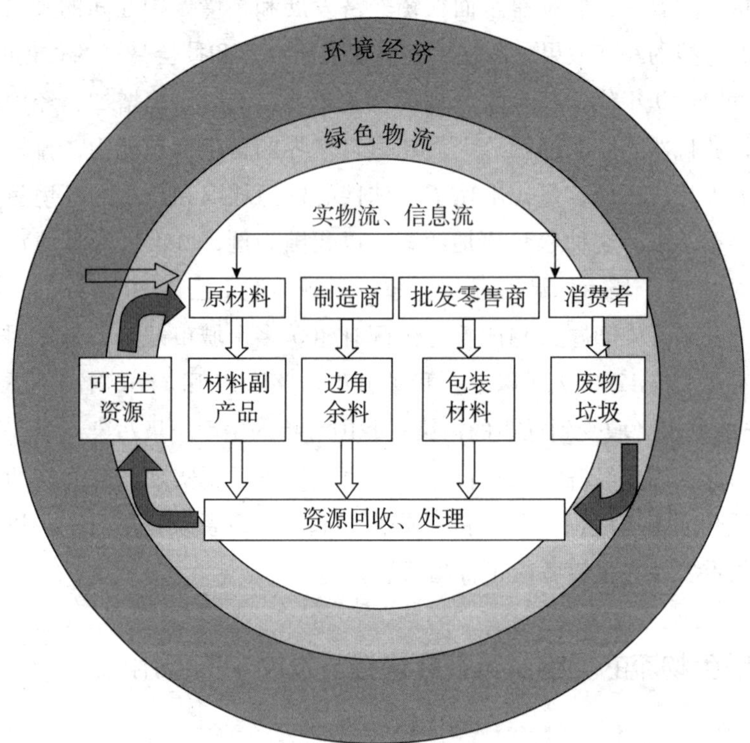

图 9－1－1　绿色物流与环境经济协调发展模式

绿色物流在环境经济发展中的作用体现在将环境管理导入物流业的各个系统，加强了物流业中保管、运输、包装、装卸搬运、流通加工等各个作业环节的环境管理和监督，有效遏制了物流发展造成的污染和能源浪费。具体说来，绿色物流不同于一般的物流活动。一般的物流活动主要是为了实现物流企业的赢利、满足顾客需求、扩大市场占有率等，这些目标最终均是为了实现某一主体的经济利益。而绿色物流除了追求上述经济利益目标之外，还追求节约资源、保护环境这一既具经济属性又有社会属性的目标。绿色物流是可持续发展的一个重要环节，它与绿色制造、绿色消费共同构成了一个节约资源、保护环境的绿色经济循环系统。

1.3　绿色物流促进环境经济发展的途径

1. 实施绿色供应链管理

绿色供应链管理采用全新的生态设计，既可节约能源和原材料，最大限度地提高资源利用率，降低成本，又可减少环境治理费用，如排污费、废弃物处理成本等。实行绿色供应链管理，有利于企业减少或消除环境污染，给企业带来良好的声誉和绿色的品牌形象。企业应树立绿色供应链管理的观念，并将其作为企业文化渗透到企业的各个环节。

2. 减少运输环节，降低空气污染，开展绿色运输

在原材料的取得和产品的分销过程中，运输作为主要的物流活动，对环境可能会产生一系列的影响，最突出的就是空气污染。因此，在运输途中，应尽可能采用无污染或少污染的运输工具运输货物。此外，为了提高物流效率，在对某一地区的用户进行配送时，由多个配送企业联合在一起进行的共同配送也可以很好地节省运力，提高运输车辆的货物满载率，从而减少运输环节及其相对应造成的空气污染。

3. 采用绿色包装

绿色包装就是符合环保要求的包装。它要求商品包装无害于生态平衡，无害于人类健康。具体而言，绿色包装泛指包装用料节省资源，尽量减少包装废弃物，用后利于回收再利用和再生成为其他有用之材，填埋时少占地而易于降解。

4. 政府和企业协会加强对绿色物流的引导和规划作用

政府和企业协会应鼓励企业运用绿色物流的全新理念（重点在于规划和兴建物流设施时，应该与环境保护结合起来；要限制危害人类生态最大的公路运输的发展，大力推进铁路电气化运输）来经营物流活动，加大对绿色物流新技术的研究和应用，如对运输规划进行研究，积极开发和试验绿色包装材料等。此外，要严格实施《环境保护法》、《固体废物污染环境防治法》以及环境噪音污染防治条例等，并不断完善有关环境法律法规；要对现有的物流体制强化管理，并制定一些优惠政策鼓励企业绿色生产、绿色经营，比如对公路运输提价，鼓励铁路运输，鼓励使用轻污染的汽车燃油，并构筑绿色物流发展的框架。

5. 开展绿色流通加工

绿色流通加工主要包括两个方面：一是变个体加工为专业集中加工，以规模作业方式提高资源利用效率，减少环境污染。如饮食服务业对食品进行集中加工，以减少家庭分散烹调所带来的能源消耗和空气污染。二是集中处理消费品加工中产生的边角废料，以减少消费者分散加工所造成的废弃物污染。如流通部门对蔬菜集中加工，可减少居民分散加工所造成的垃圾丢放及相应的环境治理问题。

6. 建立废弃物循环物流

随着商品的消耗，自然会产生大量的废弃物。这些废弃物如果处理不好，会引发自然环境的恶化，自然也会阻碍经济的良性发展。因此，建立废弃物的回收再利用系统是十分必要的。

7. 大力发展第三方物流

第三方物流是由供方与需方以外的物流企业提供物流服务的业务方式。发展第三方物流，由这些专门从事物流业务的企业为供方或需方提供物流服务，可以从更高的角度考虑物流合理化问题，简化配送环节，进行合理运输，有利于在更广的范围内对物流资源进行合理利用和配置，从而减小环境污染程度。

8. 做好物流企业的绿色转型工作

物流绿色化归根结底就是物流企业营运的绿色化。对于企业来说，物流企业要围绕绿色环保和可持续发展的理念开展经营，不能安于现状，不思进取。只有企业自身认识到企业建设和营运绿色化的必要性和紧迫性，物流企业的绿色转型工作才能有所突破。

9. 企业物流与物流企业都需要开展物流流程的绿色再造与科技创新

企业物流与物流企业的物流流程绿色再造包括生产安装的准确性、运输装卸方面的及时安全性、保管加工方面的保质保鲜性、包装信息处理方面的健康环保性以及以上任何一环的无毁性。通过这些绿色流程再造，可以在很大程度上降低废气排放、噪音污染、资源浪费和交通阻塞等问题。此外，要全面开展物流企业的科学技术改造，通过第三方物流的建立和对物流流程、环节以及各设施器械的技术创新、技术引进和技术改造，提高企业的营运能力和技术水平，最大限度地降低物流的能耗和货损，增强环保能力，防止二次污染。

1.4 小结

绿色物流作为现代物流发展的一个新趋势，能够有效地降低物流对环境的污染、减少物流对资源的消耗，使经济发展和环境保护得到了很好的协调，对国民经济的发展和环境保护起到了十分重要的作用。但是，绿色物流的顺利开展还需得到政府的大力推动和企业的有力实施，只有这样，绿色物流才能为环境经济的可持续发展发挥更大的作用。

2 中国企业在全球化绿色供应链中的因应策略

供应链绿色化已经成为全球经济发展的方向标。在这样的大背景下，中国企业及时因应变化并制定相关策略的必要性日趋凸显。为此，本节分析了绿色供应链全球化的背景及其对中国企业的影响，剖析了中国企业面临的挑战，重点阐述了中国企业在全球化绿色供应链中的相关策略。

2.1 绿色供应链的全球化背景

21 世纪，企业与企业之间的竞争归根结底是供应链与供应链之间的竞争，而绿色供应链正是未来供应链竞争的利器。那么绿色供应链为什么呈现出如此迅猛的发展态势呢?

首先，全球倡导发展绿色经济。20 世纪以来，世界经济的蓬勃发展已经使人类享受到了丰硕的物质成果。但是我们同时也面临环境污染、气候变暖、能源危机等问题的巨大挑战。世界在呼唤一个绿色的、可持续发展的新经济运行模式；其次，消费者的绿色消费需求增强。美国国家地理学会和国际调查公司 GlobeScan 的跟踪调查报告显示，从 2008 年到 2010 年，消费者对绿色消费的需求总体呈现上升趋势。其中，2010 年对中国、印度、巴西、俄罗斯和美国等 17 个国家的调研显示，至少 45% 的人对绿色可持续消费表示关注。波士顿咨询公司在 2009 年的一项对全球调研也显示，73% 的消费者认为企业具有好的环境记录很重要，而且很多人愿意为这些绿色产品支付 5% 的额外费用；此外，各国政府的监管压力加大。世界各国均在不同程度上对包括大气、水资源、土壤、辐射等多项指标增强了环境监管力度，并强化了相关立法；最后，环境组织迅猛壮大。据不完全统计，国际性环境组织就有 120 多个。无论这些组织是政府性、政府间还是非政府环境组织，它们的壮大对企业的绿色经营已经产生了极为重要的影响。

2.2 全球化的绿色供应链战略对中国企业的影响

1. 供应商的绿色选择标准导致中国企业损失很多商业机会

受到全球发展绿色经济的影响，供应链企业对其供应商的要求也日趋绿色化。在以往的供应商选择标准基础之上，原材料对环境影响的评估正在成为更多企业的必选项，不达标者就无法进入供应商梯队，或者从原始行列中受到降级直至退出。以沃尔玛为例，其已经宣布不在中国采购那些在环境影响记录中表现不佳的供应商的产品，这对来自中国的一万多家沃尔玛供应商而言，如果不能达到沃尔玛的选择标准，必然损失大量商业机会。

2. 将遭受到更多的绿色壁垒

绿色壁垒是指在国际贸易领域，一些发达国家凭借其科技优势，以保护环境和人类健康为目的，通过立法，制定繁杂的环保公约等形式对国外商品进行准入限制，它属于一种新的非关税壁垒形式。我国企业的产品在出口到国外市场时必须迎战绿色贸易壁垒，如果不能符合该地区或国家的绿色指标要求，可能就无法进行销售，或者遭受到更多限制。这也促使我国企业必须降低环境影响程度，进而增加竞争力，融入全球绿色供应链体系。

3. 政府监管力度加强

我国已经颁布了《中华人民共和国环境保护法》等环境保护法规，这些法律法规已经影响和约束了企业的环境经营。但是为了加强环境监管，实施了32年的《环境保护法》修改案也已起草，并列入了2011年全国人大立法计划。同时，近年来国家也通过一些税收政策来调控高污染、高耗能企业的发展方向。近期中国人民银行和国家环保部也正在共同致力于通过评估企业对环境的影响程度来约束企业贷款行为。国内外企业，尤其是外资企业已经关注到了我国对环境保护监管力度的强化。这对国际性供应链布局必将产生相关影响。

4. 公众监督使企业压力增大

我国越来越多的非政府组织开始积极地参与到监督企业环境绩效的行动中。公众环境研究中心（IPE）开发并运行中国水污染地图和中国空气污染地图两个数据库，以推动环境信息公开和公众参与，促进环境治理机制的完善。国际中国环境基金会（IFCE）是通过帮助中国解决环境问题来保护人类的环境和资源，促进可持续发展。这些非政府组织将对企业的绿色经营增加更大的公众约束。

5. 低估消费者对绿色需求的认知度和关注度

根据全球领先的测试、检验与认证服务提供商 TüV 南德意志集团亚太有限公司 2011 年 1 月公布的一项独立调查表明，中国消费者对“绿色”产品和服务的需求量超过供应量。在被调查的中国城市消费者中，绝大多数（94%）愿意为明确证明是“绿色”的产品和服务支付额外费用，然而仅有 60% 的中国企业认为消费者愿意为“绿色”认证支付更多费用。企业明显低估了消费者对绿色需求的认知度和关注度。

2.3 中国企业迎合绿色供应链发展中的挑战

首先，一项普通的供应链规划产生效果的时间基本在 3 年左右。由于投资于绿色生产与研发的难度更高、资源更多，因此很多情况下企业不会在短期内收到立竿见影的效果，这种漫长的投资回收期对于我国的很多企业而言绝对是个挑战。其次，目前中国中小企业总数已占全国企业总数的 99% 以上，已经成为我国重要的经济组成部分。可是，这些中小企业在绿色发展中，不仅面临上述提及的投资回收期问题，更面临针对绿色投资的信贷资金短缺问题。尽管自 2010 年来中小企业的贷款比重大幅度提高至全国银行贷款总量的 1/3，但是相对于“中小企业创造的最终产品和服务价值相当于国内生产总值 60%”和“上缴税收约为国家税收总额的 50%”这两项数据而言，它们仍然需要更多的金融财政支持。此外，国内企业普遍正面临人力资本价格上涨的趋势，这将直接推高企业的运营成本，对于本来在建设绿色供应链中已经耗时耗财的我国企业而言，它们在全球化绿色供应链中的成本优势将有所下滑。

2.4 中国企业在全球化绿色供应链中的因应策略

要想成为一个合格的全球绿色供应链节点企业，我们中国企业就必须从多方面、多角度、多层次完善自我，绝非从几个发明、几项设计就可以一蹴而就的实现。以下是几项主要策略：

1. 关注消费者和客户的绿色需求

无论是从全球视野还是国内视角来看，消费者寻求绿色消费、客户寻求绿色供应商已是大势所趋。为此，我们的企业必须密切关注市场需求变化，提前做出预判，实施相关绿色生产、绿色采购、绿色设计等举措，进而在21世纪全球绿色供应链的重构中寻求竞争优势。

2. 强化供应链合作伙伴关系

供应链合作伙伴关系是现代企业关系管理的重中之重。良好的合作伙伴关系能够保持供应链企业间的信息畅通，能够增强企业间合作的信任度，使企业具有更强的行业竞争力，进而实现全供应链企业双赢甚至多赢。良好的合作伙伴关系不是一味追求短期的市场竞争结果，而是注重稳定的合作关系，进而使整个供应链具有低风险性和强大的稳定性。在这样的背景下，即使企业自身在短期出现个别问题，只要与合作伙伴及时沟通，做好长远规划，不至于被供应链轻易淘汰。显然，对于全球化绿色供应链趋势下的中国企业而言，强化供应链合作伙伴关系日趋重要。

3. 实施产品生命周期评价和环境设计

生命周期评价（Life Cycle Assessment，LCA）：是指评估产品在它的生产、使用到回收整个过程中对环境的潜在负荷，是一种评价分析工具。为环境而设计（Design for Environment，DFE）：是指采用“生命周期思考”并分析LCA中的环境数据，在产品设计生成之初就考虑到产品全生命周期的绿色环保因素，将可拆卸性、可回收性、可维护性、可重复利用性等环境属性纳入产品设计目标，进而减少未来产品的环境污染、减少能源消耗，并使产品和零部件实现回收循环或者重新利用。很显然，DFE是一种在LCA基础之上的优化工具，这两者的有效结合将大大提高产品的绿色绩效。

4. 通过清洁生产改善环境影响

生命周期评价和绿色设计还不足以完全实现企业的绿色经营，另外一个非常重要的领域就是清洁生产。企业应该通过技术创新、设备更新、节能减排等措施，降低企业在生产领域对环境的负面影响，进而提高企业的绿色竞争力。

5. 原材料绿色采购

原材料的环保程度直接决定了产品的绿色绩效，而该绿色绩效又将直接影响到下游客户企业的供应商评价结果。所以，如果要使企业自身能够满足绿色供应链的成员选择标准，那么企业强化采购绿色原材料就是必然之选。在这一过程中，关键是对供应商的绿色绩效评价，该评价标准至少要达到下游供应链客户企业的基线标准。

6. 开展绿色物流

作为绿色供应链而言，连接绿色设计、绿色生产和绿色采购的重要环节就是绿色物流。在包装和装卸环节实现少量化、轻量化、便捷化；在运输和配送环节实现路线最优化、信息化，提高满载率，开展共同配送，强化水运、铁路、水铁联运等绿色运输措施，这些都将有效降低企业对环境的负面影响，提高企业的绿色绩效。

7. 落实碳披露和碳减排行动

评价绿色供应链的一项重要标准就是碳排放。企业可以通过相应标准（目前比较完整的标准是英国的 PAS 2060）开展碳足迹认证，并且使用碳标签披露自身产品的碳排放数据。此外，企业也可以通过碳交易和碳中和方式来变相减少自身产品的碳排放量。这些行为将有助于提高企业的环境保护形象和市场竞争力，也会得到更多供应链客户企业的认可。

8. 通过供应链金融进行贷款融资

在解决绿色供应链建设中的资金问题时，中国企业可以考虑通过供应链金融途径实现。通过良好的供应链合作伙伴关系，企业可以通过供应链上下游供应商企业或者客户做担保，从而获得银行的贷款。国内的多家银行已经开展了相关业务，比如深圳发展银行、招商银行、中信银行等。

9. 重视环境质量认证

TüV 南德意志集团亚太有限公司 2011 年 1 月公布的独立调查显示 94% 的中国城市消费者认为独立机构颁发的“绿色”认证对他们决定购买何种产品是“重要”的。因此，我们的企业有必要通过例如 ISO 14000 之类的环境质量认证。显然，这也将使企业在供应链合作伙伴选择中占据优势。

10. 履行社会责任报告

社会责任报告又称可持续发展报告和环境报告等。至 2002 年，全球 250 强企业中，52% 都发布了独立的可持续发展报告。根据瑞森德企业社会责任机构的数据统计，2009 年在中国境内经营的企业发布了多达 600 份的企业社会责任报告（包括以企业公民报告、可持续发展报告等名称发布的报告）。社会责任报告是彰显企业绿色形象和社会责任的重要途径，企业必须高度关注。

2.5　小结

面对经济全球化所带来的世界供应链一体化，以及人类对环境问题的日趋关注，打造全球化绿色供应链注定成为人类生存和发展的大势所趋。在这个进程中，我国企业在迎来更多发展机遇的同时，也必将面临诸多的现实挑战。它们必须敏锐的嗅探市场，剖析问题，采取相应有效措施，增强企业在全球绿色供应链中的竞争力，进而才能立于不败之地，成为常青之树。

参考文献

［1］安锋，金玉然．金融危机下的供应链关系管理研究［J］．物流工程与管理，2009（7）：66－67.

［2］安玉红．物流企业动态联盟的构建研究［D］．河北：河北工业大学，2007.

［3］白玉苓．我国低碳纺织服装的发展现状与策略选择［J］．对外经贸实务，2012，7（9）：35－37.

［4］包旭．物流企业动态联盟的组建研究［D］．上海：上海海事大学，2005.

［5］北方网．2008 年《财富》世界 500 强排行中国 35 家企业入选［EB/OL］．（2008－07－10）［2009－06－10］．http：//economy. enorth. com. cn/system/2008/07/10/003529439. shtml.

［6］王晶．金融危机与高油价下的供应链策略［N］．21 世纪经济报道，2008－10－20.

［7］陈立，黄立君．物流运筹学［M］．北京：北京理工大学出版社，2008（7）：137－142.

［8］陈剑，冯蔚东．虚拟企业构建与管理［M］．北京：清华大学出版社，2002.

［9］陈治奎．企业逆向物流网络成本优化与决策研究［D］．淄博：山东理工大学，2012.

［10］成亚瑜．VMI 供应链环境下的收益共享契约研究［D］．天津：天津大学，2010.

［11］程娜．辽宁省能源消费与低碳经济发展分析［J］．学习与探索，2010（6）：157－160.

［12］程世平．基于动态联盟的中小企业物流能力与竞争优势实证研究［D］．成都：西南交通大学，2011.

［13］程志强．基于VMI的供应链系统协同机制研究［D］．兰州：兰州交通大学，2010.

［14］代湘荣．论VMI在供应链上零库存策略中运作机理［J］．物流工程与管理，2012（3）：122－123，132.

［15］代馨，胡伶辉，王洋．基于模糊AHP的家电下乡农民满意度评价体系研究［J］．内蒙古民族大学学报，2012（4）：81－82.

［16］戴彬，屈锡华，李宏伟．基于模糊综合评价的技术创新合作伙伴选择模型研究［J］．科技进步与对策，2011（1）：120－123.

［17］段春彦．VMI整合补发货模式下的收益分配［D］．长沙：中南大学，2012.

［18］高阔．钢铁企业物流系统与价值流系统的模型化研究［D］．江西：南昌大学，2007.

［19］葛江华，马国星，韩松涛，等．动态联盟伙伴选择的优化算法［J］．哈尔滨理工大学学报，2010（5）：124－128.

［20］古笑韃．中小第三方物流企业动态联盟构建研究［J］．企业研究，2012（14）：12－14.

［21］郭琪，赵小惠，闫炜．我国家电产品逆向物流的发展浅析［J］．西安邮电学院学报，2009，14（2）.

［22］胡海青，李智俊，张道宏．基于改进Raiffa解的产业集群收益分配策略研究［J］．经济问题，2011（2）：36－40

［23］胡茜．动态联盟合作伙伴选择研究［D］．北京：北京交通大学，2009.

［24］胡秀莲，姜克隽．中国温室气体减排技术选择及对策评价［M］．北京：中国环境科学出版社，2001.

［25］华光．动态联盟演化与知识扩散交互作用的研究［D］．北京：北京交通大学，2011.

［26］黄活泼．基于第三方物流的VMI服务模式研究［D］．广州：华南理工大学，2012.

［27］黄锴．开往春天的汽车［N］．21世纪经济报道，2009－04－06.

［28］黄琳．50万台家电进农家［N］．辽宁日报，2009－09－16（A01）.

［29］黄清燕．阿迪达斯净利暴跌97%内迁代工厂［N］．每日经济新闻，

2009－05－08.

［30］黄卫东，吴仲伟，薛浩. 家电产品回收体系与逆向物流系统模型的研究［J］. 物流科技，2009（1）：17－20.

［31］黄智铭，董雄报. 基于企业核心能力的 Raiffa 裁决［J］. 系统科学学报，2010（3）：53－56.

［32］家电下乡："最后一公里"之困［N/OL］. 现代物流报，（2009－02－27）［2010－08－22］. http：//www.waibao.com.cn/news_detail_31936.html.

［33］姜玲. CRM：面对金融危机充满机会与挑战［EB/OL］.（2008－12－30）［2009－07－07］. http：//www.amteam.org/k/CRM/2008－12/615240.html.

［34］姜启源. 数学模型［M］. 北京：高等教育出版社，2003.

［35］蒋红兰. 寻找解决中国钢铁物流高成本的对策——物流信息化［J］. 经营管理者，2009（21）：191.

［36］金乐闻，武素秋. 国际货运代理实务［M］. 北京：对外经济贸易大学出版社，2000.

［37］金融风暴蔓延 PC 产业链 惠普戴尔英特尔赴华避寒［N］. 21 世纪经济报道，2008－11－4.

［38］金玉然，初宇平，刘洪玉. 金融危机下的企业供应链重构战略研究［J］. 中国市场，2009（23）：21－24.

［39］金玉然，李天柱，西凤茹，等. 中国企业在全球化绿色供应链中的因应策略研究［J］. 商业时代，2012（17）：52－53.

［40］金玉然，李月黔，梁爽. 辽宁省"家电下乡"中的分级物流配送和回收循环体系研究［J］. 中国市场，2010（19）：9－12，14.

［41］金玉然，武莹，刘洁洁，等. 辽宁省钢铁物流业的现状分析与发展路径研究［J］. 中国市场，2012（6）：5－7.

［42］金玉然. 金融危机下我国企业的供应链战略研究［J］. 中国市场，2009（32）：12－15.

［43］金玉然. 区域性供应链生产企业的供应商管理库存整合模式研究［D］. 沈阳：沈阳工业大学，2006.

［44］经济观察网. 中国"绿色"需求增势迅猛［EB/OL］.（2011－01－14）［2011－10－12］. http：//www.eeo.com.cn/calendar/popular/2011/01/14/191423.shtml.

［45］康伟．生产制造行业 VMI 管理及其对供应链的影响［J］．物流技术与应用，2003（4）：57－57.

［46］孔繁士，王慧萍．电子化供应链与 ERP 的集成研究［J］．物流科技，2008（4）：51－53.

［47］赖厚亮．在“家电下乡”中有所作为［N］．中国邮政报，2008－01－29.

［48］李贝贝．动态联盟风险防范策略［J］．企业经济，2012（4）：75－78.

［49］李达．台媒称鸿海全球布局成电子制造业日不落帝国［EB/OL］．（2009－05－31）［2009－06－03］．http：//tech. sina. com. cn/it/2009－05－31/07523133523. shtml.

［50］李华焰，马士华．基于供应链管理的合作伙伴选择研究初探［J］．物流技术，2000.

［51］李佳徽．基于低碳经济视角的河北钢铁业发展研究［J］．产业与科技论坛，2010，9（1）：84－86.

［52］李梦兰．基于 VMI 的库存与运输整合优化研究［D］．武汉：武汉理工大学，2012.

［53］李品．家电下乡助行业逆风飞扬［N］．辽宁日报，2009－03－13（B21）.

［54］李齐．金融危机下我国供应链融资的未来走向［J］．中国储运，2009（5）.

［55］李冉．服装企业退货管理的逆向物流分析［J］．物流科技，2011（9）：86－88.

［56］李小栟．试论中国特色的家电产业链循环经济［EB/OL］．中国科技论文在线，2007－05－31.

［57］李彦，梁晓琳．走出客户关系管理的误区［J］．中国管理信息化：综合版，2007（3）：19－20.

［58］李艳．基于逆向物流的哈尔滨市废旧家电回收的研究［D］．哈尔滨：东北林业大学，2011.

［59］连姗．家电行业逆向物流网络构建研究［D］．哈尔滨：哈尔滨工业大学，2011.

［60］梁嘉琳．中国最严环保法提上立法日程［N］．经济参考报，2011－

07 - 15.

[61] 梁少华. 物流业发展和物流园区的规划建设 [J]. 规划师, 2002 (8): 78 - 81.

[62] 辽宁省统计局. 辽宁统计年鉴 2005 [M]. 北京: 中国统计出版社, 2005.

[63] 辽宁省统计局. 辽宁统计年鉴 2006 [M]. 北京: 中国统计出版社, 2006.

[64] 辽宁省统计局. 辽宁统计年鉴 2007 [M]. 北京: 中国统计出版社, 2007.

[65] 辽宁省统计局. 辽宁统计年鉴 2008 [M]. 北京: 中国统计出版社, 2008.

[66] 辽宁省统计局. 辽宁统计年鉴 2009 [M]. 北京: 中国统计出版社, 2009.

[67] 林鸣, 马士华. 动态联盟: 项目管理新模式 [M]. 北京: 电子工业出版社, 2003.

[68] 林强, 孙文聪, 郝艳丽. 考虑风险、贡献和时间效用的物流企业联盟收益分配模型 [J]. 工业工程, 2010, 4 (2): 9 - 13.

[69] 刘果. 供应链环境下的 VMI 协调管理研究 [D]. 西安: 西安电子科技大学, 2011.

[70] 刘洪玉, 金玉然. "家电下乡" 中物流网络联盟的利益分配研究 [J]. 统计与决策, 2012 (18): 43 - 46.

[71] 刘其军. 浙江纺织服装企业的绿色供应链管理研究 [J]. 中共浙江省委党校学报, 2006, 22 (6): 27 - 30.

[72] 刘叶琳. "家电下乡" 还需售后服务护航 [N]. 国际商报, 2011 - 03 - 09 (001).

[73] 刘永旺. 基于 VMI 的库存与配送联合优化研究 [D]. 北京: 北京交通大学, 2012.

[74] 刘志坤. 家电业逆向物流运作改进研究 [D]. 大连: 大连理工大学, 2012.

[75] 龙军生. 供应链管理系列讲座之三——供应链管理的库存控制 [J]. 物流技术与应用, 2003 (8): 45 - 47.

[76] 陆倩琳，姚卫新．中小企业绿色供应链管理模型 [J]. 上海纺织科技，2009，37 (10)：56-59.

[77] 吕昳苗，王红春．基于 AHP 的供应链战略合作伙伴的选择 [J]. 北京建筑工程学院学报，2012 (3)：52-59.

[78] 马士华. 供应链管理 [M]. 北京：机械工业出版社，2010.

[79] 马士华，王鹏．基于 Shapley 值法的供应链合作伙伴间收益分配机制 [J]. 工业工程与管理，2006 (4)：43-46.

[80] 美国通用咨询有限公司. 电子化供应链管理 [EB/OL]. (2009-04-20) [2009-08-10]. http://www.gci-corp.com/Article/qyzl/200612/85731.html.

[81] 尼尔森．中国消费者信心高于全球平均水平 [R]. 北京：尼尔森公司，2009.

[82] 倪明，陶双双，郭军华．企业逆向物流外包合作伙伴动态选择模型研究 [J]. 工业工程与管理，2012 (5)：21-28.

[83] 彭瑾．构建以动态联盟为基础的产业集群物流集成管理模式 [J]. 科技广场，2010 (8)：254-256.

[84] 乔尔 D. 威斯纳，梁源强，陈加存．供应链管理 [M]. 北京：机械工业出版社，2006.

[85] 秦华．VMI 下的二级供应链整合 [D]. 成都：西南财经大学，2010.

[86] 邱世明，顾培亮，郝海．能源消费 CO_2 排放量的变化与控制分析 [J]. 煤炭学报，2002，27 (4)：412-416.

[87] 邵争艳．纺织服装业绿色供应链分析与整体绩效评价研究 [J]. 商业研究，2008 (376)：108-112.

[88] 沈文．面对挑战的物资供应链 [N]. 中国石化报，2009-02-04.

[89] 施先亮，李伊松．供应链管理原理及应用 [M]. 北京：清华大学出版社，2006.

[90] 施贞怀．信息不对称下的动态联盟伙伴成员选择——基于委托—代理模型的视角 [J]. 中南财经政法大学研究生学报，2010 (1)：103-109.

[91] 石霜，诸葛楠，郭磊．浅析金融危机对供应链的影响 [J]. 商业经济，2009 (10).

[92] 宋晓华．“家电下乡”遭遇服务空心化 [N]. 新华日报，2011-03-15 (A06).

[93] 宋以楠. 基于 VMI 的库存决策支持系统研究 [D]. 太原：太原理工大学，2012.

[94] 孙华丽，吕帅儿，薛耀锋. 逆向物流研究现状综述与展望 [J]. 科技管理研究，2011 (2)：127 - 129.

[95] 孙晓博. 基于绿色供应链的绩效评价体系研究 [D]. 武汉：武汉科技大学，2007.

[96] 孙意. 家电产品逆向物流管理研究 [D]. 上海：复旦大学，2012.

[97] 孙振中. 第三方中小物流企业间合作伙伴评价与选择 [D]. 成都：西南交通大学，2010.

[98] 唐纳德 J. 鲍尔索克斯，等. 供应链物流管理 [M]. 北京：机械工业出版社，2010.

[99] 汪从旺. 振兴东北钢铁工业的战略思维与发展举措研究 [D]. 上海：上海交通大学，2007.

[100] 王光辉. 我国钢铁物流业的现状、问题及科技对策 [J]. 中国物流与采购，2010 (18)：74 - 75.

[101] 王慧. 供应链合作伙伴关系风险探析 [J]. 中国市场，2008 (4)：134 - 136.

[102] 王凯，刘瑞贤. 低碳视角下纺织服装供应链技术创新 [J]. 机械管理开发，2011 (123)：127 - 129.

[103] 王美蓉. 从"家电下乡"看农村物流体系建设问题 [J]. 商业时代，2009 (13)：16 - 17.

[104] 王秋凤. 丰田中国库存大增，订单式生产失灵，开始减产 [N]. 经济观察报，2008 - 10 - 18.

[105] 王瑞明. 面向纺织服装业逆向物流的电子服务平台研究 [D]. 杭州：浙江理工大学，2012.

[106] 王素华. 从家电下乡看农村物流建设的策略 [J]. 新西部（下半月），2009 (7)：42，40.

[107] 王旭，贺美亮，林云. 应用 Raiffa 解的共同配送成本分摊模型研究 [J]. 现代制造工程，2008 (5).

[108] 王艳艳. 我国电子行业若干逆向物流问题研究与应用 [D]. 济南：山东大学，2012.

［109］王义．基于 ANP 方法的物流外包合作伙伴选择［J］．物流技术，2011（9）：154－156.

［110］王岳峰，刘伟．考虑权重 Shapley 值法虚拟伙伴利益分配策略的改进［J］．上海：上海海事大学学报，2005，4（26）：48－51.

［111］韦玉怀．家电下乡：差异化营销 走好农村路［J］．销售与管理，2008（4）.

［112］魏静．基于 VMI 的汽车零部件供应物流循环取货研究［D］．北京：北京交通大学，2012.

［113］吴剑波．基于第三方物流的 VMI 模式下信息流与物流集成研究［D］．武汉：华中科技大学，2010.

［114］吴敬琏．从发展供应链突围金融危机［N］．投资者报，2009－03－23.

［115］吴筛顺．建设项目动态联盟的组建及运行研究［D］．西安：西安建筑科技大学，2010.

［116］吴兆明．农村家电销售物流配送模式的思考［J］．物流技术，2012（9）：77－78，205.

［117］夏国平，刘开胜．n 人 Raiffa 解的一种算法及应用［J］．系统工程，1994（3）.

［118］现代物流管理课程组．供应链管理实操版［M］．广州：广东经济出版社，2007（10）：154－246.

［119］肖肆华，仟顺霞，秦凡．供应链条件下制造业寄售库存合作伙伴选择研究［J］．统计与决策，2012（24）：47－50.

［120］谢芳芳，胡天军．推行逆向物流防治废旧家电污染［J］．铁道劳动安全卫生与环保，2006，33（1）.

［121］谢弘雨，金玉然，初宇平．“家电下乡”的物流配送模式研究［J］．中国市场，2010（15）：9－11.

［122］新华网．我国三大金融体系积极有效抵御金融危机［EB/OL］．（2008－11－12）［2009－06－18］．http：//news. 163. com/08/1112/19/4QIQOHIC000120GU. html.

［123］徐冬来．金融危机改变世界银行排名，中国工商银行成最大［EB/OL］．（2009－02－06）［2009－06－02］．http：//www. ccpit. org/Contents/

Channel_ 54/2009/0206/162193/content_ 162193. htm.

[124] 徐剑，金玉然，张云里．VMI 整合：激活区域性供应链［J］．物流时代，2005，12（6）：35－40.

[125] 徐剑，张云里，金玉然．废旧电子产品回收网络研究［J］．物流科技，2005（3）：56－59.

[126] 徐剑，张云里，金玉然．废旧电子产品逆向物流的模式决策研究［J］．物流科技，2006（4）.

[127] 徐剑，张云里，金玉然．废旧电子产品逆向物流模式的选择［J］．物流技术与应用，2006（3）：76－79.

[128] 徐文亮，徐盲川，乔卓．VMI 下的供应链库存系统分析［J］．管理现代化，2002（11）：21－22.

[129] 徐晓雨．供应商管理库存的决策和运营研究［D］．上海：复旦大学，2002.

[130] 徐岩，胡斌．战略联盟竞合行为的随机突变分析与仿真［J］．管理学报，2012（5）：678－684.

[131] 杨静梅．河北省钢铁产业物流指数研究［D］．河北：河北科技大学，2009：22－24.

[132] 杨乐巍．论第三方物流的动态联盟机制构建［J］．中国商贸，2011（18）：133－134.

[133] 杨月锋，李建仁．家电行业逆向物流网络初步构建［J］．物流技术，2008，27（4）.

[134] 于一秀，张栋，马丹．基于第三方的废旧家电逆向物流模式分析［J］．现代商业，2008，21（5）.

[135] 俞红梅．敏捷制造下动态联盟合作伙伴选择问题研究［D］．杭州：浙江工业大学，2012.

[136] 俞燕，黄胜文．基于 AHP 及模糊综合评价的供应链合作伙伴选择模型探讨［J］．中国管理信息化，2009.

[137] 曾竞方．跨国公司战略联盟研究［D］．成都：四川师范大学，2012.

[138] 曾忠斌，李言．动态联盟合作伙伴选择的多层次模糊综合评判方法［J］．计算机工程与应用，2005.

［139］张丙元．现代企业供应链合作伙伴选择与关系研究［J］．现代商贸工业，2008（11）：20－21.

［140］张清华．绿色供应链整体绩效评价研究［D］．山西：山西财经大学，2010.

［141］张世勋，刘艾杉，孙明波．电子废弃物逆向物流发展关键因素的DEMATEL分析［J］．郑州大学学报（理学版），2012（3）：120－124.

［142］张文娟．基于VMI模式和JMI模式利润分配模型研究［D］．兰州大学，2012.

［143］张玉春，余炳．我国钢铁物流产业发展现状、趋势和对策［J］．对外经贸实务，2010（9）：82－85.

［144］张志坚，关南宝．农村物流体系构建研究综述［J］．物流技术，2012（19）：84－86，129.

［145］章利新，任沁沁，李寒芳．周小川：中小企业贷款比重去年以来大幅度提高［EB/OL］．http：//news. xinhuanet. com/fortune/2011－03/11/c_13773006. htm，2011－03－11.

［146］赵红梅，辛磊，高元平．服装供应链管理的研究现状及其发展趋势［J］．价值工程，2009（2）：72－74.

［147］赵晓娟，王娟．家电下乡实施中存在的问题与对策［J］．边疆经济与文化，2012（1）：9－10.

［148］赵艳丰．中国家电制造商如何正确选择物流模式［EB/OL］．http：//b2b. toocle. com/detail－－5002412. html，2010－2－10.

［149］甄芹．耐克中国鞋厂—关闭三停产［N］．南方都市报，2009－03－26（GC01）.

［150］郑延中．中小企业动态联盟合作机制研究［J］．市场论坛，2011（7）：38－40.

［151］中国贸易金融网．供应链告急通用将直接向二级供应商付款［EB/OL］．（2009－03－19）［2009－04－29］，http：//www. sinotf. com/GB/SupplyChain/1081/2009－03－19/zMMDAwMDAxODIzMg. html.

［152］中国贸易金融网．金融危机打破日系供应链模式神话［EB/OL］．（2009－03－20）［2009－05－26］，http：//www. sinotf. com/GB/SupplyChain/1085/2009－03－20/4MMDAwMDAxODQ4Mg. html.

［153］周命禧，谭红斌．面向供应链的家电企业物流整合模式［J］．物流技术与应用，2008（4）．

［154］周兴建，李泉，石星．物流价值链与家电物流［J］．价值工程，2010（8）：26－27．

［155］周跃进，陈国华．物流网络规划［M］．北京：清华大学出版社，2008（11）：37－40．

［156］朱长征，董千里．中国家电制造企业渠道建设研究［J］．重庆大学学报，2008，14（6）．

［157］朱松岭，周平，韩毅，等．基于模糊层次分析法的风险量化研究［J］．计算机集成制造系统，2004．

［158］朱悦，周昊，郝晓雯．辽宁省二氧化碳排放现状调查及减排措施研究［J］．安徽农业科学报，2010，38（23）：12357－12360．

［159］BOB FERRARI. Supply chain management challenges in the post financial crisis era［EB/OL］．（2009－07－20）［2009－07－25］．http：//www.theferrarigroup.com/blog1/？ p＝138．

［160］BURKE M. Its time for vendor managed inventory［J］．Industrial Distribution，1996，85（2）：90．

［161］CAI JIANHU，WANG LIPING，ZHOU GENGUI. Supply chain coordination mechanisms under flexible contracts［J］．Journal of Systems Engineering and Electronics，2010，21（3）：440－448．

［162］CETINKAYA. Addressing the whys and hows of adapting vmi to your inventory［EB/OL］．Http：//www.ioma.com/logistics/0306181.htm. 2003－6－18．

［163］CHRISTOPH BOHRINGER. Andreas loschel and heinz welsch. environmental taxation and induced structural change in an open economy：the role of market structure［J］．German Economic Review，February，2008，9（1）：17－40．

［164］CHU YUPING，LI SHUCAI，JIN YURAN. Flexible index system of human resources considering the organizational flexibility factor［J］．Advances in Intelligent and Soft Computing，2012（139）：41－46．

［165］CUI G－B，LI Y－J. Study on the combined location routing and inventory problem in logistics system based on bi－level programming［J］．Xitong Gongcheng Lilun yu Shijian/System Engineering Theory and Practice，2007（27）：

49 -55.

[166] DE BENEDETTO L. , KLEME J. The environmental bill of material and technology routing: An integrated LCA approach [J]. Clean Technologies and Environmental Policy, 2010 (12): 191 -196.

[167] EMIGH J. E. Commerce strategies [J]. Computer World, 1999, 33 (33): 53.

[168] ERYURUK SH. Greening of the textile and clothing industry [J]. FIBRES & TEXTILES in Eastern Europe 2012: 20, 6A (95): 22 -27.

[169] JAVID A A, AZAD N. Incorporating location, routing and inventory decisions in supply chain network design [J]. Transportation Research Part E - Logistics and Transportation Review, 2010, 46 (5): 582 -597.

[170] JAZEMI R, GHODSYPOUR S H, GHEIDAR - KHELJANI, J. Considering supply chain benefit in supplier selection problem by using information sharing benefits [J]. Industrial Informatics, 2011, 7 (3): 517 -526.

[171] JENNIFER BALJKO. VMI study shows cost disparity among partners [EB/OL]. Http: //www. ebnonline. com. 2003 -4 -7.

[172] JIANHU CAI, LIPING WANG, GENGUI ZHOU. Supply chain coordination mechanisms under flexible contracts [J]. Journal of Systems Engineering and Electronics, 2010 (3): 440 -448.

[173] JIN YURAN. An improved profit distribution model for iron and steel logistics alliance [J]. AISS: Advances in Information Sciences and Service Sciences, 2012, 4 (2): 159 -166.

[174] JIN YURAN, CHU YUPING, DONG JIANWEI. Research on the teaching reform of supply chain management course in network environment [C], Communications in Computer and Information Science, v 218 CCIS, n PART 5, 227 -232, 2011.

[175] JIN YURAN, YANYAN ZOU, YADONG WANG, SHAN GAO. Partner choice of iron and steel logistics alliance based on fuzzy Analytic Hierarchy Process [J]. Advanced Materials Research. 2012: 119 -122, 424 -425.

[176] JIN YURAN, SHEN LIEZHI. Research on logistics center location in home appliances going to the countryside: Taking Liaoning province as an example

[C]. 2010 International Conference on Management and Service Science, 2010.

[177] JIN YURAN, CHU YU - PING, LIU HONG - YU. Research on the supply chain reconstruction strategies under the financial crisis [C]. MASS: IEEE Computer Society, 2010.

[178] JIN YURAN. Research on the supply chain inventory strategies under the financial crisis [C]. Logistics Systems and Intelligent Management, ICLSIM 2010 (1): 35 - 39, 20.

[179] JOE FACENDA. Quick response of VMI [J]. Computers and Industrial Engineering, 2002 (44): 105 - 117.

[180] JOSEPH SARKIS. A strategic decision framework for green supply chain management [J]. Journal of Cleaner Production, 2003, 11 (4): 397 - 409.

[181] KANNAN G, HAQ NA. Analysis of interactions of criteria and sub - criteria for the selection of supplier in the built - in - order supply chain environment [J]. International Journal of Production Research, 2007, 4 (5): 1 - 22.

[182] KE WANG, QINGLONG GOU, JINWEN SUN, XIAOHANG YUE. Coordination of a fashion and textile supply chain with demand variations [J]. Journal of Systems Science and Systems Engineering, 2012 (4): 461 - 479.

[183] KPMG. A rough road—financial crisis and the automotive industry [M/OL]. KPMG in Germany, 2008.

[184] LAURIE SULLIVAN. Distributors aim to manage suppliers´ vmi programs [J]. CMP Media LLC, 2002, 6 (5): 145 - 160.

[185] LEE H L, SO K C, TANG C S. The value of information sharing in a two - level [J]. Supply Chain Management, 2000, 46 (5): 626 - 643.

[186] LEE K - H. Integrating carbon footprint into supply chain management: the case of Hyundai Motor Company (HMC) in the automobile industry [J]. Journal of Cleaner Production, 2011, 19 (11): 1216 - 1223.

[187] LI LINLIN, JIN YURAN. SUN, LIANGXU. Improved appropriate dynamic programming algorithm for logistics transportation scheduling problem with backhauls [J]. International Journal of Advancements in computing Technology, 2012, 4 (21): 116 - 124.

[188] LI HONGYAN, YOU TIANHUI, LUO XIAOYI. Collaborative supply

chain planning under dynamic lot sizing costs with capacity decision [J]. Journal of Systems Engineering and Electronics, 2011 (2): 247 -256.

[189] LIVNE, ZVI A. Axiomatic characterizations of the raiffa and the kalai - smorodinsky solutions to the bargaining problem [J]. Operations Research, 1989 (11): 972 -980.

[190] MA JUN, RAY CHEUNG, WANG JINGJING, RUAN QINGYUAN. Greening supply chains in china: practical lessons from china based suppliers in achieving environmental performance [R]. The World Resources Institute, 2010 (10).

[191] MICHAEL D HUTT. Defining the social network of strategic alliances [J]. Sloan Management Review, 2000, 41 (2): 51 -62.

[192] MYERSON J. Incentive compatbility and the bargaining problem [J]. Econometrica, 1979 (47): 61 -73.

[193] NAGY G, SALHI S. Location - routing: issues, models and methods [J]. European Journal of Operational Research, 2007, 177 (2): 649 -672.

[194] NATIONAL GEOGRAPHIC. Greendex 2010: Consumer choice and the environment - a worldwide tracking survey [R]. National Geographic. 2010 (6).

[195] NIE XUELING, ZHU XIAOLIN, JIN YURAN. Research on green supply chain motivation of steel enterprises in China [C]. 2011 International Conference on Management Science and Industrial Engineering, MSIE 2011: 1223 -1227.

[196] NIKESH GNANASEKARAN. Vendor managed inventory - team paper [J]. Computers and Industrial Engineering, 2002 (12): 89 -100.

[197] PHANI KUMAR, MUTHU KUMAR. Vendor managed inventory in retail industry [J]. Tata Consultancy Services, 2003, 3 (2): 5 -12.

[198] PUI - SZE CHOW, TSAN - MING CHOI, CHENG, T. C. E. Impacts of minimum order quantity on a quick response supply chain [J]. Systems, Man and Cybernetics, Part A: Systems and Humans, 2012, 42 (4): 868 -879.

[199] RUBIO RODRIGUEZ M A, RUYCK J D, DIAZ P R, et al. An LCA based indicator for evaluation of alternative energy routes [J]. Applied Energy, 2011 (88): 630 -635.

[200] SHEN Z J M, QI L. Incorporating inventory and routing costs in strategic location models [J]. European Journal of Operational Research, 2007, 179 (2): 372 - 389.

[201] T. PAKSOY. Optimizing a supply chain network with emission trading factor [J]. Scientific Research and Essays, 2010, 5 (17): 2535 - 2546.

[202] TSAN - MING CHOI. Coordination and risk analysis of vmi supply chains with rfid technology [J]. Industrial Informatics, IEEE Transactions on, 2011, 7 (3): 497 - 504.

[203] WALLER M, JOHNSON M E, DAVIS T. Vendor - managed inventory in the retail supply chain [J]. Journal of Business Logistics, 1999, 20 (1): 183 - 203.

[204] WANG C C, MA Z J, LI H J. Stochastic dynamic location - routing - inventory problem in closed - loop logistics system for reusing end - of - use products [C]. International Conference on Intelligent Computation Technology and Automation, Vol. 2, Proceedings, 2008 (6).

[205] WEI S L. A Lemons Market: An incentive scheme to indue trutlrtelling in third party logistics provider [J]. European Journal of Operational Research, 2000 (125): 519 - 525.

[206] XIAOYAN XU, YANHONG SUN, ZHONGSHENG HUA. Reducing the probability of bankruptcy through supply chain coordination [J]. Systems, Man, and Cybernetics, Part C: Applications and Reviews, IEEE Transactions on, 2010, 40 (2): 201 - 215.

[207] ZSIDISIN G A, SIFERD S P. Environmental purchasing: a framework for theory development [J], European Journal of Purchasing & Supply Management, 2010 (7): 61 - 73.